NCS 기반

취업과
진로

NCS 기반

취업과 진로

김승렬 · 곽진조 · 송진영 지음

NCS 기반
취업실용서

EMPLOYMENT
&
CAREER
A PRACTICAL TEACHING MATERIAL BASED ON THE NCS

교문사

어느 사회든지 그 시대의 사회현상을 반영하는 신조어들이 유행한다. X세대, N세대, W세대, 촛불세대 등 문화적 성격의 신조어가 있는가 하면, 20대의 절반이 백수라는 '이태백', 45세가 정년이라는 '사오정', 38세까지만 직장에서 일할 수 있다는 '삼팔선', 56세까지 직장에 있으면 도둑이라는 '오륙도' 등 경제상황을 나타내는 신조어가 얼마 전까지 유행했다.

그런가 하면 20~30대 청년들의 취업난을 빗대어 생겨난 신조어도 있다. 청년백수 전성시대라는 '청백전', 비정규직 평균급여 119만원에 20대 평균급여에 해당하는 73%를 곱한 금액이 88만원에서 나온 '88만원 세대', 연애, 결혼, 출산 세 가지를 포기한 세대를 지칭한 '삼포세대' 등의 신조어도 있다. '이구백'은 20대 90%가 백수, '청년실신'은 청년 대부분이 졸업 후 실업자나 신용불량자가 된다는 우스갯소리도 나돌고 있다.

최근 중요한 사회문제로까지 부각되고 있는 청년실업문제는 점점 더 심각해지고 있다. 2016년 2/4분기 통계청에 따르면 15~29세 청년실업률은 10.3%로 역대 최고치를 나타냈으며 2012년 7.5% 이후 점차 상승하는 추세다. 이러한 청년실업문제는 여러 사회적 문제의 원인이 되고 있으며, 장기적으로는 경제성장에도 부정적인 영향을 미칠 수 있는 중요한 문제이다.

특히 청년층의 취업난은 청년층이 선호하는 일자리가 줄어들고 노동의 수요와 공급의 불일치로 생긴 미스매치 등이 큰 원인이다. 그러므로 무턱대고 일자리만 만들어 노동의 수요만 늘려간다고 해결할 수는 없다.

기업을 경영하는 사람들이나 취업 전문가들은 산업현장에 일자리가 많아 사람이 필요한데, 요즘 청년들은 직업에 대한 아무런 준비도 없이 나무 밑에 누워 눈높이만 계속 높여가며 만유인력의 힘으로 감이 스스로 떨어지기를 기다리는 식으로 취업을 하려 한다. 한마디로 말해서 일자리는 많은데 일할 준비된 사람이 없다는 것이다.

대학교 재학 중에 자기의 진로 탐색과 함께 취업을 위한 체계적인 준비는 소홀히 하다가 졸업이 임박해지면 웬만한 일자리는 거들떠보지도 않고, 편안하고 돈 많이 주는 질 좋은 일자리를 찾고 기다리다 졸업한 후 실업이 장기화되고 또한 설혹 취업을 한다고 해도 쉽게 즉흥적으로 그만두는 경향이 크다.

청년들의 취업은 취미가 아닌 개인과 국가의 생존이 걸린 문제이다. 따라서 졸업이 임박하여 급작스럽게 아무런 일자리나 찾아 나서는 것이 아니라 대학에 입학하면서부터 자신의 적성과 흥미에 맞는 직무를 사전에 탐색하여 진로를 정하고 개인의 진로방향에 요구되는 능력과 경력을 쌓아나가는 로드맵을 설정하여 단계별로 지속적인 취업준비를 하는 것이 절실하다고 본다.

본 저자들은 대학 강단에 서기 전에 수년간 산업현장에서 일을 하였다. 그리고 산업현장에서 여러 조직과 많은 인력을 운용한 경험을 살려 대학생들에게 자아실현이 가능한 직업인으로서 질 좋은 직장에 취업할 수 있도록 조언과 많은 상담을 해주고 있다. 그러나 아무리 뛰어난 교수와 탁월한 교육을 받은 인재라 할지라도 산업현장과 실무에 적응할 수 없다면 쓸모가 없으며, 취업 또한 이에 대한 안목과 트랜드에 맞추어 준비하여야 한다.

이러한 생각과 느낌으로 일자리를 찾으려는 청년들에게 쉽고 적당한 돈벌이를 위한 취업이 아닌 입사해서 재미있고 개인의 가치를 살릴 수 있는 일자리를 찾아내는 나침반의 역할을 해주고 싶은 심정으로 이 책을 집필하게 되었다.

〈NCS 기반 취업과 진로〉는 취업을 준비하는 청년들이 우선적으로 직업에 대해서 정확하게 이해하고 탐색하는 것(제1부)을 시작으로 취업실전(제2부)을 준비하고, 마지막으로 최근에 공공기관을 대상으로 시작하여 대기업에 확산되고 있는 NCS 기반 채용 대비(제3부)에 연습할 수 있도록 순서에 따라 단계적으로 3부 15장으로 구성하였다. 특히 제3부의 NCS 기반 채용은 영어성적이나 학위 등 스펙을 보지 않고 직무능력을 갖췄는지를 보고 채용하는 방식인데 NCS 기반 채용은 2017년부터 모든 공공기관에 도입된다.

이 책은 대학교 '취업과 진로'의 강의교재 활용과 일반 취업준비 청년들을 위한 실용적 지침서 역할을 하는데 목적을 두고 집필하였다. 그리고 대학생이나 졸업생 등의 진로를 탐색하고 취업을 준비하는 청년들에게 좋은 일자리를 찾아 취업하는데 유익하도록 최선을 다하였다. 한편으로는 대학교에서 학생들의 좋은 일자리를 고민하고 상담해 주고 있는 교수로서 학생과 교수가 직면한 취업 문제를 해결하는데 도움이 되는 교재가 되었으면 하는 생각도 있다.

이러한 저자들의 의욕과는 달리 만족스럽지 못한 점이 있음을 인정하면서 다양한 충고를 겸허히 받아들여 제2판에서는 상황변화와 추세를 반영하여 개정하고 보완해 나갈 것을 다짐한다.

끝으로 이 책이 나오기까지 많은 도움을 주신 교문사 류제동 사장님과 영업부 정용섭 부장님, 그리고 편집부 여러분들의 노고에 깊은 감사를 드린다.

2017년 2월
저자 일동

차례

2부 | 취업 실전

1부

대학생활과
진로 탐색

1장

성공적인 대학생활

1 내실있는 대학생활

　일반적으로 고등학교까지의 생활은 자신이 어느 대학교 무슨 학과를 들어갈까에 목표를 두고 내신 및 수능시험에서 등급을 높이려고 노력해 왔다. 일단 대학교에 입학한 후에는 성인이 된 나이에 접어들어 자신의 인생에 대해 보다 많이 고민하고 자신의 미래의 꿈을 키워 나가고자 한다. 상당히 많은 대학생들은 졸업을 앞두고서도 인생의 목표가 설정되어있지 않으며, 학기 중에도 오로지 학점을 높이는데 급급한 경우를 많이 본다. 그러나 뚜렷한 인생의 목표가 설정되지 않은 학생은 자신의 꿈을 성취하기 위한 목표가 명확히 설정되어 이를 달성하기 위한 수단을 착실히 실천해 나가는 사람에 비해 졸업이 임박했을 때 큰 차이가 있게 될 것이다. 그러므로 대학생활에서 가장 중요한 일은 인생의 목표를 설정하는 일이며, 설정된 목표를 달성하기 위해 학점관리, 인간관계, 동아리 활동, 직업 설정, 여행, 자격증 취득, 아르바이트, 외국어, 인턴십 등에 대한 경험을 쌓아야 한다.

1) 목표설정

성공적인 대학생활을 위해서는 무엇보다도 자신의 인생목표를 설정하는데 많은 시간을 투자해야 한다. 자신의 인생목표를 설정하기 위해 한 달 아니 1년이 걸려도 좋다. 뿐만 아니라 일단 설정된 목표를 변경할 수도 있다. 그러나 자신의 인생목표가 무엇인가 즉, '나는 세계 최고의 ○○가 되겠다.', '나는 20년 후에 ○○가 되어 있겠다.'라는 구체적인 목표를 설정하기 위해서 얼마만큼 고민하고 A4 지면에 그려보았는가가 중요하다. 구체적인 목표설정은 자신의 인생을 이미 50% 이상 달성해 놓은 것이나 다름없다. 그러므로 성공적인 인생을 위한 목표설정을 구체화하는 것은 대학생활의 방향을 알려주는 나침반이 된다. 목표설정에 참고가 될 수 있는 내용을 제시하면 다음과 같다.

- 목표는 구체적이고 명확해야 한다. 즉, 언제, 어디서, 무엇을, 어떻게, 얼마나 할 것인가 확실한 계획을 세워야 한다.
- 목표는 측정 가능해야 한다. 즉, 수치로 달성 정도를 확인할 수 있도록 목표를 세워야 한다.
- 목표는 행동 중심적이라야 한다. 즉, 목표달성을 위해서 어떤 행동을 해야 하는지 구체적으로 기록해야 한다.
- 목표는 현실적이라야 한다. 즉, 실현가능한 현실적인 목표부터 차근차근 세워야 한다.
- 목표는 기간별로 나타나야 한다. 즉, 기간별 하위목표를 다르게 설정하여 한정된 시간에 실행여부를 확인해야 한다.

목표설정 지침

- 목표는 구체적이고 명확해야 한다.
- 목표는 측정 가능해야 한다.
- 목표는 행동 중심적이라야 한다.
- 목표는 현실적이라야 한다.
- 목표는 기간별로 나타나야 한다.

이와 같은 방법으로 자신의 인생목표를 설정해 보자.

실습 1 | 인생목표설정

1. 나의 꿈은 무엇인가?

2. 20년 후의 자신의 모습을 그려보자.

3. 10년 후의 자신의 모습을 그려보자.

4. 졸업 후에 어떤 직업을 가질 것인가?

5. 대학시절에 무엇을 준비할까?

실습 2 | 대학생활에 준비할 것

1. 이번 학기의 중요 목표는?

2. 이번 학기의 목표학점은?

3. 취득하고 싶은 자격증은?

4. 응시할 외국어 시험과 목표점수는?

5. 몇 권의 책 그리고 무슨 책을 읽고 싶은가?

6. 아르바이트 계획은 있는가? 있다면 어떤 직종의 아르바이트를 할 것인가?

7. 여행 계획은 있는가? 있다면 어디로 언제 몇 일간 갈 것인가?

8. 방학 중에 하고 싶은 일은?

목표는 상위목표와 하위목표로 구성되어 있다. 하위목표는 상위목표를 달성하기 위한 보다 구체적인 목표로써 하위목표의 달성에 의해서 상위목표가 달성된다. 또한 하위목표는 차하위목표에 대한 상위목표이다. 이와 같은 목표의 위계는 상위목표–하위목표(상위목표)–차하위목표(하위목표) 등의 구조를 이룬다. 그러므로 자신의 인생목표(상위목표)를 설정하면 하위목표, 차하위목표를 구체적으로 작성하여 자신의 책상 위에 잘 보이도록 하고, 실천할 때마다 도표에 체크하여 완료의 성취감을 맛보도록 한다. 이를 그림으로 나타내면 다음과 같다.

그림 1-1 인생목표

2) 학점관리

(1) 중간고사·기말고사 대비

대학교에서 자신이 원하는 과목을 정리하여 수강신청과 더불어 시간표를 작성하면 강의시간 전에 좋은 자리를 차지하여 교수님의 눈에 확 띄도록 하는 것이 필요하다. 교수님과 가까울수록 자료가 잘 보이고 집중도도 높아진다. 또한 강의시간에 결코 지각·결석을 하지 말아야하며, 노트필기를 효과적으로 하면 중간 및 기말고사에서 우수한 성적을 받을 수 있다. 강의 중에는 교수님의 강의에 집중하여 전체적인 강의 내용을 이해하도록 하며, 강의 후에는 이해하지 못한 부분이 있거나 궁금한 사항이 있으면 교수님께 질문하거나 교재 또는 컴퓨터 등을 활용해 내용을 확실하게 정리해 둔다. 수업시간에 교수님께서 강조한 부분은 시험에 출제될 확률이 높으므로 반드시 정확하게 이해할 필요가 있다.

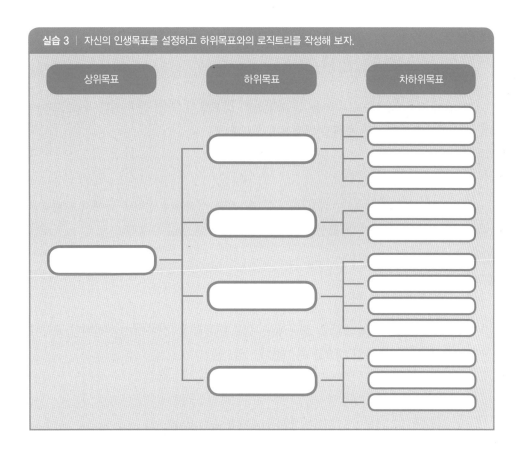

실습 3 ｜ 자신의 인생목표를 설정하고 하위목표와의 로직트리를 작성해 보자.

상위목표　　　　하위목표　　　　차하위목표

(2) 리포트 작성

고등학교의 5지선다형 시험에 익숙해진 상태에서 대학교에 입학 후 제일 난감한 과제가 리포트 작성일 것이다. 하지만 리포트 작성도 단계에 맞춰 작성하면 쉽게 익숙해질수 있다. 대학교 졸업 이후 사회생활을 하면서도 리포트를 작성해야 할 기회가 많기 때문에 리포트 작성법을 배워야 할 필요가 있다. 리포트는 논문의 형식을 갖춘 짤막한 글로, 특정 주제에 대한 이해를 도와 질문에 대한 문제 해결력, 조사, 연구능력을 보여주기위한 글이다. 리포트는 주어진 주제에 대해 관계 문헌을 찾아 조사하고 연구하여 문제를 해결 하는 보고문이기 때문에 객관적인 사실을 바탕으로 논리적으로 작성하면 된다.

○ 리포트 작성 단계

① 주제는 무엇으로 할까?

교수님이 요구하는 주제 내용을 잘 파악하여 리포트의 분량, 준비 시간 등을 고려하여 자신의 능력에 알맞은 주제로 신중하게 선택한다.

② 어떤 자료를 모을까?

현장 조사, 관찰, 실험 등의 직접적인 자료와 각종 서적이나 인터넷 등에서 간접적인 자료를 수집한다. 신뢰성, 정확성에 근거한 자료를 다량으로 수집해야 좋은 리포트를 만들 수 있다.

③ 서론·본론·결론은?

서론에는 연구 주제와 목적을, 본론에는 주요 내용들을, 결론에는 전반적인 요약과 전망을 작성하여 리포트의 개요를 완성한다.

④ 글쓰기

주관적이고 모호한 문장은 피하고 논리정연하게 작성하며, 글의 인용, 출처를 꼭 밝히도록 한다. 문장을 작성할 때, 맞춤법·문법 등은 정확하게 지켜서 교정을 줄이도록 한다.

⑤ 검토하기

논리성·통일성·정확성·객관성에 근거해서 작성되었는지 검토하고, 글 전체의 흐름을 살펴서 리포트를 완성하고 인용·주석·참고문헌을 정리한다.

⑥ 표지는 깔끔하게!

겉표지를 만들고 본문·글꼴·머리말·꼬리말·쪽번호 등을 확인한다.

주제 정하기 ▶ 자료 수집하기 ▶ 리포트 개요 구상하기 ▶ 리포트 작성하기 ▶ 리포트 완성하기

▶ 마무리

○ 리포트 작성 시 주의사항

① 객관적인 사실인가?

리포트는 객관성과 정확성이 생명이기 때문에 근거가 명확한 자료를 수집한다. 자료의 출처를 밝히는 것이 객관성을 입증하는데 필요하므로, 수집한 자료에 대해서 목록을 작성해 놓는 것이 좋다.

② 간단명료한 문장인가?

주제를 구체적이고 적절하게 나타낼 수 있는 단어들을 선택하는 것이 좋다. 너무 짧거나 수식어가 많은 문장은 좋지 않으며, 주제에서 벗어난 길고 산만한 문장도 피해야 한다.

③ 인용문의 출처를 밝혔는가?

다른 연구자의 자료·견해·결론 등을 인용할 경우 반드시 그 출처를 밝혀야 한다. 인용문에 대한 표기·각주·참고문헌 등을 작성할 때는 규정된 작성 요령에 따라야 한다.

리포트 작성 원칙을 숙지하자.

• 표지 : 제목, 인적사항

1. 서언(머리말) : 연구배경, 문제의 인식, 연구목적, 연구방법 등

2. 내용 : 리포트 분량에 따라 세분화

3. 결어(맺는말) : 연구의 요약, 연구와 관련된 자신의 생각 피력 등

4. 참고문헌 : 규정된 작성요령에 따라 작성

* 보다 높은 점수를 얻고자 할 때는 인용문에 대한 인용 표시 및 각주 처리가 필요함

3) 인간관계(인맥)

대학생활에서 중요한 또 한 가지는 인맥을 쌓는 훈련을 하는 것이다. 많은 사람들과 친밀하게 교류하고 원만한 인간관계를 갖는 방법을 습득하는 것도 대학생활에서 빼놓을 수 없는 부분일 것이다. 좋은 인간관계를 맺기 위해서는 자신을 잘 관리하는 것이 가장 중요하다. 항상 최고의 컨디션을 유지하도록 노력하며, 이를 위해 기쁨과 감사하는 마음 그리고 사랑하는 마음을 지속적으로 발전·유지해야 한다. 그러므로 상대방에 대하여 비난, 비판, 불평을 삼가고 정중한 예의를 갖추고 존중하며 칭찬을 아끼지 말아야 한다. 그 밖에도 상대방의 말을 잘 들어주고 배려하는 일이 중요하다.

대학생활에서 만나는 사람은 교수님, 선배, 동기, 조교, 교직원, 선후배 등 다양하다. 이들과의 관계를 원만하게 함으로써 졸업 후에도 자신의 인맥을 넓히는 준비가 어느 정도 달성되었다고 할 것이다. 그러면 대학생활에서 이들과의 관계를 원만하게 유지하고 관리하기 위해서는 어떻게 생활하는 것이 좋을까?

① 교수님과의 관계

교수님을 대하기가 어렵겠지만 스스로 가까이 다가서려는 노력이 필요하다. 모르는 것이 있거나 궁금한 일, 상담할 일 등을 구실로 교수 연구실에 직접 찾아가서 면담을 요청할 것을 권한다. 혼자가 부담스러우면 두 세 명의 친구들과 함께 방문하면 교수님을 만나기가 수월하고 교수님과의 관계가 한결 친밀해 질 수 있을 것이다. 단순히 학점을 위해서만 교수님께 접근한다면 서로에게 부담이 될 수 있다. 평소에 인생 선배인 교수님과 좋은 관계를 유지하기 위해 힘쓰도록 하자.

② 선배와의 관계

재수, 삼수 끝에 들어온 학생이라면 자신보다 나이가 어린 선배를 둘 수 있다. 그래도 대학생활을 먼저 경험했으니 대학 선배임이 확실하다. 나이 어린 선배에게 '선배님'이라는 호칭을 부르기가 부담스럽다면 문제가 될 수 있다. '나이는 숫자에 불과하다'라는 사실을 염두에 두고 선배에게 한 수 배운다는 자세로 다가서 보자.

③ 동기와의 관계

성격, 외모, 출생지, 출신 고등학교가 각양각색이며 나이도 다를 수 있는 상황이다. 고등학교 시절 비슷한 동네에 살던 또래 집단과는 분명 차이가 나는 것이 대학 동기와의 관계이다. 대학생활을 활기차게 보내기 위해서는 동기와의 관계를 친밀하게 만들어야 한다. 대학 동기들과 함께 나눌 수 있는 시간이 많은 만큼 서로에 대한 배려를 아끼지 말자.

④ 조교와의 관계

조교는 보통 졸업한 동문 선배가 담당하는 경우가 많다. 과 내의 각종 단순한 업무부터 중요한 업무까지 교수님을 도와서 학생들의 손발이 되어 주기에 늘 바쁘기 일쑤다. 학생들은 찾아가서 부탁만 하기보다는 가끔 잔심부름을 도와주며 친밀한 관계를 만들어 가자.

⑤ 교직원과의 관계

대학생활에 적극적인 학생이라면 학교 내의 각종 행정 업무를 담당하고 있는 교직원들과 자주 접촉할 기회가 생긴다. 도서관 및 각종 행정부서 등에서 근무하는 교직원들에게 '선생님'이라고 부르고 감사하는 마음을 갖도록 하자.

4) 동아리 활동

대학생활에서 자신이 경험할 수 있는 것 중의 하나가 동아리 활동이다. 동아리의 정보는 어디에서 찾을 수 있을까? 학교 홈페이지를 살펴보면 교내의 동아리 정보를 찾을 수 있다. 각 분야별로 동아리들이 세분화되어 있으며, 각 동아리별 미니 홈페이지도 준비된 곳이 있으니 미리 방문해 보자. 글, 사진, 자료 등이 최근에 많이 업데이트되어 있다면 활동이 활발한 동아리이므로 가입 시 참고하길 바란다. 다른 학교와 교류하고 싶다면 대학 연합 동아리를 찾아서 가입하면 좋다.

그렇다면 취업을 위해 봉사활동이나 동아리 활동을 해야 할까? 동아리 활동이나 봉사활동 등은 그 사람의 사회성을 보는 것이며, 기업의 인사담당자는 지원자의 의미 있는 대학생활을 보냈다는 이야기를 기업에서는 듣고 싶어한다. 자기소개서를 쓸 때 교내활동이나 학교생활을 적는 칸에 유용하며, 면접을 볼 때에도 자주 물어 보는 질문이다. 그렇다면 동아리는 어떤 종류가 있을까?

① 취미분과

서예·바둑·천문·여행·요리 등 다양한 취미를 동아리 내에서 함께 즐길 수 있다. 취미는 공유하는 사람들을 통해서 보다 전문적으로 배우고 빠져들 수 있는 계기가 된다. 취미생활을 통해 여가시간도 알차게 만들 수 있다.

② 예술분과

사진·만화·연극·합창·탈춤·힙합 등 자신에게 숨겨진 예술적 재능을 맘껏 발휘할 수 있는 동아리들이다. 창조적인 것을 만들며 예술가의 꿈을 이루고 싶다면 가입해 숨겨진 끼와 재능으로 무장할 수 있다.

③ 체육분과

검도·택견·태권도·테니스·농구·축구·야구 등 다수의 체육 동아리가 있다. 운동을 통해 건강을 유지하고, 몸매도 가꾸며 일석이조의 효과를 누릴 수 있다.

④ 사회분과

민간외교·봉사·농민문제·수화 등 사회문제에 관심을 기울이고, 보다 나은 사회를 만들기 위한 대학생들의 모임이다. 한 사람의 힘은 작지만 뭉치면 커진다는 생각으로 봉사를 통한 사랑의 실천, 사회적 문제에 대한 해결 방안 등을 함께 나눌 수 있다.

⑤ 학술분과

천체관측·AFKN 청취·페미니즘·자연과학·고전 연구 등이 학술분과에 속해 있다. 전문적인 지식을 쌓고 싶은 대학생이라면 이곳에 문을 두드려라. 그 순간부터 지성인의 길에 들어설 수 있는 절호의 기회가 된다.

⑥ 종교분과

기독교·불교·천주교 등 다양한 종교 모임들이 있다. 종교 동아리를 가입해서 가장 좋은 점은 학교생활에서 오는 어려움을 종교의 힘을 빌려 마음의 평안을 유지할 수 있고, 정기적인 모임을 통해서 서로에게 사랑과 믿음을 쌓아갈 수 있다.

⑦ 학과 내 소모임

전공이 가장 좋다면 학과 소모임을 강력 추천한다. 과내 스터디 모임을 통해서 보다 심화된 전공 지식을 얻을 수 있고, 학점도 남보다 잘 받을 수 있으니 이보다 더 좋을 순 없다.

⑧ 학보사, 방송국

동아리의 성격보다 학교 내 언론매체라 할 수 있다. 방송국이나 신문사·잡지사 등에서 일하고 싶은 꿈을 가진 대학생이라면 이곳에서의 경험이 좋은 경력으로 작용할 수 있다. 또, 다른 학생들보다 교내외의 많은 사람들과 만날 수 있는 기회가 제공되어 인간관계의 폭을 넓힐 수 있다.

실습 4 | 내가 가입하고 싶은 동아리를 선택하고 그 이유를 적어 보자.

5) 기타 과제

인생 최고의 황금기는 뭐라 해도 대학생활이다. 자신의 꿈을 꾸고 이를 실천하기 위한 모든 가능성이 열려 있으며, 자신의 인생을 설계하는 가장 중요한 시기이다. 대학교를 졸업하게 되면 이제 사회에 뛰어들어 직업을 갖게 됨으로써 선택의 범위가 좁아질수밖에 없다. 그러므로 자신의 꿈을 이루기 위해서, 그리고 풍요로운 인생을 누리기 위해서도 대학생활을 짜임새 있게 보내는 것이 필요하다.

(1) 대학교 내에서 이루어지는 모든 혜택을 누리자

대학교 강의, 특강, 부설기관 등을 최대한 활용하여 등록금이 아깝지 않도록 캠퍼스 방방곡곡을 누벼 보자. 취업을 위해서 취업과 무관한 과목을 소홀히 하는 경우도 있지만, 강의 시간은 무슨 일이 있어도 철저하게 참석하는 훈련을 한다. 지각이나 결석, 대리 출석은 스스로 용납하지 말고 학점 관리를 위해 수업 시간에 최대한 집중하는 연습을 한다. 학교에서 진행하는 각종 특강이나 강좌는 무료로 진행되거나 일반 사설기관보다 저렴한 비용으로 들을 수 있으니 꼼꼼하게 살펴보고 참석하도록 한다. 캠퍼스 내에 위치한 각종 부설기관에서 시행되는 행사에도 관심을 가지고 참여해 보자.

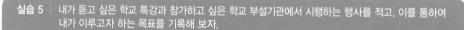

실습 5 | 내가 듣고 싶은 학교 특강과 참가하고 싶은 학교 부설기관에서 시행하는 행사를 적고, 이를 통하여 내가 이루고자 하는 목표를 기록해 보자.

1. 내가 듣고 싶은 학교 특강

2. 참가하고 싶은 학교 부설기관에서 시행하는 행사

(2) 나의 진로를 확실하게 결정하자

일생을 살아가는 동안 자신이 가야 할 길이 진로라고 할 수 있으며, 대학 시기에 우리는 진로를 확실하게 결정해야 한다. 대학생 시절은 자신의 적성이 무엇인지 알고 미래의 직업을 준비하는 단계라고 할 수 있다. 자신에 대해 가장 잘 아는 사람도 자기 자신이라고 할 수 있지만, 자신에 대해 가장 모르는 사람도 자기라 할 수 있다. 자기에 대해 보다 명확하게 파악할 수 있는 적성 검사를 대학 부설기관이나 외부 검사 대행 기관에 의뢰해서 실시해 보자.

그 후 결과를 분석하여 자신이 원하는 미래 직업의 방향과 연관시켜, 대학교에서 수강할 수 있는 과목, 방학 중에 할 수 있는 아르바이트, 취업과 쉽게 이어질 수 있는 인턴 프로그램 등을 선택한다. 새내기 때부터 자신의 길을 확고하게 세운 상태라면, 남들보다 한발 앞서 미래를 준비할 수 있는 만큼 목표에 빨리 도달할 수 있다.

실습 6 | 진로 설정을 위해 커리어넷 사이트에서 진로적성검사를 해 보고 나의 목표를 설정해 보자.

(3) 배낭여행으로 생각의 폭을 넓히자

대학생 시절만큼 자신이 마음대로 시간을 활용할 수 있는 시기는 많지 않다. 건강한 체력을 바탕으로 배낭여행을 떠나도 좋다. 무작정 떠나는 여행도 대학생들이 누릴 수 있는 특권이다. 국내 인근 지역부터 세계 방방곡곡까지 발길을 옮겨 보자. 대학 시절에는 패키지여행보다는 배낭여행을 선택하는 게 낫다. 자신이 계획한 일정대로 움직일 수 있으며 금액도 얼마든지 절약하여 일정을 잡을 수 있기 때문이다. 재충전의 시간을 만들 수 있는 여행, 일상에서 벗어나 생각의 폭을 넓히고 다양한 사람들과 만날수 있는 기회를 만들어 보자. 특히, 긴 방학을 적절하게 활용하여 기억에 남을 만한 멋진 여행을 계획해 보자.

실습 7 | 나의 배낭여행은 어디로 갈까?

1. 여행 시기:

2. 행선지:

3. 여행 기간:

4. 예상 소요비용:

5. 함께 떠날 사람:

6. 기타

---

(4) 외국어 능력을 높여 자신의 가치를 높이자

글로벌 시대에 무엇보다도 필요한 것은 어학 능력이다. 대학생활을 하는데 외국어가 당장 필요하지 않다고 하더라도 자신이 외국어와 친숙해질 수 있는 환경을 꾸준히 만들어야 한다.

외국어 사이트에 자주 접속하여 각종 정보를 수집해서 읽어 보거나 외국 방송을 시청해 보는 것도 좋다. 어학연수나 해외여행을 다녀온다면 외국어의 필요성을 몸소 체험할 수 있는 좋은 기회가 만들어질 수 있다. 영어는 물론이고 중국어, 일본어 등의 외국어를 구사할 수 있다면 취업에도 유리하다. 대학생활에서 외국어 능력을 쌓았다면 자신의 실력을 입증할 만한 시험을 통해 고득점을 획득하는 것도 중요하다. 요즘 필기시험 점수가 아니라 말하기 능력이 강조되고 있으니 말하기 시험을 통해서 자신의 실력을 점검하고 업그레이드해 보자.

실습 8 | 졸업까지 나의 외국어 목표

기간			
영어			
중국어			
일본어			
기타 외국어			

실습 9 | 졸업까지 나의 목표는?

TEST	시행일자	목표취득점수	실제취득점수	평가

(5) 독서를 통해 세상을 보는 눈을 키우자

학교 도서관과 친해지고 자투리 시간을 활용하여 수시로 도서관으로 향해 무수히 많은 책들을 한 권 한 권씩 모조리 읽는 취미를 가져보자. 책에는 모든 문제에 대한 해답이 제시되어 있다. 간접 경험을 통해서 생각의 폭, 지식의 폭이 한층 넓어질 수 있다. 책을 읽고 난 후에는 독서목록을 만들어 읽은 날짜, 도서명, 작가, 줄거리, 좋은 글귀 등을 상세하게 다이어리에 기입하여 필요할 때마다 찾아보고 상기시킬 수 있도록 한다. 요즘 면접에서 무슨 책을 읽었는가에 대한 질문이 자주 등장한다. 독서는 가장 저렴한 방법으로 세상을 보는 눈을 키울 수 있는 매개체다. 대학생들이 읽을 만한 추천도서를 참고하여, 자신이 매달 볼 수 있은 책은 몇 권인지 목표를 세워 읽어 보자. 참고로 자신의 전공 관련 서적은 물론, 인문, 역사, 철학적 지식 및 경영 관련 지식이 함양되는 서적들을 권하고 싶다.

실습 10 | 읽고 싶은 독서목록

도서명	읽은 날짜	작가	줄거리	좋은 글귀

(6) 알짜배기 자격증을 획득하여 미래를 보장받자

자격증은 많으면 많을수록 좋다. 왜냐하면 자격증을 통해서 확실한 미래를 보장받을 수 있기 때문이다. 운전면허증은 기본이고, 자신의 진로와 연관된 자격증을 신입생 때부터 졸업할 때까지 꾸준히 모아 보자. 각종 자격증 정보를 모아서 무엇이 필요한지 시험일은 언제인지, 어느 정도의 준비가 필요한지 꼼꼼하게 체크해 본다. 짧은 기간에 쉽게 획득할 수 있는 자격증부터 도전해 보자. 자신의 실력을 검증할 수 있는 것이 자격증이기 때문이다. 알짜배기 자격증으로 이력서의 빈칸을 빼곡하게 메울 수 있다.

실습 11 │ 취득하고 싶은 자격증 목록			
자격증	시행일	시행기관	시험과목

(7) 인턴십을 경험하여 취업난을 극복하자

대학시절에 끊임없이 각종 정보를 수집해서 기업문화를 미리 경험할 수 있는 인턴십을 체험해 보자. 바늘구멍 같은 취업난을 통과하기 위해서는 많은 경험을 쌓는 것은 필수이다. 돈을 주고서라도 인턴사원으로 일할 의향이 있는 적극적인 대학생들이 많다는 사실을 알아야 한다. 또한, 기업들이 대학생들을 대상으로 실시하는 각종 이벤트가 많다. 해외문화 탐험, 월드컵 경기장 탐방, 국토대장정 등 다양한 기업들의 이벤트에 끊임없이 관심을 가지고 도전한다면 절호의 기회를 잡을 수 있다.

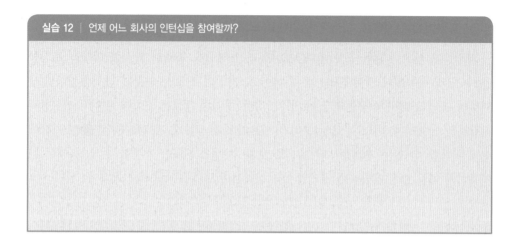

(8) 진로와 연관된 아르바이트로 경력을 쌓자

대학 시기에는 자신이 설계할 수 있는 시간이 많다. 강의 후 시간을 활용하거나 긴 방학을 이용해서 아르바이트를 할 수도 있다. 대학 시절에 아르바이트를 통해 사회생활을 미리 경험할 수도 있고 용돈도 마련할 수 있으니 이는 일석이조의 효과를 얻을 수 있다. 아르바이트도 자신의 진로와 연관된 것을 선택한다면 좋은 경력이 될 수 있다. 아르바이트생이라고 자신에게 맡겨진 일을 소홀히 하는 일이 없도록 주의하자. '젊어서 고생은 사서도 한다.'라는 말이 있듯이 쉬운 일만 하지 말고 힘들고 어려운 아르바이트도 도전해 보자.

실습 13 | 어떤 종류의 아르바이트가 나의 진로와 연관되어 있을까?

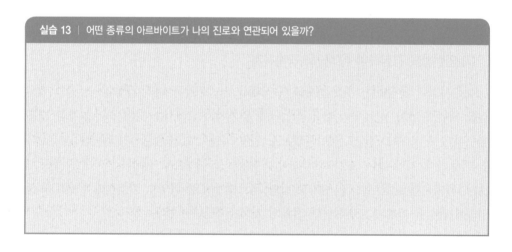

(9) 교환학생 프로그램을 활용하여 학점이수와 어학연수의 두 마리 토끼를 잡자

교환학생 프로그램은 학생이 다른 나라에 거주하여 언어, 문화 등을 배우는 프로그램을 말한다. 교환학생 프로그램은 참여자의 언어 실력을 높이고, 사회적 시야를 넓힐 수 있고, 다른 문화에 대해 이해할 줄 아는 마음을 길러준다. 보통 6~10개월 동안 다른 나라에서 머무는 것이 보통이다. 일부 교환학생 프로그램은 학점 교류가 가능하다. 대부분의 학교에서는 외국의 학교들과 제휴를 맺어, 매년 소수의 학생들을 선발하여 교환학생으로 보내고 있다. 학교마다 선발되는 학생의 수는 차이가 있고, 자격 요건 등도 천차만별이다. 교환학생제도의 장점으로는 첫째, 비용이 적게 들며, 둘째, 학점이수와 어학연수가 동시에 가능하고, 셋째, 취업 및 대학원 진학 시에 유리하다는 것을 들 수 있다.

실습 14	우리학교 교환학생 제도에 대해 알아보고 이를 준비하자.

1. 우리학교 교환학생제도

2. 어떻게 준비할 것인가를 적어 보자.

2 내 인생의 설계

1) Want—Have 목록 작성하기

내가 가지고 있는 것(Have), 가지고 있지 않은 것(Don't Have), 내가 원하는 것(Want), 원하지 않는 것(Don't Want)을 조합하여 다음의 틀을 작성할 수 있다.

① Have—Want

현재 소유하고 있는 나의 강점이나 소중하고 가치 있는 요소들, 그래서 앞으로도 내 인생에서 지속하거나 보유하기 위해 노력해야 할 내 역량이나 모습.

② Have—Don't Want

현재 가지고 있지만 원하지 않거나 버리고 고쳐야 할 나의 약점이자 개선하고자 노력해야 할 내 습관이나 모습.

③ Dont' Have—Want

현재 가지고 있지 않지만 앞으로 원하며, 그것을 추구하고 획득하기 위하여 꾸준히 노력하고 애써야 할 내 역량이나 모습.

④ Don't Have—Don't Want

현재 가지고 있지도 않고, 앞으로도 가지길 원하지 않으며, 가지지 않기 위해 지속적으로 노력하고 관리해야 할 내 습관이나 모습.

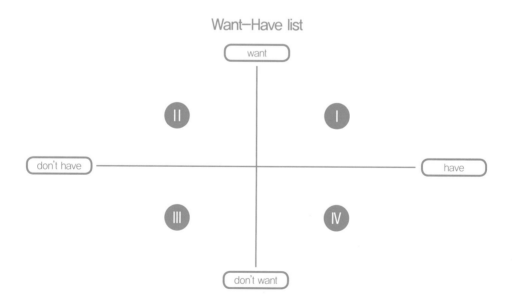

- 오른쪽 상단(I)의 want-have 영역은 나의 장점을 다시 말해 소중히 지켜 나가야 할 나의 자산들이다. 여기에 해당하는 목록들은 이력서에 당당히 적을 만한 내용이다.
- 왼쪽 상단(II) want-don't have는 현재는 없으나 장래에 갖고 싶은 것으로 앞으로 자신이 준비해야 할 것들이다.

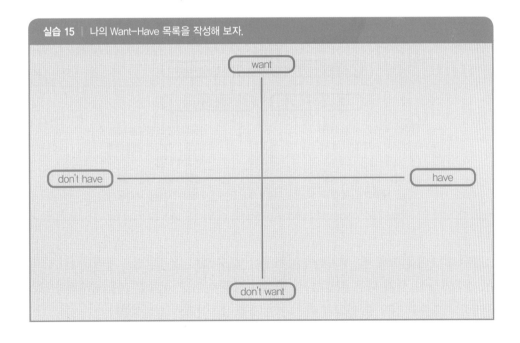

실습 15 | 나의 Want-Have 목록을 작성해 보자.

- 오른쪽 하단(IV) have-dont want는 나의 단점으로 장래 나의 발전을 위해 버릴 것들이며,
- 왼쪽 하단(III) don't want-don't have는 내가 가지고 있지도 않고 장래 원하지도 않는 것으로 계속 현 상태를 유지하고 있어야 할 것들이다.

2) SWOT 분석

SWOT 분석은 자신의 강점(S: Strength)과 약점(W: Weakness)을 경쟁자와 비교한 내부 환경 분석과 기회(O: Opportunity)와 위기(T: Threat)의 자신을 둘러싸고 있는 외부 환경을 분석하는 것이다. 여기에서 강점은 더욱 살리고 약점은 보완하며, 기회는 활용하고 위협은 억제하는 전략을 구사한다. 다음은 취업준비를 하고 있는 어떤 학생의 SWOT 분석의 사례를 보여주고 있다.

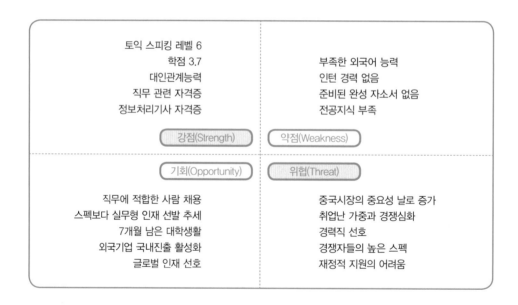

SWOT 분석을 통해 네 가지 전략을 이끌어 낼 수 있다. 선정방법은 목적달성의 중요성, 실행가능성, 남과 다른 차별성 즉, 자신의 상황에 가장 적합한 것을 중점전략으로 선정하되 도출된 전략 중 가급적 적은 수의 것을 중점전략으로 선정한다.

- SO 전략(강점–기회전략): 자신의 기회를 활용하기 위해 강점을 사용하는 전략
- ST 전략(강점–위협전략): 자신의 위협을 회피하기 위해 강점을 사용하는 전략
- WO 전략(약점–기회전략): 약점을 극복함으로써 자신의 기회를 활용하는 전략
- WT 전략(약점–위협전략): 자신의 위협을 회피하고 약점을 최소화하는 전략

SO 전략
- 영어회화능력을 통해 글로벌 인재임을 강조한다.
- 남은 대학생활 중에 토익 및 회화능력을 높인다.

ST 전략
- 재정적 지원이 어렵지만 부모님께 최선을 다해 취업준비하는 모습을 보여드려 희망을 드린다.

WO 전략
- 기업이 원하는 어학 수준과 자격증을 갖추어 외국계 기업에 도전한다.

WT 전략
- 인턴경력을 쌓아 경쟁자들의 높은 스펙을 극복한다.
- 나만의 경험을 담은 자소서 작성을 완성하여 심화된 취업난을 극복한다.

실습 16 | 나의 SWOT 분석을 작성해 보자.

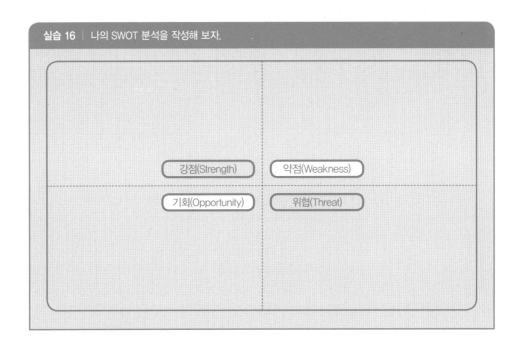

강점(Strength)　약점(Weakness)

기회(Opportunity)　위협(Threat)

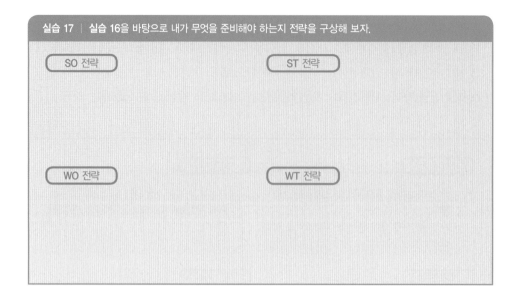

실습 17 | **실습 16**을 바탕으로 내가 무엇을 준비해야 하는지 전략을 구상해 보자.

SO 전략

ST 전략

WO 전략

WT 전략

2장

직업의 이해

1 직업 환경의 변화

직업이란 분업화된 사회에서 인간이 생활의 물적 기초를 마련하기 위하여 전문적으로 행하는 생업 활동을 의미한다. 그러므로 직업은 생계유지를 기초로 하여 자신의 적성과 능력에 따라 일에 계속 종사하는 것을 말한다. 그러므로 소득이 없는 여가활동, 휴식, 놀이 등은 경제적 보상을 전제로 하지 않으므로 생산성을 담보로 하는 직업이라 할 수 없다. 그러므로 직업은 반드시 소득을 전제로 생산활동을 하는 것을 말한다.

현대사회에서 직업은 사회생활을 영위하는데 기본적인 요건으로서, 생계유지의 수단일 뿐만 아니라 사회의 구성원으로 사회·경제적 역할 수행을 할 수 있게 하는 자아실현의 중요한 수단이라 할 수 있다. 이와 같이 직업은 동기, 자기 확신, 대인관계 등에 큰 변화를 이끌어 내고, 실제적인 성취 경험을 통해 자아존중감을 향상시키며, 전반적인 삶의 만족도를 높이는 역할을 한다.

최근 경기침체와 더불어 대규모 구조조정 및 감원사태가 이루어지면서 한층 직장에 취업하기가 어려워졌다. 경제성장이 한창일 때는 대기업들의 인사담당 직원들이 대학에 와서 회사 설명회를 개최하고 우수인재를 채용하기 위해 갖은 노력을 해 왔다. 그러나 성장의 시대가 끝나고 침체의 시기가 오면서 상황은 역전되었고, 대학생들은 이제부터 자신의 스펙 쌓기에 열을 올리게 되었다. 그러나 여전히 학생들은 자신의 미래에 대해서 걱정만하고 이에 대한 뚜렷한 대책도 세우지 못하고 있는 것이 현실이다.

과거에는 평생직장의 개념이 당연한 것으로 여겨졌으며, 한 걸음 더 나아가 어느 직장을 선택할 것인가가 고민인 경우도 많았다. 그러나 일자리에 대한 수요초과로 인해 현재와 미래는 평생직장보다는 평생직업 또는 직무를 중요시하지 않을 수 없게 되었다. 또한 직장에 채용되었다 할지라도 언제든지 자의든 타의든 간에 직장을 옮기게 될 가능성도 커지게 됨에 따라 대학생들은 여기에 대한 충분한 대비를 하지 않으면 안 된다. 인간의 평균수명이 100세 이상으로 늘어나면서 다니던 회사에서 정년퇴직을 해도 적어도 40~50년을 실직상태로 보낼 수 있다는 것을 생각하면 평생직장이 아닌 평생직업의 개념이 현대에 더 적합하다고 봐야 할 것이다.

그렇다면 직업은 얼마나 다양할까? 2014년 말 기준으로 「한국직업사전」에는 총 11,440개의 직업이 수록되어 있다. 한국표준직업분류에 의하면 현재 우리나라의 직업의 종류는 약 12,000개라고 한다. 사회환경이 변함에 따라 직업도 변화된다. 그러므로 자신의 직업을 선택할 때는 미래사회의 환경변화를 이해하는 것이 중요하다. 최근에는 전문적인 지식과 정보를 최첨단 기술과 연결시킨 산업이 빠르게 성장하고 있고, 평생직장개념이 평생직업으로 변화되어 끊임없는 자기계발을 필요로 하고 있으며, 여성의 경제활동 참여가 증가하여 가사노동을 대신해줄 상품과 서비스가 발달하고 있다. 또한 의료기술의 발달에 따라 고령화 사회에 접어들면서 실버산업이 발달하고 있고, 웰빙산업이 증가하는 등 새로운 직업이 생겨나고 있으며, 과거에는 많은 인기를 누렸지만 이제는 사라져 버렸거나 사라지고 있는 직업들도 많다.

오늘날 산업사회는 탈공업화 경향을 보이고 있으며 후기 산업사회에서의 부의 원천은 지식 및 정보라고 한다. 그러므로 미래사회의 직업은 육체노동은 점차로 줄어들고, 높은 창의력과 고도로 잘 계발되고 훈련된 정신적인 능력의 발휘를 요구할 것이다. 따라서 미래에 인기있는 직업은 정보산업 분야의 직업이 주종을 이룰 것이며, 매일 정해진 시간에 직장에 출퇴근하기보다는 자신의 집에서 근무하는 재택 근로자들이 늘어나게 될 것이다. 그러므로 우리는 이와 같은 사회변동의 성격을 잘 이해하여 미래사회 직업환경의 변화에 대비해야 할 것이다.

자신의 꿈을 달성하기 위해서는 직업 선택이 중요하다. 다양한 직업 중에서 본인의 적성에 맞는 직업을 선택할 때 비로소 미래의 행복을 누릴 수 있다. 그러므로 어떤 직업을 선택하느냐는 첫 직장을 선택할 때부터 평생직업으로 연결시킬 수 있는 직장을 선택하는 것이 바람직 할 것이다. 당장 연봉이 많고 남들 보기에 인기 있는 회사가 아니라 10년 아니 50년 후의 자신의 모습을 그려보고 난 후에 직업을 선택해야 할 것이다. 이를 위해서는 미래가 어떻게 변하게 될 것인가를 주도면밀하게 분석해 보고 미래에도 계속 유망하거나 현재는 약간 열악해도 미래에 유망한 직업을 선택하는 것이 좋을 것이다.

그렇다면 직업 선택에 있어서 고려해야 할 요인은 어떤 것이 있을까?

첫째, 자신의 적성이다. 모든 사람들은 저마다 타고난 소질과 후천적으로 취득한 개인적 특질들을 가지고 있어서 직업에 대한 적성이 다르기 때문이다.

둘째, 직업과 직장의 장래성, 다시 말해 앞으로의 전망이다. 취업을 대비하는 학생이 한 직업을 선택할 때 자신의 평생직업으로 여기고 직업의 전망 및 장래성을 신중히 고려해야 한다.

셋째, 직업의 안정성이다. 평생 안정된 생활을 할 수 있는 직업 또는 직장을 선택해야 한다.

마지막으로 소득이다. 그러나 오로지 소득에 의해서만 직업의 보람을 얻을 수 있는 것은 아니다.

이상과 같은 논의를 종합해 볼 때 자신의 적성에 맞고 자아실현의 가능성이 높으며 장래의 전망과 안정성을 함께 보장해 주는 직업과 직장을 선택하는 것이 가장 현명하고 합리적인 직업 선택의 방법이라고 생각할 수 있을 것이다.

직업 선택에서 고려해야 할 요인

1. 자신의 적성
2. 직업과 직장의 전망
3. 직업의 안정성
4. 소득

2 적성과 직업

적성이란 어떤 지식이나 기능 또는 특정의 반응 방식을 훈련이나 경험에 의해서 획득하기 이전에 예측할 수 있는 실마리가 될 만한 징후를 가리킨다. 자신의 적성과 흥미를 고려하여 미래의 직업을 예측하는 일은 무엇보다 중요하다. 어느 분야가 자신과 어울리는지 정확하고 신속하게 판단하여 졸업 후의 자신의 모습을 그려보는 것은 꿈을 이루는데 가장 소중한 일이라 할 수 있다.

상당히 많은 학생들이 뚜렷한 미래설계 없이 막연히 공부만 한다. 대학교에 입학해서부터 졸업할 때까지 오로지 교과과정에서 선택한 과목의 학점 따기에 몰두하는 현상은 쉽게 목격된다. 왜 학교에서 배우는 학과목의 성적을 잘 받아야 하며, 이들 학점만으로 사회에서 자신이 무엇을 할 수 있을 것인가에 대해서 고민하지도 않는 것 같다. 학생들은 대학생활에서 미래의 꿈을 이루기 위해 자신의 인생목표를 설정하고 목표달성을 위해 준비해야 할 중요한 시기를 맞고 있다. 그러므로 대학생활에서 가장 중요한 것은 학점취득보다 더 중요한 것이 목표설정이다. 자신의 인생목표를 설정하여 구체화하고 이를 달성하기 위해 필요한 계획과 준비를 철저히 한다면 대학생활에서 이보다 더 중요한 것이 없다고 생각한다.

　인생목표가 뚜렷하지 않는 학생들은 미래에 본인이 무엇을 해야 행복한 삶을 누릴 것인가에 대하여 전혀 심도있게 고민하지 않고 막연하게 불투명한 자신의 미래에 대해 걱정하기만 한다. 행복한 삶을 누리기 위해서는 자신이 가장 좋아하는 것, 가장 잘하는 것, 가장 하고 싶은 것을 하는 것이라고 매스컴과 교수, 선배 등을 통해서 익히 알고 있다. 그러나 이와 같은 것을 취미와 동일시하는 학생들이 많다. 취미는 예체능 및 오락과 관련된 것들이 대부분이다. 물론 예체능 및 오락이 직업이 될 수도 있겠지만 이것을 직업으로 하기에는 너무나 경쟁도 심할 뿐 아니라 이들 직업의 특성상 소수만이 꿈을 이룰 수 있다는 한계도 있다. 그러므로 자신이 좋아하고 잘하는 것을 직업으로 연결시키기 위해서는 진로결정에 앞서 적성검사를 받아보는 것이 좋다.

　학생들은 흔히 말하는 인·적성검사(인성검사, 적응적성검사, 직무능력수행검사 등)를 통하여 이들 검사의 분석결과로 자신의 진로설정에 도움을 받을 수 있다. 인성검사는 개인이 선천적·후천적으로 타고나거나 습득하는 개인적인 성향을 각 항목별로 질의 문답을 통해 선천적인 요소와 후천적 요소를 배합하여 숫자나 문구로 그 결과를 표현하는 검사이며, 적응적성검사는 개인의 인성과 업무수행능력 검사를 바탕으로 한 개인이 지니고 있는 능력 중에 가장 효율적인 능력을 발휘할 수 있는 적성을 알아보고 개인의 능력을 극대화시키기 위한 검사라 할 수 있다. 또한 직무능력수행검사란 개인이 업무를 수행함에 있어 각 개인의 지적능력을 평가함과 동시에 업무수행에 저해가 되는 요인을 찾아내는 검사이다.

　사람의 적성은 경험과 학습에 따라 변화된다. 초등학교 때부터 중·고등학교에 이르기까지 한 번쯤은 받아보았겠지만 나의 변화 상태는 언제 검사를 했느냐에 따라 달라진다. 적성검사 결과는 하나의 직업을 알려주는 것이 아니라 여러 개의 가능한 직업군을 소개한다. 본인의 적성과 가까운 직업군에서 하나의 직업으로 좁혀가는 것은 본인이 신중하게 결정해야 할 부분이다. 그러므로 적성검사 그 자체는 참고사항 정도이다.

　거의 모든 대기업들은 인·적성 검사를 중요시 하여 취업시험에서 검사를 실시하고 있다. 왜냐하면 기업들은 자신들이 추구하는 인재상을 가지고 신입사원을 선발하기 때문에 인·적성검사를 중요하게 여긴다. 그러므로 대기업 입사를 준비하는 마음으로 미리 개인적으로 어떻게 검사가 이루어지는가를 알아보고 이에 적응하기 위해서도 한 번

쯤 검사를 받아볼 필요가 있다.

일반적으로 적성검사를 하기 위한 사이트로는 한국사회적성개발원과 커리어넷, 워크넷 등을 들 수 있다.

적성검사 사이트

한국사회적성개발원 (www.qtest.co.kr)

커리어넷 (www.careernet.re.kr)

워크넷 (www.work.go.kr)

자신의 적성은 직업 선택에 많은 영향을 미치게 된다. 그러므로 적성에 따른 직업의 종류를 알아보는 것은 매우 중요하다. 아래의 표는 적성에 따른 직업의 종류이다.

적성(핵심능력)유형에 따른 직업의 종류

직업군	적성(핵심능력)	관련직업
디자인 관련 직업	손재능, 공간·시각, 창의력	미술가, 만화가, 애니메이터, 제품디자이너, 의상디자이너, 시각디자이너, 공예원, 인테리어디자이너
사진 관련 직업	공간·시각, 창의력, 자기 성찰	사진가, 촬영기사 및 방송장비기사
각종 작가 관련 직업	창의력, 언어	작가
음악 관련 직업	창의력, 음악	음악가, 대중가수
악기 관련 직업	손재능, 음악	악기수리원 및 조율원
무용 관련 직업	신체·운동, 공간·시각, 음악, 창의력	무용가
운동 및 보안 관련 직업	신체·운동, 자기 성찰, 대인 관계능력	운동경기감독 및 코치, 운동선수, 경호원, 경찰관, 소방관, 직업군인
정비 관련 직업	신체·운동, 대인	항공기 및 선박 정비원, 자동차정비원
특수 운전 직업	신체·운동, 공간•시각, 수리 논리	항해사(선장, 도선사 등), 항공기조종사, 항공관제사, 건설기계운전원
대중 교통 운전 직업	신체·운동, 공간•시각	철도 및 지하철기관사, 택시운전사, 버스운전사

(계속)

직업군	적성(핵심능력)	관련직업
조리 및 의복 제조 관련 직업	손재능, 대인관계능력	조리사, 제빵 및 제과원, 전통음식제조원, 식품공학기술자
제도 및 정밀 제조 관련 직업	손재능, 공간·시각	지적 및 측량기술자, 귀금속가공원 및 보석세공원, 치과기공사, 컴퓨터제도사, 금형원
법조인	창의력, 언어, 수리·논리, 자기성찰, 대인관계능력	판사 및 검사, 변호사
기획 전문 직업	공간·시각, 창의력, 언어, 수리·논리, 대인관계능력	광고 및 홍보전문가, 행사기획가, 출판물기획 전문가, 여행상품기획가, 학예사, 연출가
투자 및 분석 전문 직업	창의력, 언어, 수리·논리, 대인관계능력	경영컨설턴트, 펀드매니저(금융자산운용가), 증권중개인(증권 및 투자중개인), 보험계리사, 마케팅 및 여론조사전문가
인문 및 사회과학직업	창의력, 언어, 수리·논리	인문과학연구원, 사회과학연구원
언어 및 수리 능력 요구 직업	언어, 수리·논리	번역가, 통역가, 기자, 아나운서 및 리포터(쇼핑호스트 포함), 변리사, 세무사, 관세사, 임상병리사, 손해사정사
대인관계 전문직 및 서비스 직업	언어, 대인관계능력, 자기 성찰	사회단체활동가, 성직자, 여행안내원, 항공기 객실승무원, 상품판매원 및 상품대여원, 홍보판촉원 및 홍보도우미, 피부미용사, 체형관리사, 결혼상담원(웨딩플래너 포함), 사서
전문 서비스 직업	언어, 대인관계능력	일반공무원, 노무사, 물류관리사, 법무사, 영양사, 의무기록사, 응급구조사, 안경사, 방사선사, 연기자(모델 포함), 연예인매니저, 전통예능인, 영업원, 상품중개인(경매인 포함), 부동산중개인
교직(초등, 유치원 교사 제외)	언어, 자기 성찰, 수리·논리	중등교사, 특수학교교사, 대학교수
의료 관련 직업	손재능, 언어, 수리·논리, 대인관계능력	의사, 한의사, 치과의사, 약사
기술 및 이학 전문 직업	수리·논리, 공간·시각, 창의력	기계공학기술자, 전자공학기술자, 전기공학기술자, 통신공학기술자, 재료공학기술자, 화학공학기술자, 섬유공학기술자, 산업공학기술자, 자연과학연구원, 컴퓨터시스템설계분석가, 네트워크시스템분석가 및 개발자, 데이터베이스관리자, 응용소프트웨어개발자, 시스템소프트웨어개발자, 시스템운영관리자, 컴퓨터보안전문가, IT컨설턴트, 전자상거래 전문가
환경·생명 관련 연구 및 기술 직업	창의력, 수리·논리, 자연친화	도시계획가, 환경공학기술자, 조경사, 생명과학연구원
건축 및 설비 관련 기술 직업	공간·시각, 대인관계능력	건축공학기술자, 토목공학기술자, 용접원, 건물설비관리원(보일러설치 및 수리원, 냉난방 관련설비조작원 등 포함), 산업안전 및 위험 관리원, 공작기계조작원
농·임·축·어업 관련 직업	수리·논리, 자연친화, 신체·운동	농업인, 임업인, 축산인, 어업인

출처: 커리어넷(www.career.go.kr)

적성검사결과	직업군	나의 적성에 맞는 직업

3 직업의 종류

1) 직업가치관에 따른 직업의 분류

직업을 선택할 때는 선택한 직업을 통해서 삶의 만족을 높이고 자아실현을 할 수 있으면 가장 좋을 것이다. 직업에 대한 가치관은 사람마다 다르다. 어떤 사람은 명예를 중시하며 또 어떤 사람은 봉사와 같은 자아실현을 중시하기도 한다. 또한 어떤 사람은 생계유지의 수단으로 직업을 선택한다. 개인의 가치관에 따라 직업 선택은 다양한 인식을 가질 수 있다. 직업가치관 검사는 고용노동부 워크넷 사이트에 회원등록한 후 심리검사에서 무료로 받을 수 있다.

아래는 워크넷에 기초한 직업가치관의 요인으로 학생들은 이를 통해 자신의 직업가치관을 통해 적합 직업을 선택하는데 도움이 될 수 있다.

직업가치관의 요인

가치관	내용	적합 직업
1. 성취	• 자신이 스스로 목표를 세우고 이를 달성함 • 도전적, 진취적, 경쟁적인 편 • 새로운 과제에 도전하고 성취할 때 기쁨과 보람을 느낌	대학교수, 연구원, 프로운동선수, 연구가, 관리자
2. 봉사	• 남을 위한 활동에 보람을 느낌 • 따뜻한 마음, 희생정신, 동정심 많음 • 일은 생계수단뿐 아니라 주변사람들을 도와줄 수 있다고 느낄 때 보람을 느낌	판사, 소방관, 성직자, 경찰관, 사회복지사
3. 개별행동	• 여러 사람과 어울려 일하기보다는 혼자 일하는 것을 중시함 • 집중력을 많이 요하는 일, 참신한 아이디어를 필요로 함 • 대체로 조용하고 온순한 성격인 편이나 경우에 따라 매우 고집이 있거나 개성있어 보일 수 있음	디자이너, 화가, 연주자 등의 예술분야직업, 운전사, 교수
4. 직업안정	• 직업에서 얼마나 오랫동안 안정적으로 종사할 수 있는지를 중시 • 일 자체가 반복적이거나 익숙한 일을 하고자 함 • 하나의 전문적 기술을 가지고 오랫동안 꾸준히 일하는 환경을 좋아함	연주가, 미용사, 교사, 약사, 변호사, 기술자 등
5. 변화지향	• 일상적 업무보다 늘 새로운 일 선호 • 같은 일을 하더라도 자기만의 방식으로 풀어 보려는 연구자적 기질이 있음	연구원, 컨설턴트, 소프트웨어 개발자, 광고홍보전문가, 메이크업아티스트
6. 몸과 마음의 여유	• 마음과 신체적인 여유를 가질 수 있는 업무나 직업을 중시 • 규칙적인 업무를 통해 자기 시간을 갖거나 자율적 일정관리가 가능한 직업 선호 • 자신의 개인생활을 중시함	레크리에이션 진행자, 대학교수, 화가, 조경기술자
7. 영향력 발휘	• 타인에 대한 영향력을 발휘하는 것을 중시 • 자기주장이 강함, 도전적이며 타인과의 교류 즐김 • 타인이 자신의 의견이나 생각을 잘 따르기 바람	감독, 코치, 관리자, 성직자, 변호사
8. 지식추구	• 새로운 것에 대한 관심과 궁금증이 많음 • 여러 가지 현상에 대한 지식습득을 좋아함 • 일을 통해 다양한 지식을 얻는 것을 보람있다고 생각함	판사, 연구원, 경영컨설턴트, 소프트웨어 개발자, 디자이너 등
9. 공동체	• 개인의 이익보다 사회와 공동체의 이익을 중시함 • 타인에 대한 희생정신과 공동체를 위해 일하겠다는 사명감 높음 • 책임감 많고 규범적, 희생적이며 소신이 명확함	군인, 경찰관, 검사, 소방관, 사회단체활동가
10. 자율성	• 자율적으로 업무를 해나가는 것을 중시 • 의사결정권한도 자신이 갖고 싶어 함 • 스스로 계획을 수립하고 일을 수행하며 자기통제를 잘하는 편임 • 협력은 괜찮지만 명령지시에 따르는 업무는 좋아하지 않음	연구원, 광고전문가, 예술가, 자동차 영업원

가치관	내용	적합 직업
11. 금전적 보상	• 금전적인 보상을 중시 • 성실하고 열심히 일하는 사람 • 쾌활하고 열정적이며, 힘이 넘치고 도전적임	프로운동선수, 증권 및 투자 중개인, 공인회계사, 금융자산 운용가, 기업고위임원
12. 인정	• 사회적으로 명예로운 직업이나 사람들로부터 얻은 인기가 중요 • 타인으로부터의 인정에서 일의 의미를 찾는 경우가 많음 • 자기 일에서 전문적 능력 쌓아 인정받기 원함	항공기 조종사, 교수, 운동선수, 연주자, 판사
13. 실내활동	• 몸을 움직이는 일보다 앉아서 할 수 있는 일 선호 • 대부분 조용하고 편안하고 성실한 편	번역사, 관리자, 상담원, 연구원, 법무사

출처: 워크넷(www.work.go.kr)

실습 3 | 워크넷 심리검사에서 직업가치관 검사를 해보고 본인이 희망하는 직업을 찾아 보자.

나의 직업가치관:

직업가치	나에게 중요한 정도				
	매우중요	중요	보통	중요하지 않음	전혀 중요하지 않음
1. 성취감					
2. 봉사					
3. 개별행동					
4. 직업안정					
5. 변화지향					
6. 몸과 마음의 여유					
7. 영향력 발휘					
8. 지식추구					
9. 공동체					
10. 자율성					
11. 금전적 보상					
12. 인정					
13. 실내활동					
14. 기타					

2) 한국표준직업분류 기준에 따른 직업의 종류

한국표준직업분류(KSCO: Korea Standard Classification of Occupations)는 통계청의 e-book을 통해 대분류, 중분류, 소분류, 세분류, 세세분류 등으로 직업을 분류하고 있으며, 10개 항목의 대분류, 149개의 소분류, 426개의 세분류, 1,206개의 세세분류로 구성되어있다. 대분류와 관련하여 관련직업을 살펴보면 다음과 같다.

한국표준직업분류

대분류	관련직업
관리자	공공 및 기업 고위직, 행정 및 경영지원 관리직, 전문서비스 관리직, 건설·전기 및 생산 관련 관리직 등
전문가 및 관련 종사자	통계학자, 경제학자, 물리학자, 화학자, 천문학자, 컴퓨터 전문가, 건축가, 과학자, 판사, 검사, 의사, 약사, 교수, 교사, 사회학자, 작가 및 예술가 등
사무 종사자	경영 및 회계 관련 사무직, 금융 및 보험 사무직, 법률 및 감사 사무직, 상담·안내·통계 및 기타 사무직 등
서비스 종사자	경찰, 소방 및 보안 관련 서비스직, 이미용·예식 및 의료보조 서비스직, 운송 및 여가 서비스직, 조리 및 음식 서비스직 등
판매종사자	영업직, 매장 판매직, 방문·노점 및 통신판매 관련직 등
농림어업 숙련 종사자	농·축산 숙련직, 임업 숙련직, 어업 숙련직 등
기능원 및 관련 기능 종사자	식품가공, 섬유·의복 및 가죽, 목재·가구·악기 및 간판, 금속성형, 운송 및 기계, 전기 및 전자, 건설 및 채굴, 영상 및 통신장비, 기타 기능관련직 등
장치·기계조작 및 조립 종사자	섬유 및 신발, 화학, 금속 및 비금속, 기계제조, 운전 및 운송, 상·하수도 및 재활용 처리, 목재·인쇄 및 기타 기계조작직 등
단순노무 종사자	건설 및 광업, 운송, 제조, 청소 및 경비, 가사·음식 및 판매, 농림어업 및 기타 서비스 단순노무직 등
군인	군인

출처: 통계청(2008)

3) 한국고용직업분류

2001년 처음 개발된 '한국고용직업분류(KECO)'는 그 일을 하기 위해 필요한 지식, 능력, 기질을 말하는 직능유형(Skill Type)을 중심으로 직업능력수준, 산업, 직업이동성, 노동시장 구조 등을 함께 고려해 직업을 분류한 것으로, 노동시장 상황과 수요에 적합하도록 개발되었다. 한국고용직업분류는 직업훈련, 자격, 직업정보, 취업 등 수요자가 원하는 정보를 연계하기 용이하도록 개발됐으며, 한국고용직업분류를 통해 직업별로 필요한 취업정보, 훈련정보, 고용동향 등 각종 고용정보를 수집·정리할 수 있다. 한국고용직업분류를 중심으로 연계된 다양한 정보는 직업정보의 직접적인 수요자인 취업희망구직자, 진로를 결정해야 하는 학생과 학부모, 인력이 필요한 기업주, 직업안정기관의 상담원, 교육·훈련기관의 훈련지도자 등에게 체계적으로 제공될 수 있다. 우리나라의 현실적인 직업구조를 반영해 조사상 정확성과 용이성을 확보하고 노동시장 내 적절한 직업단위에 대한 데이터를 수집해 의미 있는 통계 정보를 전달하는 데 그 목적이 있다.

한국고용직업분류

중분류	소분류
관리직	고위공무원 및 기업 고위임원, 경영지원·행정 및 금융 관련 관리자, 사회서비스 관련 관리자(교육·법률 및 보건 등), 문화·예술·디자인 및 영상 관련 관리자, 건설 및 생산 관련 관리자, 정보통신 관련 관리자, 영업·판매 및 운송 관련 관리자, 음식·숙박·여행·오락 및 스포츠 관련 관리자, 환경·청소 및 경비 관련 관리자
경영·회계·사무직	경영 및 행정 관련 전문가, 회계·세무 및 감정평가 관련 전문가, 광고·홍보·조사·행사 기획 관련 전문가, 경영지원 및 행정 관련 사무원, 생산 관련 사무원, 무역 및 운송 관련 사무원, 회계 및 경리 관련 사무원, 안내·접수·고객응대 및 통계조사 관련 사무원, 비서 및 사무 보조원
금융·보험 관련직	금융 및 보험 관련 전문가, 금융 및 보험 관련 사무원, 보험 관련 영업원,
교육 및 자연·사회과학 연구 관련직	대학교수, 장학관 및 교육 관련 전문가, 자연과학 및 생명과학 관련 전문가, 인문 및 사회과학 관련 전문가, 자연과학 및 생명과학 관련 시험원, 학교교사, 유치원교사, 학원강사 및 학습지교사,
법률·경찰·소방·교도 관련직	법률전문가, 법률 관련 사무원, 경찰·소방 및 교도 관련 종사자
보건 및 의료 관련직	의사, 수의사, 약사, 간호사 및 치과위생사, 치료사, 의료장비 및 치과 관련 기술 종사자, 의료 및 보건 서비스 관련 종사자, 의료복지 지원종사자
사회복지 및 종교 관련직	사회복지 및 상담 전문가, 보육교사·육아도우미 및 생활지도원, 성직자 및 종교 관련 종사자

(계속)

중분류	소분류
문화·예술·디자인·방송 관련직	작가 및 출판 전문가, 학예사·사서 및 기록물관리사, 기자, 창작 및 공연 관련 전문가, 디자이너, 영화·연극 및 방송 관련 전문가, 영화·연극 및 방송 관련 기술종사자, 연예인 매니저·기타 문화 및 예술 관련 종사자
운전 및 운송 관련직	선박·항공기 조종 및 관제 관련 종사자, 철도·지하철 기관사 및 관련 종사자, 자동차운전원, 물품이동장비조작원, 배달원 및 운송 관련 단순 종사자,
영업 및 판매 관련직	영업원 및 상품중개인, 부동산중개인, 판매원 및 상품 대여원, 계산원 및 매표원, 노점·이동·방문 판매원 및 판매 관련 단순종사자
경비 및 청소 관련직	경호원·청원경찰·보안 관련 종사자, 경비원, 청소원·가사도우미 및 청소 관련 단순 종사자, 세탁원 및 다림질원, 계기검침·수금 및 주차관리 관련 단순 종사자
미용·숙박·여행·오락 및 스포츠 관련직	이·미용 및 관련 서비스 종사자, 결혼 및 장례 관련 서비스 종사자, 여행 서비스 관련 종사자, 승무원, 숙박시설 서비스 관련 종사자, 오락 시설 서비스 관련 종사자, 스포츠 및 레크리에이션 관련 종사자
음식서비스 관련직	주방장 및 조리사, 식당 서비스 관련 종사자,
건설 관련직	건축 및 토목 관련 기술자 및 시험원, 건설구조 관련 기능 종사자, 건설마감 관련 기능 종사자, 배관공, 건설 및 채굴 기계운전원, 토목 및 채굴 관련 종사자, 건설 및 광업 관련 단순 종사자,
기계 관련직	기계공학 기술자·연구원 및 시험원, 기계장비 설치 및 정비원, 운송장비 정비원(자동차 제외), 자동차 정비원, 금형 및 공작 기계 조작원, 냉난방 관련 설비 조작원, 자동조립라인 및 산업용로봇 조작원, 자동차 및 자동차부품 조립원, 운송차량 및 기계 관련 조립원
재료 관련직(금속·유리·점토 및 시멘트)	금속 및 재료 공학 기술자, 연구원 및 시험원, 판금·제관 및 섀시 관련 종사자, 단조원 및 주조원, 용접원, 도장기 및 도금기 조작원, 금속가공 관련 장치 및 기계 조작원
화학 관련직	화학공학 기술자·연구원 및 시험원, 석유 및 화학물 가공장치조작원, 화학·고무 및 플라스틱 제품생산기조작원
섬유 및 의복 관련직	섬유공학 기술자·연구원 및 시험원, 섬유제조기계 조작원, 섬유가공 관련 조작원, 의복제조원 및 수선원, 재단·재봉 및 관련 기능종사자, 제화 및 기타 직물 관련 기계 조작원 및 조립원
전기·전자 관련직	전기 및 전자 공학 기술자·연구원 및 시험원, 전공, 전기 및 전자 기기 설치 및 수리원, 발전 및 배전장치 조작원, 전기 및 전자설비 조작원, 전기 및 전자부품 및 제품 제조기계 조작원, 전기 및 전자 부품 및 제품 조립원
정보통신 관련직	컴퓨터하드웨어 및 통신공학 기술자 및 연구원, 컴퓨터시스템 설계 및 분석가, 소프트웨어개발전문가, 웹전문가, 데이터베이스 및 정보시스템 운영전문가, 통신 및 방송 장비기사·설치 및 수리원,
식품가공 관련직	식품공학기술자·연구원 및 시험원, 제과제빵원 및 떡 제조원, 식품가공 관련 기능종사자, 식품제조기계 조작원
농림어업 관련직	작물재배종사자, 낙농 및 사육 관련 종사자, 임업 관련 종사자, 어업 관련 종사자, 농림어업 관련 단순종사자
군인	의무 복무중인 사병을 제외하고 현재 군복무에 종사하는 자

출처: 한국고용정보원(2013)

4) 한국직업정보시스템(워크넷) 직업분류

워크넷은 9개의 대분류에 의해 한눈으로 보기 쉽도록 상세하게 직업을 정리하고 있다. 또한 각 직업을 클릭하면 해당직업과 관련한 상세한 정보를 보여준다. 관련학과 및 관련 자격증은 물론, 평균임금, 직업만족도, 미래 전망, 근무환경 등까지 상세히 알 수 있어 직업 선택에 많은 도움을 준다.

한국직업정보시스템(워크넷) 직업분류

대분류	중분류	소분류
관리·경영·금융·보험	관리직	행정부고위공무원, 국회의원, 지방의회의원, 기업고위임원(CEO), 재무관리자, 총무 및 인사관리자, 기획·홍보 및 광고관리자, 외교관, 금융관리자, 보험관리자, 시장 및 여론조사관리자, 부동산 및 임대업관리자, 유치원 원장 및 원감, 초등학교 교장 및 교감, 중고등학교 교장 및 교감, 대학교 총장 및 대학학장, 연구관리자, 경찰관리자, 소방관리자, 교도관리자, 보건의료관련관리자, 사회복지관련관리자, 영화제작관리자, 도서관장, 미술관장, 박물관장, 신문제작관리자, 방송제작관리자, 공연제작관리자, 건설 및 광업관련관리자, 제품생산관련관리자, 정보통신관련관리자, 영업 및 판매관리자, 운송관련관리자, 레스토랑지배인, 호텔관리자, 여행관련관리자, 환경·청소 및 경비관련관리자
	경영·회계·사무 관련직	노무사, 인적자원전문가, 경영컨설턴트, 기업인수합병전문가(M&A전문가), 품질인증심사전문가, 헤드헌터, 정부정책기획전문가, 회계사, 세무사, 관세사, 감정평가사, 보석감정사, 음식료품감정사, 문화재감정평가사, 광고기획자, 홍보전문가, 공연기획자, 카테고리매니저, 마케팅전문가, 스포츠마케터, 상품기획자, 시장 및 여론조사전문가, 행사기획자, 회의기획자, 파티플래너, 분양 및 임대사무원, 마케팅사무원, 광고 및 홍보사무원, 경영기획사무원, 영업관리사무원, 인사 및 노무사무원, 교육 및 훈련사무원, 병원행정사무원, 주택관리사, 총무사무원, 교육행정사무원, 조세행정사무원, 관세행정사무원, 병무행정사무원, 행정공무원, 입법공무원, 자재관리사무원, 품질관리사무원, 생산관리사무원, 무역사무원, 우편사무원, 물류관리전문가, 항공운송사무원, 철도운송사무원, 도로운송사무원, 수상운송사무원, 출입국심사관, 탑승수속사무원, 항공권발권사무원, 포워더(복합운송주선인), 회계사무원, 경리사무원, 안내 및 접수사무원, 전화교환 및 번호안내원, 시설 및 견학안내원, 화랑 및 박물관안내원, 고객상담원, 통계사무원, 통계 및 설문조사원, 일반비서, 관리비서, 사무보조원, 조사자료처리원, 속기사
	금융·보험 관련직	투자분석가(애널리스트), 신용분석가, 금융자산운용가, 보험계리사, 증권중개인, 선물거래중개인, 외환딜러, 손해사정인, 투자인수심사원(투자언더라이터), 부동산펀드매니저, 리스크매니저, 보험인수심사원, 금융관련사무원, 보험설계사, 출납창구사무원, 신용추심원, 보험사무원, 보험대리인 및 중개인

(계속)

대분류	중분류	소분류
교육·연구·법률·보건	교육 및 자연과학·사회과학 연구 관련직	대학교수, 대학시간강사, 장학사, 교재 및 교구개발자, 이러닝교수설계자, 입학사정관, 대학교육조교, 연구소 연구원, 기후변화전문가, 생명정보학자, 공항검역관, 교사, 특수학교교사, 진로진학상담교사, 보조교사, 유치원교사, 강사, 다문화언어지도사, 학원강사, 직업능력개발훈련교사, 디자인강사, 이미용강사, 요리강사, 자동차운전강사, 예능강사, 학습지 및 방문교사, 방과후교사
	법률·경찰·소방·교도 관련직	판사, 검사, 변호사, 법무사, 변리사, 법률관련사무원(법무 및 특허사무원), 감사사무원, 저작권에이전트, 경찰관, 해양경찰관, 검찰수사관, 사이버수사요원, 소방관, 교도관, 소년원학교교사
	보건·의료 관련직	의사, 한의사, 치과의사, 수의사, 약사, 한약사, 간호사, 보건교사, 치과위생사, 물리치료사, 작업치료사, 중독치료사, 임상심리사, 언어·놀이·음악·미술치료사, 향기치료사(아로마테라피스트), 웃음치료사, 청능사(청능치료사), 임상병리사, 방사선사, 치과기공사, 의료장비기사, 의지보조기기사, 안경사, 임상연구코디네이터, 스포츠마사지사, 위생사, 영양사, 의무기록사, 인명구조원, 응급구조사, 간호조무사, 간병인, 의료코디네이터, 의료관광코디네이터
사회복지·문화·예술·방송	사회복지 및 종교 관련직	사회복지사, 상담전문가, 청소년지도사, 취업지원관, 직업상담사, 취업알선원, 커리어코치, 사회단체활동가, 보육교사 및 보육사, 복지시설생활지도원, 목사, 전도사, 신부, 수녀, 승려, 교무(원불교), 민속종교종사자(점술가·무당 등)
	문화·예술·디자인·방송 관련직	시인, 소설가, 영화시나리오작가, 카피라이터, 작사가, 방송작가, 평론가, 게임시나리오작가, 번역가, 통역가, 출판물기획자, 출판물편집자, 학예사(큐레이터), 문화재보존원, 아트컨설턴트, 사서, 기록물관리사, 잡지기자, 신문기자, 방송기자, 편집기자, 화가, 조각가, 서예가, 사진기자, 사진작가, 만화가, 애니메이터, 국악연주가, 전통예능인, 국악인, 지휘자, 작곡가, 연주가, 성악가, 가수, 무용수, 안무가, 대중무용수(백댄서), 제품디자이너, 가구디자이너, 자동차디자이너, 주얼리디자이너, 팬시 및 완구디자이너, 가방·신발디자이너, 휴대폰디자이너, 조명디자이너, 캐릭터디자이너, 패션디자이너, 속옷디자이너, 직물디자이너(텍스타일디자이너), 인테리어디자이너, 디스플레이어, 비주얼 머천다이저(VMD), 무대 및 세트디자이너, 시각디자이너, 광고디자이너, 북디자이너, 일러스트레이터, 포장디자이너, 컬러리스트, 플로리스트, 피오피(POP)디자이너, 웹디자이너, 게임그래픽디자이너, 영상그래픽디자이너, 캐드원, 건축 및 토목캐드원, 영화감독, 방송연출가, 연극연출가, 광고제작감독(CF감독), 웹방송전문가, 연극·영화 및 방송기술감독, 성우, 모델, 연극배우, 영화배우 및 탤런트, 개그맨 및 코미디언, 스턴트맨(대역배우), 보조출연자, 경주아나운서, 아나운서, 쇼핑호스트, 연예프로그램진행자, 리포터, 기상캐스터, 비디오자키(VJ), 디스크자키(DJ), 촬영기자, 촬영기사, 음향 및 녹음기사, 영상·녹화 및 편집기사, 조명기사, 영사기사, 무대의상관리원, 소품관리원, 패션코디네이터, 연예인매니저, 음반기획자, 아쿠아리스트, 마술사

(계속)

대분류	중분류	소분류
운송·영업·판매·경비	운전·운송 관련직	전기감리기술자, 항공기조종사, 헬리콥터조종사, 선장 및 항해사, 도선사, 선박기관사, 선박기관원, 항공교통관제사, 선박교통관제사, 선박운항관리사, 항공운항관리사, 철도교통관제사, 철도 및 전동차기관사, 항공기유도원(마샬러), 신호원 및 수송원, 택시운전원, 버스운전원, 트럭운전원, 특수차운전원, 자가용운전원, 크레인 및 호이스트운전원, 지게차운전원, 택배원, 우편물집배원, 선박갑판원, 하역 및 적재단순종사원
	영업·판매 관련직	산업용 기계장비기술영업원, 전자통신장비기술영업원, 의료장비기술영업원, 농업용 기계장비기술영업원, 자동차부품기술영업원, 의약품영업원, 해외영업원, 자동차영업원, 건축자재영업원, 인쇄 및 광고영업원, 식품영업원, 체인점모집 및 관리영업원, 상품중개인 및 경매사, 구매인(바이어), 선박중개인(용선중개인), 부동산중개인, 부동산컨설턴트, 상점판매원, 편의점수퍼바이저, 면세상품판매원, 통신서비스판매원, 인터넷판매원, 텔레마케터(전화통신판매원), 상품대여원, 매장계산원, 매표원 및 복권판매원, 노점 및 이동판매원, 방문판매원, 주유원, 홍보도우미 및 판촉원, 매장정리원
	경비·청소 관련직	경호원, 청원경찰, 무인경비원, 건물시설관리원, 경비원, 청소원, 호텔객실청소원, 재활용품수거원, 구두미화원, 가사도우미, 육아도우미(베이비시터), 세탁원, 계기검침원, 수금원, 주차관리원 및 안내원, 검표원
미용·숙박·여행·스포츠·음식	미용·숙박·여행·오락·스포츠 관련직	이용사, 미용사, 피부관리사, 다이어트프로그래머, 네일아티스트, 목욕관리사, 특수분장사, 분장사, 메이크업아티스트, 애완동물미용사, 패션어드바이저, 퍼스널쇼퍼, 이미지컨설턴트, 결혼상담원, 웨딩플래너, 혼례종사원, 장례지도사, 여행상품개발자, 여행사무원, 투어컨덕터(해외여행인솔자), 여행안내원, 관광통역안내원, 자연환경안내원, 항공기객실승무원, 선박객실승무원, 열차객실승무원, 호텔컨시어지, 호텔 및 콘도접객원, 숙박시설서비스원, 놀이시설종사원, 경기감독 및 코치, 스포츠트레이너, 프로야구선수, 프로축구선수, 프로농구선수, 프로골프선수, 프로배구선수, 자동차경주선수, 프로경마선수, 프로경륜선수, 경기심판, 경기기록원, 스포츠강사, 레크레이션강사, 바둑기사, 프로게이머, 스포츠에이전트, 카지노딜러, 골프장캐디, 치어리더
	음식서비스 관련직	한식조리사, 중식조리사, 양식조리사, 일식조리사, 바텐더(조주사), 바리스타, 패스트푸드원, 웨이터 및 웨이트리스, 주방보조원, 음식배달원, 푸드스타일리스트, 소믈리에
건설·기계·재료·화학·섬유	건설 관련직	건축안전기술자, 빌딩정보모델링(BIM)전문가, 건축공학기술자, 건축설계기술자, 건축구조기술자, 건축시공기술자, 건축감리기술자, 건축설비기술자, 건설견적원(적산원), 친환경건축컨설턴트, 토목공학기술자, 토목안전환경기술자, 토목구조설계기술자, 토목시공기술자, 토목감리기술자, 조경기술자, 도시계획 및 설계가, 교통계획 및 설계가, 측량 및 지리정보기술자, 지리정보시스템전문가(GIS전문가), 교통안전연구원, 지도제작기술자, 사진측량 및 분석가, 건설자재시험원, 교통영향평가원, 철골공, 경량철골공, 철근공, 콘크리트공, 건축석공, 전통건물건축원, 건축목공, 조적원, 미장공, 방수공, 단열공(보온공), 철로설치 및 보수원, 산업잠수사, 잠수 및 수중기능원, 점화·발파 및 화약관리원, 건설 및 광업 단순종사원

(계속)

대분류	중분류	소분류
건설·기계·재료·화학·섬유	기계 관련직	조선공학기술자, 자동차공학기술자, 항공공학기술자, 기계공학기술자, 메카트로닉스공학기술자, 건설기계공학기술자, 엔진기계공학기술자, 냉난방 및 공조공학기술자, 사무용기계공학기술자, 철도차량공학기술자, 로봇공학기술자, 지열시스템연구 및 개발자, 플랜트기계공학기술자, 기계공학시험원, 공업기계설치 및 정비원, 엘리베이터·에스컬레이터설치 및 정비원, 물품이동장비 설치 및 정비원, 냉동·냉장·공조기설치 및 정비원, 보일러설치 및 정비원, 건설 및 광업기계설치 및 정비원, 농업용 기계정비원, 헬리콥터정비원, 항공기정비원, 선박정비원, 철도기관차 및 전동차정비원, 오토바이정비원, KTX 정비원, 자동차정비원, 금형원, 금속공작기계조작원, 머시닝센터조작원, 냉난방관련설비조작원, 자동조립라인 및 산업용로봇조작원, 자동차조립원, 자동차부분품조립원, 선박조립원, 철도차량조립원, 일반기계조립원
	재료 관련직	재료공학기술자, 금속공학기술자, 나노공학기술자, 금속재료공학시험원, 판금원, 제관원, 샷시원, 단조원, 주조원, 용접원, 도장기조작원, 도금 및 금속분무기조작원, 금속가공관련제어장치조작원, 금속가공관련조작원, 공구제조원(치공구포함), 금속가공관련검사원, 유리제조 및 가공기조작원, 점토제품생산기조작원, 시멘트 및 광물제품제조기조작원, 광석 및 석제품가공기조작원, 금속광물가공관련 제어장치조작원, 비금속광물가공관련조작원
	화학 관련직	석유화학공학기술자, 도료 및 농약품화학공학기술자, 비누 및 화장품화학공학기술자, 고무 및 플라스틱화학공학기술자, 음식료품화학공학기술자, 의약품화학공학기술자, 연료전지개발 및 연구자, 화학공학시험원, 조향사, 석유 및 천연가스제조관련제어장치조작원, 화학물가공장치조작원, 화학제품생산기조작원, 타이어 및 고무제품생산기조작원, 플라스틱제품생산기조작원, 고무 및 플라스틱제품조립원,
	섬유·의복 관련직	섬유공학기술자, 섬유 및 염료시험원, 섬유제조기계조작원, 직조기 및 편직기조작원, 표백 및 염색관련조작원, 한복제조원, 양장 및 양복제조원, 모피 및 가죽의복제조원, 의복·가죽 및 모피수선원, 의복제품검사원, 패턴사, 재단사, 재봉사, 섬유관련등급원 및 검사원, 제화원, 신발제조기조작원 및 조립원, 세탁관련기계조작원
전기·전자·정보통신	전기·전자 관련직	송배전설비기술자, 전기제품개발기술자, 전기계측제어기술자, 발전설비기술자, 전기안전기술자, LED연구 및 개발자, 태양열연구 및 개발자, 전자의료기기개발기술자, 태양광발전연구 및 개발자, 풍력발전연구 및 개발자, 반도체장비기술자, 반도체공학기술자, 전자계측제어기술자, 전자제품개발기술자, 전기·전자시험원, 산업전공, 내선전공, 외선전공, 컴퓨터설치 및 수리원, 사무기기설치 및 수리원, 가전제품 설치 및 수리원, 발전장치조작원, 풍력발전시스템운영관리자, 전기 및 전자설비조작원, 전기부품 및 제품제조기계조작원, 전자부품 및 제품제조기계조작원, 전기·전자제품 및 부품조립 및 검사원

(계속)

대분류	중분류	소분류
전기·전자·정보통신	정보통신 관련직	컴퓨터하드웨어기술자, 통신공학기술자, 통신기기기술자, 통신망운영기술자, 인공위성개발원, 통신기술개발자, 통신장비기술자, RFID시스템개발자, 컴퓨터시스템감리전문가, 기술지원전문가, 정보통신컨설턴트, 컴퓨터시스템설계분석가, 네트워크관리자, 네트워크엔지니어, 컴퓨터보안전문가, MIS전문가(경영정보시스템개발자), 시스템소프트웨어개발자, 네트워크프로그래머, 증강현실전문가, 응용소프트웨어개발자, 컴퓨터프로그래머, 게임프로그래머, 스마트폰앱개발자, 모바일콘텐츠개발자, 웹마스터, 웹엔지니어, 웹프로그래머, 웹기획자, 게임기획자, 애니메이션기획자, 디지털영상처리전문가, 가상현실전문가, 음성처리전문가, 데이터베이스개발자, 정보시스템운영자, 통신장비기사, 방송송출장비기사, 영상 및 관련장비설치 및 수리원, 통신 및 관련장비설치 및 수리원, 통신·방송 및 인터넷케이블설치 및 수리원
식품·환경·농림어업·군인	식품가공 관련직	식품공학기술자, 식품시험원, 제빵원 및 제과원, 떡제조원, 한과제조원, 정육원 및 도축원, 김치 및 밑반찬 제조종사원, 담배제조관련조작원, 식품 및 담배등급원, 육류·어패류 및 낙농품가공기계조작원, 제분 및 도정관련기계조작원, 곡물가공제품기계조작원, 과실 및 채소관련기계조작원, 음료제조관련기계조작원
	환경·인쇄·목재·가구·공예 및 생산단순직	환경공학기술자, 수질환경기술자, 대기환경기술자, 폐기물처리기술자, 소음진동기술자, 환경영향평가원, 토양환경공학기술자, 환경컨설턴트, 온실가스인증심사원, 친환경제품인증심사원, 환경공학시험원, 에너지진단사, 보건위생 및 환경검사원, 에너지공학기술자, 원자력공학기술자, 바이오에너지연구 및 개발자, 소방공학기술자, 비파괴검사원, 산업안전원, 위험관리원, 에너지시험원, 에너지진단전문가, 해충방제전문가, 산업공학기술자, 해양공학기술자, 해양수산기술자, 농업기술자, 임업기술자, 상하수도처리장치조작원, 재활용처리 및 소각로조작원, 인쇄기조작원, 사진인화 및 현상기조작원, 목재가공관련조작원, 펄프 및 종이제조장치조작원, 종이제품생산기조작원, 가구제조 및 수리원, 가구조립 및 검사원, 공예원, 한지공예가, 점토공예가, 귀금속 및 보석세공원, 악기수리원 및 조율사, 간판제작 및 설치원, 포장원
	농림어업관련직	곡식작물재배자, 특용작물재배자, 채소작물재배자, 과수작물재배자, 육묘 및 화훼작물재배자, 조경원(원예사 포함), 낙농업관련종사원, 가축사육종사원, 동물사육사, 조림·영림 및 벌목원, 양식원, 어부 및 해녀, 농림어업관련단순종사원
	군인	육군장교, 해군장교, 공군장교, 육군부사관, 해군부사관, 공군부사관
녹색직업	녹색직업	환경공학기술자, 수질환경기술자, 대기환경기술자, 폐기물처리기술자, 소음진동기술자, 환경영향평가원, 토양환경공학기술자, 환경컨설턴트, 온실가스인증심사원, 친환경제품인증심사원, 환경공학시험원, 에너지공학기술자, 원자력공학기술자, 해양수산기술자, 에너지진단전문가, 상하수도처리장치조작원, 재활용처리 및 소각로조작원, 조경원(원예사 포함), 조림·영림 및 벌목원, 에너지진단사, 조경기술자, 친환경건축컨설턴트, 단열공(보온공), 지열시스템연구 및 개발자, LED연구 및 개발자, 태양열연구 및 개발자, 태양광발전연구 및 개발자, 풍력발전연구 및 개발자, 풍력발전시스템운영관리자

출처: 워크넷

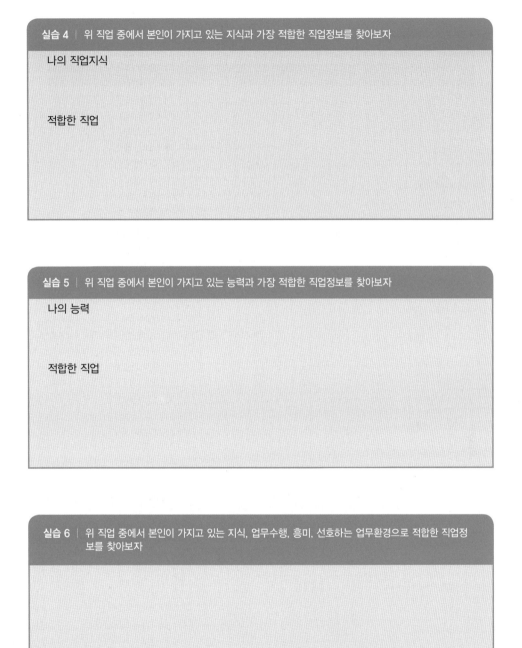

실습 4 | 위 직업 중에서 본인이 가지고 있는 지식과 가장 적합한 직업정보를 찾아보자

나의 직업지식

적합한 직업

실습 5 | 위 직업 중에서 본인이 가지고 있는 능력과 가장 적합한 직업정보를 찾아보자

나의 능력

적합한 직업

실습 6 | 위 직업 중에서 본인이 가지고 있는 지식, 업무수행, 흥미, 선호하는 업무환경으로 적합한 직업정보를 찾아보자

실습 7 | 본인이 찾은 직업에 대해 필요한 것은 무엇인지 알아보자(워크넷 사이트 직업정보에서 클릭하면 알 수 있음).

직업명(1순위)	
1. 관련학과	
2. 관련자격(증)	
3. 임금	
4. 직업만족도	
5. 전망	
6. 업무수행능력	
7. 지식	
8. 근무환경	
9. 필요한 성격	
10. 가치관	

직업명(2순위)	
1. 관련학과	
2. 관련자격(증)	
3. 임금	
4. 직업만족도	
5. 전망	
6. 업무수행능력	
7. 지식	
8. 근무환경	
9. 필요한 성격	
10. 가치관	

직업명(3순위)	
1. 관련학과	
2. 관련자격(증)	
3. 임금	
4. 직업만족도	
5. 전망	
6. 업무수행능력	
7. 지식	
8. 근무환경	
9. 필요한 성격	
10. 가치관	

5) 이색직업

워크넷은 눈길끄는 이색직업으로 식품·웰빙·여가를 비롯하여 6개의 분야로 나누어 각각의 대분류에 대해 이색적인 직업을 소개하고 있다. 여기에서 소개되는 이색직업은 자신의 전공과 무관하게 재능만 있다면 배워서 그 분야에 진출할 수 있다. 또한 각 직업을 클릭하면 해당 직업에 대한 소개와 준비요령 및 현재와 미래의 전망을 상세히 설명해 주고 있어 눈여겨 볼만한 부분이다. 특히 전공이 인문과학 또는 사회과학을 전공한 학생들은 자신의 전공 외에 쉽게 다가갈 수 있는 직업이므로 관심있는 분야를 상세히 살펴볼 필요가 있겠다.

워크넷이 제시한 이색직업

구분	이색직업
식품·웰빙·여가	유품정리인, 정리수납컨설턴트, 옥상정원디자이너, 애견유치원교사, 라이프코치, 도시농업활동가, 큐그레이더, 숲해설가, 음악분수연출자, 웃음치료사, 수중재활운동사, 매장배경음악전문가, 산업잠수사, 소믈리에, 신발디자이너, 안경디자이너, 풍선아티스트, 조향사, 다이어트프로그래머, 파티플래너, 푸드스타일리스트, 애견옷디자이너, 아트컨설턴트, 쇼다이버, 아쿠아리스트
과학·정보통신	지능로봇연구개발자, 홀로그램전시기획자, 정밀농업기술자, 감성기술연구원, 빅데이터분석가, 오염부지정화연구원, 인공어초연구개발자, 스마트그리드통합운영자, 실버로봇서비스기획자, 우주전파예보관, 핵융합로연구개발자, 빌딩정보모델링(BIM)전문가, 음성인식UX디자이너, 디지털포렌식수사관, 스마트폰 애플리케이션 개발자, 증강현실엔지니어, 미디어파사드 디자이너, 도로교통안전진단사, 화석연료청정화연구원, 폐기물에너지화연구원, 친환경병충해방제연구원, 온라인 전기자동차연구원, 안드로이드로봇공학자, 사이버범죄수사관, 모바일게임QA전문가, 모바일커스터머서포트엔지니어, 국방과학연구원, 휴대폰디자이너, 카테고리매니저(Category Manager), e-sports맵제작자, 화재감식전문가, 몽타주제작자, 유전자감식연구원, 지능형교통시스템(ITS)연구원, 위폐감식전문가, 국가사이버안전요원, 국제범죄전문가, 대테러전문가, 산업보안전문가, 거짓말탐지검사관, 도청탐지전문가
보건의료·교육	브레인트레이너, 의료사고중재조사관, 야생동물재활사, 베이비플래너, 동물매개심리사, 다문화코디네이터, 과학에듀케이터, 검시관, 감염관리전문간호사, 재능기부코디네이터, 인터넷게임중독치료전문가, 자살예방상담가, 환경교육강사, 메디컬일러스트레이터, 모유영양분석가, 아기변성진단가, 다문화 언어지도사, 결혼이민자 통번역지원사, 한국어강사, 음성언어치료사, 페토티스트, 안내견훈련사, 의료관광코디네이터, 바이오의약품연구원, 두피모발관리사, 점역사, 임상연구코디네이터, 학습매니저, 사이처, 원예치료사, 독서치료사, 장기이식코디네이터, 음악치료사, 미술치료사, 노인전문간호사, 놀이치료사

(계속)

구분	이색직업
문화·예술·스포츠	패션테크니컬디자이너, 인포그래픽디자이너, 소셜큐레이션서비스기획자, 에코제품디자이너, 건설코디네이터, 익스테리어디자이너, 모델러, 교통심리전문가, 스포츠에이전트, 아트토이디렉터, 애니메이션기획자, 포크아티스트, 예술제본가, 비보이(비걸), 그래피티 아티스트, 연극놀이강사, 스포츠 기록분석연구원, 레이싱 미캐닉, 카오디오 인스톨러, 자동차경주선수, 이종격투기선수, 마필관리사, 카지노딜러, 문화재보존전문가, 하우스매니저(House Manager), 미술품스페셜리스트, 페인팅아티스트, 캐릭터디자이너, 휴대전화벨소리제작자, 컬러리스트, 테마파크디자이너, 플로리스트, 장제사, 테크니컬라이터, 속옷디자이너
경영·금융·보안	가사조사관, 국제의료마케팅전문가, 평판관리전문가, 기업컨시어지, 국제개발협력전문가, PPL(간접광고)마케터, 소셜커머스품질관리자, 공정무역전문가, 제품환경컨설턴트, 바이오물류전문가, 원산지관리사, 피해자 심리전문요원, 프로파일러, 생태어메니티전문가, 아이디어컨설턴트, CSR컨설턴트, 펀드레이저, 온라인광고기획자, 기상컨설턴트, HCI 컨설턴트, 펀드애널리스트, 문화마케터, 키워드에디터, 입학사정관, 창업컨설턴트, 개인자산관리사, 프리젠테이션컨설턴트, 이미지컨설턴트, 커리어코치, 미스터리샤퍼, 네이미스트, 도선사
방송·이벤트	화면해설방송작가, 디지털마케터, 디지털음원마케터, 방송콘텐츠마케팅디렉터, 로봇공연기획자, 문화PD, 영화예고편제작자, 메이킹필름제작자, 폴리아티스트, 퍼핏애니메이터, 버블리스트, 불꽃연출가, 게임방송해설가, 애견트레이너, 게임프로듀서, 게임자키, 비디오저널리스트, 비디오자키, 특수분장사, 전시기획자, 커플매니저, 웨딩플래너

출처: 워크넷

실습 8 │ 본인에게 관심있는 이색직업을 골라 해당 직업이 하는 일, 준비요령, 이 직업의 현재와 미래를 살펴보자(워크넷, 이색직업 클릭).

이색직업(1순위):	
어떤 일을 하는가?	
어떻게 준비하나?	
이 직업의 현재와 미래는?	

이색직업(2순위):	
어떤 일을 하는가?	
어떻게 준비하나?	
이 직업의 현재와 미래는?	

이색직업(3순위):	
어떤 일을 하는가?	
어떻게 준비하나?	
이 직업의 현재와 미래는?	

3장

직무의 이해

1 역량에 대한 이해

직업 선택을 할 때 직무와 업종에 따라 요구하는 역량이 달라진다. 대부분의 학생들은 기초역량으로 학점 및 어학 성적을 높이는데 급급하고 있다. 그러나 자신의 자질과 역량을 꼼꼼히 살펴 직무를 선택하는 것이 매우 중요하다. 역량(competency)은 업무를 성공적으로 수행할 수 있게 하는 자질과 동기, 기술과 지식, 자세 및 태도로서 성과와 관련된 일련의 행동양식을 뜻한다. 회사에서 적합한 인재로 평가받기 위한 역량으로서 다음과 같은 역량을 필요로 하고 있다.

> 역량(competency)은 업무를 성공적으로 수행할 수 있게 하는 자질과 동기, 기술과 지식, 자세 및 태도로서 성과와 관련된 일련의 행동양식을 뜻한다.

1) 일반적인 역량구분

(1) 직무수행을 위한 기초지식

수행 직무에서 요구되는 기초적인 전공 지식, 상식, 기술적 지식, 직무 요구 기술에 대한 준비는 가장 상식적인 역량이다. 그러므로 회사에 취업하기 위해서는 직무 수행 기초 지식과 관련해서 '전공 지식에 대한 공부', '직무에서 요구되는 특성에 대해 꾸준히 준비해온 자신의 과정'을 보여주어야 한다.

(2) 의사소통능력

의사소통능력이란 직무 수행을 위해 요구되는 의사전달, 외국어 활용 등에 대한 역량을 말한다. 특히 타인과의 관계에서 갈등 상황을 어떻게 해결하는가? 의견전달 방법에 대한 능력 등을 말한다. 그러므로 채용과정에서 지원자는 자신의 의사를 분명히 전달하는 능력을 갖추어야 하며, 타인과의 관계에서 갈등상황 해결과 의견전달 방법에 대한 능력 등을 자기소개서에서 요구하거나 면접으로 묻는 경우가 상당히 많으므로 항상 준비가 잘 되어 있어야 한다.

(3) 분석력

분석력은 일을 하는데 요구되는 정보나 자료를 확인하고 수집하는 능력이라 할 수 있다. 다시 말해 분석력이란 문제에 대한 정보를 분석하고 논리적으로 추론하여 구체화할 수 있는 능력이라고 할 수 있다. 그러므로 분석력을 묻는 항목에서는 분석을 해야 하는 대상, 문제에 대한 정의, 수집 방법이 포함되는 경험을 사례로 강조해야 한다.

(4) 계획 및 조직화 능력

계획 및 조직화 능력은 목적 또는 목표 달성을 위해 체계적으로 준비하는 능력을 말한다. 즉, 계획 및 조직화 능력이란 계획을 세운 후 필요한 인적·물적 자원을 조직하는 능력이라 할 수 있다. 그러므로 입사를 위해서 취업준비생은 목표달성을 위해 필요한 소요시간을 판단하고 필요한 행동을 세분화해서 계획하는 방법 등을 준비하고 있어야 한다.

(5) 문제해결 능력

문제해결 능력이란 목표와 현재 상태 사이의 차이(gap)를 최소화하는 능력을 말한다. 즉, 문제해결 능력은 어떤 일을 진행하거나 결과물을 만들기 위해 필요한 순서, 장비, 인력, 문제점, 애로사항 등을 적절히 처리하면서 결과를 만들어 내는 능력이라 할 수 있다. 그러므로 자기소개서 작성과 면접 대비시 문제에 대한 정의(또는 목표에 대한 정의), 목표와 현재상태의 차이를 최소화하기 위해 고려한 대안이나 우선순위, 예상하지 못했던 상황에 대한 대응 방법 등을 준비해야 한다.

(6) 팀워크 능력

직장인은 어디에서도 주위 사람과 잘 지내지 않으면 성과를 내기 쉽지 않다. 업무를 독불장군식으로 밀어 붙이거나, 자신의 뜻대로 되지 않는다고 삐지거나, 그만둬 버리거나, 다른 사람의 사정은 고려하지 않거나, 자신의 주장을 되풀이 하거나, 더 나아가 팀 내에 또 다른 팀을 멋대로 만드는 태도로는 팀이 깨져서 목표를 달성 할 수 없다.

팀워크 능력은 조직에 소속되어 공동의 목표를 향해 협력하고, 역할을 수행하는 능력이라 할 수 있다. 즉, 팀워크 능력이란 목표를 이루기 위하여 팀 구성원이 업무를 분담하고 각 멤버가 자신이 맡은 일을 책임지고 해내는 팀 파워를 만드는 일이다. 다시 말해서 멤버의 일원으로서 자신에게 주어진 과제를 제대로 마치는 일이다. 여기서 중요한 것은 팀 내에서 특정한 사람과 잘 지내는 것이 아니라 목표달성을 위해서 팀 전체가 협력하는 일이다. 팀워크 능력을 측정하는 질문으로는 공동목표를 수행하는 성향, 집단 속에서 자신의 역할 뿐 아니라 조직의 응집력 향상을 위해 어떤 노력을 해왔는가 등을 들 수 있다.

(7) 창의력

창의력은 새로운 생각이나 개념을 찾아내거나 기존에 있던 생각이나 개념들을 새롭게 조합해 내는 것과 연관된 정신적·사회적인 과정이다. 즉, 창의력은 가치 증진(다른 사람의 유익함)을 위해 익숙했던 상황, 패턴, 행동에서 적절한 독창적 생각과 행위, 감정 등을 말한다. 그러므로 자기소개서를 작성할 때 왜? 무슨 목적으로 이와 같은 독창적인 행동, 생각 등을 했을까?, 생각지도 못한 기발함 즉, 익숙했던 것과는 다른 행동과 생각, 이와 같은 창의성의 결과는 어떠했는가? 등을 기재하는 것이 좋다.

2) 잡이룸의 역량 구분

취업포털사이트 잡이룸에 의하면 역량을 보다 상세히 구분하고 있으며, 직무의 종류와 관련한 역량의 구분은 다음의 표와 같다.

역량의 구분

역량군	역량명	역량정의
공통기본 역량	회사, 비즈니스 이해	회사와 업계의 특성, 성공요소를 파악하고 자신의 역량과 연계하여 이해하는 능력
	가치관, 직업관	개인의 가치판단 기준이 올바르며 직업·직장에 대한 관념이 올바르고 긍정적임
	조직몰입, 적응력	자신이 속한 조직 및 구성원들과 조기에 융화할 수 있는 능력과 조직에 공헌하려는 태도
	기본자질 및 교양	직장인으로서 갖추어야 할 기본적인 자질 및 비즈니스 예절, 폭넓은 교양
	직무지식, 수용능력	직무지식, 경험·전공지식을 바탕으로 조기에 업무를 수용하고 성과를 낼 수 있는 능력
대인관계 역량	팀웍지향	팀의 일원임을 인식하고 팀 목표달성을 위해 동료들과 적극 협력하고 함께 일하려는 태도
	프레젠테이션 스킬	자신의 의견이나 제안을 효과적으로 발표하고 상대방의 동의와 행동을 이끌어 내는 능력
	리더십	공동의 목표달성을 위해 구성원들을 동기부여 시키고, 지도·지원하며 이끌어가는 능력
	협상·설득력	상대방을 설득하여 원하는 결과를 얻어내거나 상호이익이 되는 합의를 이끌어 내는 능력
	의사소통력	상대방을 경청하여 정확히 이해하고, 자신의 의사를 명확히 전달, 이해시키는 능력
	대인관계력	평소 원만한 인간관계를 형성·관리하고, 필요시 상대방의 협조를 이끌어 내는 능력
성과관리 역량	목표·성취지향	일의 성과목표를 명확히 세우고, 정한 목표는 계속 관리하여 달성해 내는 능력·태도
	정보수립.활용력	필요한 정보를 지속적으로 수집하고 가공·관리하여 업무에 활용할 수 있는 능력
	IT 활용능력	컴퓨터, IT를 활용하여 일을 효율적으로 처리하는 능력
	문제 해결력	발생한(또는 예상되는) 문제의 본질과 원인을 파악하고 이를 해결할 수 있는 능력
	의사결정력	문제를 판단하고 쓸 수 있는 자원을 선택하여 올바른 결정을 적시에 내릴 수 있는 능력
	계획·조직화	일하기 전에 활동계획을 세우고 필요한 인적·물적자원을 조직화(구성)할 수 있는 능력

(계속)

역량군	역량명	역량정의
사업수행 역량	상황대처능력	돌발상황이나 불확실한 환경에 당황하지 않고 신속·적절하게 대처하는 능력
	국제감각·어학능력	글로벌 스탠다드에 맞추어 일할 수 있는 국제적 감각과 외국인과 의사소통하는 능력
	고객지향	고객의 입장에서 생각하고, 고객니즈에 적절히 대응하여 고객을 만족시키는 능력
	전략적사고	외부동향과 내부의 특성을 파악하여 목표를 달성하기 위한 최적의 방안을 도출하는 능력
자기기반 역량	도전정신	더 높은 성과목표를 세워 열정적으로 추진하고, 실패를 학습의 기회로 삼는 태도
	유연·창의력	환경변화에 유연하게 대처하고, 새로운 아이디어를 제시하여 성과에 기여하는 능력
	진취성	적극적 사고와 자신감으로 새로운 기회를 찾아내고 주도적으로 일을 추진하는 태도
	분석력	모호한 현상이나 문제에 대해 정보를 분석하고 논리적으로 추론하며 구체화하는 능력
	자기개발	스스로 꾸준히 학습하고 개발하여 보다 나은 성과와 발전을 이루려는 태도
	신의·성실성	모든 일에 성실·정직하여 남에게 신뢰감을 주고, 꼼꼼하며 정확하게 일을 수행하는 태도

출처: 잡이룸(www.joberum.com)

3) NCS에 의한 역량 구분

NCS에 의하면 역량을 크게 직업기초능력과 직무수행능력으로 크게 대별하고 있다. NCS의 직무능력이란 엄밀히 말해서 역량과는 구분되는 개념이지만 직장인에게 공통적으로 필요한 직업기초능력이나 각 직무별로 필요한 전문 능력을 의미하는 직무수행능력은 직장인에게 중요한 역량이라 할 수 있다.

모든 직장인에게 공통적으로 필요한 직업기초능력은 의사소통능력, 수리능력, 문제해결능력, 자기개발능력, 자원관리능력, 대인관계능력, 정보능력, 기술능력, 조직이해능력, 직업윤리 등 10가지 능력으로 구분된다. 이 10가지 능력은 각각 작게는 2개, 많게는 5개 까지의 하위능력을 가지고 있다. NCS 직업기초능력과 관련한 상세한 자료를 검색하는 방법은 다음과 같다.

① NCS 포털사이트(www.ncs.go.kr)에 접속한 후 회원 가입 및 로그인
② 로그인 후 상단 메뉴바에서 NCS 및 학습모듈 검색한 다음 직업기초능력 선택
③ 직업기초능력 개발영역중 원하는 영역 클릭
④ 해당영역의 구조 확인

그림 3-1

직무수행능력은 각 직무별로 특별하게 요구되는 전문 능력을 의미한다. 대분류로는 사업 관리, 경영·회계·사무, 금융·보험 등 24가지 산업으로 분류되며 산업별 직군을 중분류, 그 직군 내의 직종은 소분류, 직종 내 직무는 세분류로 구분되어 있고, 각각

77개 중분류, 227개 소분류, 857개 세분류로 표준화되어 있다. 또한, NCS는 각자의 능력을 수준별로 1에서 최고 수준인 8까지 점수화할 수 있는 체계를 갖추고 있으며, 이를 통해 지원자가 해당 직무에 어느 정도 적합한 인재인지를 알려 주고 있다. 이 부분에 대해서는 NCS 기반 직무 분류에서 상세하게 설명하기로 한다.

2 직무에 대한 이해

1) 직무의 이해

자신이 입사한 후에 하고 싶은 업무가 무엇인가? 그 직무에 대한 지식은 가지고 있는가? 면접관들을 당황하게 만드는 요인 중에 하나가 지원자들이 자신이 하고 싶은 업무에 대한 지식이 전혀 없다는 사실이다. 막연한 동경을 가지고 희망하는 업무만 있다면, 하루 속히 실무자들이 어떠한 일을 하고 있는지 자세한 정보를 얻어야 한다.

앞에서 설명한 바와 같이 직업이란 생계를 유지하기 위하여 자신의 적성과 능력에 따라 일정한 기간 동안 계속하여 종사하는 일이다. 이에 대해 직무란 직책이나 직업상에서 책임을 지고 담당하여 맡은 사무를 말하며 한 직업에서 여러 가지 직무를 수행하게 된다.

최근 기업들은 기존의 채용방식을 벗어나 전문성과 창의성, 성실성, 책임감, 실무능력 등을 가진 직무 중심적 인재를 선호하고 있다. 즉, 과거의 공인어학성적이나 대학의 학점 등도 여전히 중요하지만 인사담당자의 채용을 위한 핵심적 기준이 직무에 있으므로 직무는 중요한 요소가 된다. 최근에는 공기업의 NCS 도입 등으로 직무에 대한 관심이 높아지고 있다. 아직 일반기업이 본격적으로 도입하고 있진 않지만 자소서 항목 및 인적성, 면접 등 모든 전형에서 직무와 관련한 평가 비중이 눈에 띄게 높아지고 있음은 주목할 만한 사실이다.

또한 취업준비생의 입장에서도 지원자는 자신의 적성에 맞는 일을 선택해야 인생에서 행복해 질 수 있다. 비록 대기업이나 공기업에 입사하여 높은 봉급을 받고 있어도 자신의 적성에 맞지 않으면 자기발전의 비전이 없고 회사생활을 계속해서 영위하기 힘들다. 오히려 중소기업에 입사하더라도 본인의 적성에 맞고 본인이 하고 싶은 일을 한다면, 봉급이 작다 할지라도 자신의 꿈을 이루기 위해 최선을 다하여 직장생활을 하게 되고, 결과적으로는 전문가로서의 능력을 습득하여 행복한 삶을 누리는 경우도 많이 있다. 더욱이 인생 100세 시대에 접어들어 먼 미래를 생각하며 퇴직 후의 인생을 준비한다면 눈앞의 이익만 추구할 것이 아니라 적성에 맞는 일을 할 것을 권하고 싶다.

직무 선택의 기준

- 선택한 직무가 나의 능력, 성격, 적성, 가치관에 맞는가?
- 선택한 직무를 통해 조직의 성과향상에 기여할 수 있는가?
- 선택한 직무가 나에게 보람을 주고 경력을 쌓아 가는데 도움이 되리라고 생각하는가?

---

2) 직무의 종류

직업 선택에 선행되는 것은 직무의 종류를 알아보는 일이다. 그 중에서 본인에게 맞는 직무는 어떤 것이 있는가를 탐색하고 자신의 역량과 자질을 고려하여 직업을 탐색해야 한다. 직무란 쉽게 말해 인사, 총무, 영업 등과 같이 하나의 직장 또는 사무실에서도 서로 다른 일을 하는 것을 일컫는다. 이와 같은 직무 분야는 크게 7가지로 구분하고 각 직무 분야에는 다양한 종류의 직무가 있다. 잡이룸에서는 나의 적성 직무를 찾기 위한 역량검사를 수행하고 있으며, 이를 참고로 직무를 결정하는 것도 바람직하다.

직무의 종류

직무분야	직무의 종류		
경영 지원직	• 기획·전략 • 구매·자재 • 총무	• 회계·경리 • 홍보·광고 • 법무	• 자금·재무 • 인사·교육 • 비서·사무보조

(계속)

직무분야	직무의 종류		
영업, 유통직	• 영업·영업관리 • 물류·유통	• 해외영업·무역 • 판매·매장관리	• 마케팅·상품개발 • TM.고객지원
생산, 연구직	• 생산관리 • 연구개발	• 생산기술 • 품질	• 생산·기능직 • 환경·안전
IT, 전산직	• 웹기획·웹마스터 • 시스템 분석·설계 • 통신기술·모바일	• 웹디자인 • 시스템·네트워크 관리 • 일반기업 IT직	• 프로그래머
디자인직	• 그래픽디자인 • 패션디자인	• 제품디자인 • 편집디자인	• 캐릭터디자인
서비스직	• 승무원·관광 • 텔러·금융창구	• 호텔리어 • 외식서비스	• 인포메이션·안내
전문, 기타직	• 건축·토목 • 자산운용·증권 • 기자·아나운서 • 간호사·의사	• 인테리어 • 광고기획 • PD • 조리·영양사	• 금융·대출보상 • 출판기획 • 강사·학습지

출처: 잡이룸(www.joberum.com)

3 NCS의 직무 분류

NCS에서의 직무는 직무수행능력의 상세구성을 통해 알 수 있다. NCS의 국가직무능력표준 분류 체계에 의하면 산업별로 대분류 24개, 중분류 77개, 소분류 227개, 세분류 857개로 분류되어 있다. 대분류는 산업, 중분류는 직군, 소분류는 직종, 세분류는 직무, 능력단위는 업무로 정의할 수 있다. 먼저 국가직무능력표준 분류 체계 중 대분류를 살펴보면 다음과 같다.

---

1. 사업관리 2. 경영·회계·사무 3. 금융·보험 4. 교육·자연·사회과학 5. 법률·경찰·소방·교도·국방 6. 보건·의료 7. 사회 복지·종교 8. 문화·예술·디자인·방송 9. 운전·운송 10. 영업·판매 11. 경비·청소 12. 이용·숙박·여행·오락·스포츠 13. 음식 서비스 14. 건설. 15. 기계 16. 재료 17. 화학 18. 섬유·의복 19. 전기·전자 20. 정보 통신 21. 식품 가공 22. 인쇄·목재·가구·공예 23. 환경·에너지·안전 24. 농림 어업

NCS 직무수행능력과 관련한 상세한 자료를 검색하는 방법은 다음과 같다.

---

① NCS 포털사이트(www.ncs.go.kr)에 접속한 후 회원 가입 및 로그인

② 로그인 후 상단 메뉴바에서 NCS 및 학습모듈 검색한 다음 분야별 검색 선택

③ 분야별 검색에서 자신이 원하는 산업분야 검색

④ 중분류 → 소분류 → 세분류 → 능력단위 순으로 검색

예를 들어 분야별 검색에서 경영·회계·사무를 선택하면 중분류에 01.기획사무, 02. 총무·인사, 03. 재무·회계, 04. 생산·품질관리 등의 직군이 생성되며, 이 중에서 02. 총무·인사를 선택하면 소분류로 01. 총무, 02. 인사·조직, 03. 일반사무의 직종이 나타난다. 이 중 02. 인사·조직을 선택하면 세분류로 01. 인사, 02. 노무관리의 직무가 나타난다. 마지막으로 01. 인사를 선택하면 능력단위로써 각 업무가 나타난다.

이와 같이 NCS는 산업 현장의 직무를 대–중–소–세분류의 4단계로 분류하고 마지막 세분류에 해당하는 것이 특정 직무 단위라 할 수 있다. 그리고 세분류를 구성하는 것이 능력단위이다. 즉, 능력단위란 특정 직무를 수행하는 능력을 정리한 것이라 할 수 있으므로 자신이 선택한 직무에서 필요로 하는 능력이 어떤 것인가를 쉽게 알 수 있게 해 준다.

다음으로 능력단위에 대해 좀 더 구체적으로 살펴보자. 능력단위란 해당 분야의 우수 성과자가 해당 직무의 목표달성을 위해 반드시 수행해야 할 일을 구분한 것이다. 이를 쉽게 알아보기 위해 위 능력단위에서 01. 인사기획을 클릭해 보자. 그러면 그림 3-3과 같은 화면이 나타난다.

위 화면에서 보면 능력단위 검색 결과 능력단위명, 능력단위 정의, 환경분석, NCS 학습모듈, 활용패키지 등이 나타나며, 활용패키지는 평생경력개발경로, 훈련기준, 출제기준 등이 나타난다. 직무기술서에서는 직무에 대한 기본 정보, 직무의 책임과 역할, 직무수행 요건 등으로 구성되어 있으며, 직무수행 요건에는 응시 가능한 전공계열, 해당직무에 필요한 자격증, 지식 및 기술에 대해 상세히 기록되어 있다.

자가진단 도구에는 직무와 관련하여 지원자의 직무능력을 자가진단하는 설문 문항으로 구성되어 있으며, 진단결과를 본인이 알 수 있게 구성되어 있다. 또한 체크리스트

그림 3-2

를 클릭하면 해당 직무에 대한 직업기초능력과 직무수행능력에 대한 설문이 있어 평가 결과를 활용할 수 있게 구성되어있다.

또한 훈련기준에는 해당직무를 수행하기 위한 훈련개요와 편성내용, 지식·기술·태 도, 장비, 재료 등이 상세히 수록되어 있으며, 출제기준에는 해당직무의 평가방법, 평가 내용, 관련지식 등이 기록되어 있다.

NCS및학습모듈검색

NCS·학습모듈검색

🏠 홈 > NCS·학습모듈검색

NCS및학습모듈검색	>
직업기초능력	
고교 직업교육과정	
구 사이트자료(구NCS)	
구 사이트자료(구모듈교재)	

인사기획 능력단위 검색결과입니다.

📍 02.경영·회계·사무 > 02.총무·인사 > 02.인사·조직 > 01.인사 > 01.인사기획

능력단위명	인사기획	수준	6	첨부파일	📄 📄 📄
능력단위 정의	인사기획이란 조직의 목표달성에 필요한 인적자원의 효율적 운영을 위하여 인사전략을 수립하고 인력, 인건비 운영에 대한 계획을 수립하는 능력이다.				

※ Pdf 파일이 보이지 않으시면 우측의 Adobe Reader를 다운 받아 설치하시기 바랍니다.　　　　Adobe Reader 다운로드

환경분석

구분		첨부파일
환경분석		📄 📄 📄

NCS 학습모듈

NCS 학습모듈은 교육훈련기관에서 출처를 명시하고 교육적 목적으로 활용할 수 있습니다. 다만 NCS 학습모듈에는 국가(교육부)가 저작재산권 일체를 보유하지 않은 저작물들(출처가 표기되어 있는 도표, 사진, 삽화, 도면 등)이 포함되어 있으므로 이러한 저작물들의 변형, 복제, 공연, 배포, 공중 송신 등과 이러한 저작물들을 활용한 2차 저작물의 생성을 위해서는 원저작자의 동의를 받아야 합니다.

순번	학습모듈명	분류번호	능력단위명	첨부파일
1	인사기획	0202020101_13v1	인사기획	📄 📄

활용패키지

1.평생경력개발경로

구분	콘텐츠	첨부파일
경력개발경로 모형		📄 📄 📄
직무기술서		📄 📄 📄
자가진단도구		📄 📄 📄
체크리스트	자장	📄 📄 📄

2.훈련기준(시안)

구분		첨부파일
훈련기준		📄 📄 📄

3.출제기준(시안)

구분		첨부파일
출제기준		📄 📄 📄

원하시는 콘텐츠를 선택 후 담으시면 Mypage > 내서재에서 확인 및 재 조합 하실 수 있습니다.　　선택파일 콘텐츠 담기

그림 3-3

□ 직무 기본 정보

직무	인사	능력단위분류번호: 0202020101_13v1
		능력단위: 인사기획
직무 목적	조직의 목표달성에 필요한 인적자원의 효율적 운영을 위하여 인사전략을 수립하고 인력, 인건비 운영에 대한 계획을 수립할 수 있다.	
개발 날짜	2013.11.30	개발 기관　한국HRM협회

□ 직무 책임 및 역할

주요 업무	책임 및 역할
인사전략 수립하기	• 조직의 비전과 중·장기 사업전략에 따라 인사전략 환경을 분석한다. • 인사전략 환경 분석 결과에 따라 중·장기 인사전략의 방향성을 수립한다. • 중·장기 방향성에 따라 당해 연도 의 인사전략을 수립한다.
인력운영계획 수립하기	• 수립된 인사전략에 따라 인력의 수요를 예측한다. • 인력수요 예측 결과에 따라 현인원의 적정성을 분석한다. • 적정성 분석결과에 따라 인력운영 계획을 수립한다.
인건비 운영계획 수립하기	• 인력운영계획에 따라 인건비에 변동을 주는 영향요인을 파악한다. • 영향요인을 반영하여 인력운영 효율성을 분석한다. • 인력운영 효율성 분석에 따라 조직의 인건비 운영 계획을 수립한다.

□ 직무수행 요건

구분	상세 내용	
학습경험	• 4년제 대학 졸업 이상	(전공: 상경계열, 인문사회계열, 법정계열)
	• 경영지도사	(분야: 총무인사)
자격증	• 경영지도사(인적자원관리) • PHR (Professional in Human Resources) • SPHR (Senior Professional in Human Resources) • GPHR (Global Professional in Human Resources)	
지식·기술	• 전략적 인적자원관리 • 인사전략 환경 분석법 • 관리회계 • 직무분석	

(계속)

구분	상세 내용
지식·기술	• 인사규정 • 근로기준법 • 인건비 운영 시뮬레이션 • 인력운영의 효율성 분석 • 적정인력산정법 • 환경 분석 • 비전과 중장기 사업 전략 분석 • 문서작성능력 • 인력수요예측 기술 • Spread Sheet 기술
사전직무경험	• 직무관리, 인력채용, 인력이동관리, 핵심인재관리, 교육훈련 운영, 임금관리, 복리후생, 전직지원
직무숙련기간	• 약 0년

0202020101_13v1	인사기획

진단영역	진단 문항	매우 미흡	미흡	보통	우수	매우 우수
인사전략 수립하기	1. 나는 조직의 비전과 중·장기 사업전략에 따라 인사전략 환경을 분석할 수 있다.	①	②	③	④	⑤
	2. 나는 인사전략 환경 분석 결과에 따라 중·장기 인사전략의 방향성을 수립할 수 있다.	①	②	③	④	⑤
	3. 나는 중·장기 방향성에 따라 당해 연도 의 인사전략을 수립할 수 있다.	①	②	③	④	⑤
인력운영계획 수립하기	1. 나는 수립된 인사전략에 따라 인력의 수요를 예측할 수 있다.	①	②	③	④	⑤
	2. 나는 인력수요 예측 결과에 따라 현인원의 적정성을 분석할 수 있다.	①	②	③	④	⑤
	3. 나는 적정성 분석결과에 따라 인력운영 계획을 수립할 수 있다.	①	②	③	④	⑤
인건비 운영계획 수립하기	1. 나는 인력운영계획에 따라 인건비에 변동을 주는 영향요인을 파악할 수 있다.	①	②	③	④	⑤
	2. 나는 영향요인을 반영하여 인력운영 효율성을 분석할 수 있다.	①	②	③	④	⑤
	3. 나는 인력운영 효율성 분석에 따라 조직의 인건비 운영 계획을 수립할 수 있다.	①	②	③	④	⑤

□ 진단결과

진단영역	문항 수	점수	점수 ÷ 문항 수
인사전략 수립하기	3		
인력운영계획 수립하기	3		
인건비 운영계획 수립하기	3		
합계	9		

※ 자신의 점수를 문항 수로 나눈 값이 '3점'이하에 해당하는 영역은 업무를 성공적으로 수행하는데 요구는 능력이 부족한 것으로 교육훈련이나 개인학습을 통한 개발이 필요함.

목적: □ 채용 □ 배치 □ 승진	

이름:
직위:
성별:
특이사항:

□ 직업기초능력

평가 영역	평가 문항	매우 미흡	미흡	보통	우수	매우 우수
의사소통능력	업무를 수행함에 있어 다른 사람이 작성한 글을 읽고 그 내용을 이해할 수 있다.	①	②	③	④	⑤
	업무를 수행함에 있어 자기가 뜻한 바를 글로 나타낼 수 있다.	①	②	③	④	⑤
	업무를 수행함에 있어 다른 사람의 말을 듣고 그 내용을 이해할 수 있다.	①	②	③	④	⑤
	업무를 수행함에 있어 자기가 뜻한 바를 말로 나타낼 수 있다.	①	②	③	④	⑤
	업무를 수행함에 있어 외국어로 의사소통할 수 있나.	①	②	③	④	⑤
수리능력	업무를 수행함에 있어 기초적인 사칙연산과 계산을 할 수 있다.	①	②	③	④	⑤
	업무를 수행함에 있어 필요한 기초 수준의 백분율, 평균, 확률과 같은 통계 능력을 가지고 있다.	①	②	③	④	⑤
	업무를 수행함에 있어 도표(그림, 표, 그래프 등)가 갖는 의미를 해석 할 수 있다.	①	②	③	④	⑤
	업무를 수행함에 있어 필요한 도표(그림, 표, 그래프 등)를 작성할 수 있다.	①	②	③	④	⑤
문제해결능력	업무와 관련된 문제를 인식하고 해결함에 있어 창조적, 논리적, 비판적으로 생각할 수 있다.	①	②	③	④	⑤
	업무와 관련된 문제의 특성을 파악하고, 대안을 제시, 적용하고 그 결과를 평가하여 피드백할 수 있다.	①	②	③	④	⑤

(계속)

평가 영역	평가 문항	매우 미흡	미흡	보통	우수	매우 우수
자원관리능력	업무수행에 필요한 시간자원이 얼마나 필요한지를 확인하고, 이용 가능한 시간자원을 최대한 수집하여 실제 업무에 어떻게 활용할 것인지를 계획하고 할당할 수 있다.	①	②	③	④	⑤
	업무수행에 필요한 자본자원이 얼마나 필요한지를 확인하고, 이용 가능한 자본자원을 최대한 수집하여 실제 업무에 어떻게 활용할 것인지를 계획하고 할당할 수 있다.	①	②	③	④	⑤
	업무수행에 필요한 재료 및 시설자원이 얼마나 필요한지를 확인하고, 이용 가능한 재료 및 시설자원을 최대한 수집하여 실제 업무에 어떻게 활용할 것인지를 계획하고 할당할 수 있다.	①	②	③	④	⑤
	업무수행에 필요한 인적자원이 얼마나 필요한지를 확인하고, 이용가능한 인적자원을 최대한 수집하여 실제 업무에 어떻게 활용할 것인지를 계획하고, 할당할 수 있다.	①	②	③	④	⑤
대인관계능력	다양한 배경을 가진 사람들과 함께 업무를 수행할 수 있다.	①	②	③	④	⑤
	업무를 수행함에 있어 다른 사람을 이끌 수 있다.	①	②	③	④	⑤
	업무를 수행함에 있어 관련된 사람들 사이에 갈등이 발생하였을 경우 이를 원만히 조절할 수 있다.	①	②	③	④	⑤
	업무를 수행함에 있어 다른 사람과 협상할 수 있다.	①	②	③	④	⑤
	고객의 요구를 만족시키는 자세로 업무를 수행할 수 있다.					
정보능력	업무와 관련된 정보를 수집, 분석, 조직, 관리, 활용하는데 있어 컴퓨터를 사용할 수 있다.	①	②	③	④	⑤
	업무와 관련된 정보를 수집하고, 이를 분석하여 의미 있는 정보를 찾아내며, 의미 있는 정보를 업무수행에 적절하도록 조직하고, 조직된 정보를 관리하며, 업무 수행에 이러한 정보를 활용할 수 있다.	①	②	③	④	⑤
조직이해능력	주어진 업무에 관한 국제적인 추세를 이해할 수 있다.	①	②	③	④	⑤
	업무 수행과 관련하여 조직의 체제를 올바르게 이해할 수 있다.	①	②	③	④	⑤
	사업이나 조직의 경영에 대해 이해할 수 있다.	①	②	③	④	⑤
	조직의 업무를 이해할 수 있다.	①	②	③	④	⑤

□ 직무수행능력

평가 영역		평가 문항	매우 미흡	미흡	보통	우수	매우 우수
인사기획	인사전략 수립하기	조직의 비전과 중·장기 사업전략에 따라 인사전략 환경을 분석할 수 있다.	①	②	③	④	⑤
		인사전략 환경 분석 결과에 따라 중·장기 인사전략의 방향성을 수립할 수 있다.	①	②	③	④	⑤
		중·장기 방향성에 따라 당해 연도의 인사 전략을 수립할 수 있다.	①	②	③	④	⑤
	인력운영계획 수립하기	수립된 인사전략에 따라 인력의 수요를 예측할 수 있다.	①	②	③	④	⑤
		인력수요 예측 결과에 따라 현인원의 적정성을 분석할 수 있다.	①	②	③	④	⑤
		적정성 분석결과에 따라 인력운영 계획을 수립할 수 있다.	①	②	③	④	⑤
	인건비 운영계획 수립하기	인력운영계획에 따라 인건비에 변동을 주는 영향요인을 파악할 수 있다.	①	②	③	④	⑤
		영향요인을 반영하여 인력운영 효율성을 분석할 수 있다.	①	②	③	④	⑤
		인력운영 효율성 분석에 따라 조직의 인건비 운영 계획을 수립할 수 있다.	①	②	③	④	⑤

□ 평가결과

영역	점수
직업기초능력	영역별 점수 합산
직무수행능력	영역별 점수 합산
합계	점수 합계

□ 과정/과목명: 0202020101_13v1 인사기획

□ 훈련개요

훈련 목표	조직의 목표달성에 필요한 인적자원의 효율적 운영을 위하여 인사전략을 수립하고 인력, 인건비 운영에 대한 계획을 수립하는 능력을 함양
수준	6수준
훈련시간	24시간
훈련가능시설	강의실
권장훈련방법	집체훈련

□ 편성내용

단원명 (능력단위 요소명)	훈련 내용 (수행준거)	평가시 고려사항
인사전략 수립하기	1.1 조직의 비전과 중·장기 사업전략에 따라 인사전략 환경을 분석할 수 있다. 1.2 인사전략 환경 분석 결과에 따라 중·장기 인사전략의 방향성을 수립할 수 있다. 1.3 중·장기 방향성에 따라 당해 연도 의 인사전략을 수립할 수 있다.	평가자는 다음의 사항을 평가해야 한다. • 인사전략을 조직 비전과 중장기 전략에 연계한 수립능력 • 수립된 인사 전략의 내용 이해와 적정인력 예측과 산정능력 • 인력운영계획에 따른 인건비 변동요인 이해와 이를 적용한 인력 운영의 효율성 분석 능력 • 다양한 변수 예측이 가능하고 인건비 운영 계획 수립을 위한 시뮬레이션과 효율적인 임금 운영계획 수립능력
인력운영계획 수립하기	2.1 수립된 인사전략에 따라 인력의 수요를 예측할 수 있다. 2.2 인력수요 예측 결과에 따라 현인원의 적정성을 분석할 수 있다. 2.3 적정성 분석결과에 따라 인력운영 계획을 수립할 수 있다.	
인건비 운영계획 수립하기	3.1 인력운영계획에 따라 인건비에 변동을 주는 영향요인을 파악할 수 있다. 3.2 영향요인을 반영하여 인력운영 효율성을 분석할 수 있다. 3.3 인력운영 효율성 분석에 따라 조직의 인건비 운영계획을 수립할 수 있다.	

□ 지식·기술·태도

구분	주요 내용
지식	• 전략적 인적자원관리 • 인사전략 환경 분석법 • 관리회계 • 직무분석 • 적정인력산정법 • 인사규정 • 근로기준법
기술	• 환경 분석 • 비전과 중장기 사업 전략 분석 • 문서작성능력 • 인력수요예측기술 • Spread Sheet 기술 • 인건비 운영 시뮬레이션 • 인력운영의 효율성 분석
태도	• 전략적 사고 • 포괄적 시각 • 거시적 시각 • 정확성을 높이기 위한 적극적 태도 • 분석적 태도 • 객관적 태도 • 조정 능력

□ 장비

장비명	단위	활용구분(공용/전용)	1대당 활용인원
• 컴퓨터	대	공용	1인
• 프린터	대	공용	20인
• 빔 프로젝터	대	공용	20인
• 화이트보드	대	공용	20인

※ 장비는 주장비만 제시한 것으로 그 외의 장비와 공구는 별도로 확보

□ 재료

재료 목록
• 해당 없음

※ 재료는 주재료만 제시한 것으로 그 외의 재료는 별도로 확보

능력단위	인사기획	능력단위 수준	6수준
분류 번호	0202020101_13v1		

능력단위 정의	인사기획이란 조직의 목표달성에 필요한 인적자원의 효율적 운영을 위하여 인사전략을 수립하고 인력, 인건비 운영에 대한 계획을 수립하는 능력이다.

평가 방법	지필평가: 단답형	시간	50분
	실무평가: 수행평가	시간	90분

	능력단위 요소(세부 항목)	수행 준거(세세 항목)
평가 내용	0202020101_13v1.1 인사전략 수립하기	1.1 조직의 비전과 중·장기 사업전략에 따라 인사전략 환경을 분석할 수 있다. 1.2 인사전략 환경 분석 결과에 따라 중·장기 인사전략의 방향성을 수립할 수 있다. 1.3 중·장기 방향성에 따라 당해 연도 의 인사전략을 수립할 수 있다.
	0202020101_13v1.2 인력운영계획 수립하기	2.1 수립된 인사전략에 따라 인력의 수요를 예측할 수 있다. 2.2 인력수요 예측 결과에 따라 현인원의 적정성을 분석할 수 있다. 2.3 적정성 분석결과에 따라 인력운영 계획을 수립할 수 있다.
	0202020101_13v1.3 인건비 운영계획 수립하기	3.1 인력운영계획에 따라 인건비에 변동을 주는 영향요인을 파악할 수 있다. 3.2 영향요인을 반영하여 인력운영 효율성을 분석할 수 있다. 3.3 인력운영 효율성 분석에 따라 조직의 인건비 운영 계획을 수립할 수 있다.

관련 지식	• 전략적 인적자원관리 • 인사전략 환경 분석법 • 관리회계 • 직무분석 • 적정인력산정법 • 인사규정 • 근로기준법 • 관리회계
평가 시설· 장비	• 컴퓨터 • 프린터 • 빔 프로젝터

4장

직업과 직무 찾기

1 포털사이트를 통한 직업관련 검사

1) 대학생·일반 심리검사

커리어넷(www.career.go.kr)에서는 대학생·일반 심리검사로써 진로개발 준비도 검사, 이공계전공 적합도 검사, 주요능력 효능감 검사 및 직업가치관 검사를 할 수 있다.

진로개발준비도 검사를 통해 진로목표 달성을 위해 필요한 사항들에 대한 준비정도를 알아볼 수 있으며, 이공계전공적합도 검사를 통해 대학의 이공계 내 세부 전공별 적합도를 알아볼 수 있다. 또한 주요능력효능감 검사는 직업과 관련된 특정 능력에 대해 스스로의 자신감 정보를 알아볼 수 있는 도구(tool)이며, 직업가치관 검사를 통해 직업과 관련한 다양한 가치 중에서 어떤 가치를 주요하게 만족시키고 싶은지 알아볼 수 있다.

검사종류	소요 시간	문항수	검사내용
진로개발준비도 검사	25~30분	35문항	개인이 대학생 전체에 비교할 때 어느 정도 갖추고 있는가를 알게 해 줌으로써 보다 적극적으로 자기 주도적으로 진로를 개발하기 위하여 어떠한 노력을 해야 하는가에 대하여 조언을 제공해 주는 검사
이공계전공적합도 검사	30분	106문항	이공계 대학생이 전공을 선택하고자 할 때, 전공교과별 자신감과 관련 직업에 대한 흥미를 기초로 전공군별 상대적인 적합도를 평가해 볼 수 있도록 도와주는 검사
주요능력효능감 검사	20분	49문항	이공계 대학생들이 전공탐색을 할 때, 이공계열을 넘어서 타 분야 직업에 대한 탐색을 하고 관련된 전공을 부전공 등으로 택하고자 할 때의 정보를 제공하는 검사
직업가치관 검사	10분	28문항	직업생활을 통하여 충족하고자 하는 욕구 또는 상대적으로 중요시 하는 것을 의미. 즉, 직업과 관련된 다양한 욕구 및 가치들에 대해 상대적으로 무엇을 얼마나 더 주요하게 여기는가를 살펴보고, 그 가치가 충족될 가능성이 높은 직업을 탐색할 수 있도록 도움을 주는 검사

출처: 커리어넷(www.career.go.kr)

① 진로개발준비도 검사

진로개발준비도 검사는 개인이 자신의 진로를 탐색하고 계획하며 준비하고 적응하기 위해서 요구되는 지적·정의적 특성이 있다. 진로개발준비도는 그러한 특성을 개인이 대학생 전체에 비교할 때 어느 정도 갖추고 있는가라는 정보와 함께 보다 적극적이며 자기주도적으로 진로를 개발하기 위하여 어떤 노력을 기울여야 하는가에 대하여 조언을 제공하는 검사이다. 검사결과에 대한 직업군 관련 평가 결과는 다음과 같은 방식으로 보여준다.

직업군 관련 능력평가

하위영역	백분위	결과
자기이해	1	귀하께서는 자신이 무엇을 좋아하고, 잘 할 수 있으며, 또 중요시 하는지를 잘 알고 있지 않은 것으로 보입니다. 자신의 진로개발에 성공적인 기초가 되는 것은 자신에 대해 잘 아는 것입니다. 심리검사를 해 보십시오. 그리고 일상생활의 다양한 상황에서 꾸준히 당신 자신에 대해 성찰하려는 자세가 필요합니다.
전공 직업지식	2	귀하께서는 관심있는 직업과 전공에 잘 알고 있지 않은 것으로 보입니다. 이러한 정보들을 아는 것은 귀하께서 진로개발을 하는데 필요하니 직업정보나 전공정보를 살펴보십시오. 그리고 직업종사자, 선배, 교수님과의 만남 등 다양한 경로를 통해 직업과 전공에 대한 정보를 확대해 나가시기 바랍니다.

(계속)

하위영역	백분위	결과
진로결정확신도	6	귀하께서는 현재 자신이 결정한 진로에 대해 많은 검토가 필요합니다. 만족스러운 진로결정을 위해 의사결정프로그램을 해 보시면 좀더 확신을 갖는데 도움이 될 것 같습니다. 그리고 귀하께서 무엇을 좋아하고, 잘 할 수 있으며, 또 중요시하는지를 알기 위해 심리검사를 해 보십시오. 관심있는 직업과 전공을 더 알기 위해 직업정보나 전공정보를 살펴보시는 것도 귀하께서 만족스러운 결정을 하는데 도움이 될 것 같습니다.
의사결정자신감	19	귀하께서는 의사결정에 대한 자신감이 약한 편입니다. 의사결정프로그램을 통하여 효과적인 의사결정방법에 대하여 도움받기를 바랍니다.
관계활용자신감	5	귀하께서는 일상생활과 취업과 관련하여 필요한 정보와 사회적 지지를 주위 사람들과의 관계에서 활용하지 못하고 있는 편입니다. 주위에서는 귀하께서 생활을 하시거나 취업과 관련하여 다양한 정보를 갖고 있는 경우가 많습니다. 이제부터 네트워킹 활용에 대한 추가 정보를 통해 넓혀 가시기 바랍니다.
구직준비도	16	귀하께서는 취업에 대한 자신감이 낮은 편입니다. 이제부터 취업에 대한 자신감을 높이기 위해 면접, 이력서, 자기소개서 등 구직기술에 대하여 상세하게 알아 보시기 바랍니다.

출처: 커리어넷(www.career.go.kr)

② 이공계전공적합도 검사

이공계전공적합도 검사는 이공계 내의 전공을 선택하고자 할 때, 전공군별 상대적 적합도를 평가해 볼 수 있도록 도와주기 위하여 개발된 검사이다. 11개 전공군(수학, 물리, 생명과학, 지구과학, 건축토목, 기계, 재료금속, 전기전자, 컴퓨터공학, 화학공학, 산업공학)별 교과에 대한 자신감 및 관련 직업에 대한 흥미의 상대적 수준 정보를 기초로 전공군별 적합도를 알려준다. 검사 결과에 따라서 각 전공군별 상세정보를 탐색할 수 있도록 안내해 주고 있다(그림 4-1).

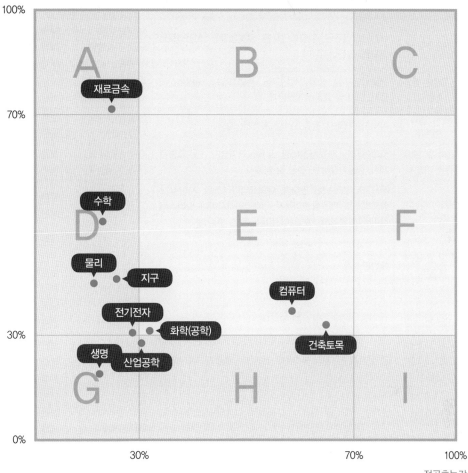

전공직업흥미

C: 매우 적합 B, E, F: 적합한 편 A, D: 교과에 대한 효능감 낮음 HJ: 관련 직업에 대한 흥미 부족 G: 적합돈 낮음

그림 4-1 적합도 그래프

③ 주요능력효능감 검사

　주요능력효능감이란 이공계열을 넘어서 타 분야 직업에 대한 탐색을 하고 관련된 전공을 부전공 등으로 선택 하고자 할 때의 정보를 제공하기 위한 목적으로 개발된 검사이다. 직업군관련 능력평가 결과표는 다음과 같은 양식으로 도출된다.

직업군	해당 직업명	관리능력	검사 결과	판정 결과
기술연구직	유전공학연구원, 지질학연구원, 로봇연구원, 신경회로망연구원, 통신엔지니어	수리·논리력 공간·지각능력 창의력	보완 보완 보완	하 하 하
환경관련 전문직	천문학연구원, 생물공학연구원, 농업기술자, 해양수산기술자, 도시 및 교통설계전문가	수리·논리력 자연친화적 창의력	보완 보완	하 하
농축·임업 관련직	곡식작물재배자, 동물조련사, 조경기술자	신체·운동능력 자연친화적	보완 보완	하 하
건축 및 설비 관련 기술직	치과기공사, 자동차정비원, 토목공학기술자, 항공교통관제사, 항공기정비원, 선장 및 항해사	공간·지각능력 신체·운동능력	보완 보완	하 하
디자인 관련직	푸드스타일리스트, 만화가, 메이크업아티스트, 사진작가, 플로리스트, 애완동물미용사, 인테리어디자이너, 일러스트레이터, 촬영기사, 캐릭터디자이너, 패션디자이너	공간·지각능력 창의력	보완 보완	하 하
투자 및 분석 전문직	증권분석가	창의력 수리·논리력 대인관계능력 자기성찰능력	보완 보완 보완 보완	하 하 하 하
회계 관련직	관세사, 국제무역사무원, 외환딜러	언어능력 수리·논리력	보완 보완	하 하
기획 및 분석 인문사회과학 전문직	경영컨설턴트, 시장 및 여론조사전문가, 출판물기획전문가	창의력 언어능력 수리·논리력	보완 보완 보완	하 하 하
의료·법조·교육	수의사, 약사 및 한약사, 전문의사, 치과의사, 한의사, 외교관, 기자, 변호사, 판사	언어능력 수리·논리력 대인관계능력 자기성찰능력	보완 보완 보완 보완	하 하 하 하
대인 서비스직	영양사, 쇼핑호스트, 상품중개인, 노무사, 부동산중개인, 생활설계사, 텔레마케터, 연예인매니저, 바텐더, 법무사, 장례지도사	언어능력 대인관계능력	보완 보완	하 하
대인 및 사회 봉사 전문직	사서, 아나운서, 간호사, 독서지도사, 물리치료사, 보육교사, 전문비서, 사회복지사, 상담전문가, 성직자, 언어치료사, 유치원교사, 직업상담 및 취업알선원, 초등학교교사	언어능력 대인관계능력 자기성찰능력	보완 보완 보완	하 하 하
작가	네이미스트, 구성작가, 극작가, 드라마작가, 카피라이터, 컴퓨터게임시나리오작가, 영화시나리오작가	창의력 언어능력	보완 보완	하 하
운동 및 보안 관련직	경찰관, 경호원, 소방관, 운동경기심판, 운동감독, 직업군인	신체·운동능력 자기성찰능력 대인관계능력	보완 보완 보완	하 하 하
음악 전문직	가수, 국악인, 성악가, 연주가, 작곡가, 지휘자	음악능력 창의력	충분 보완	상 하

출처: 커리어넷(www.career.go.kr)

④ 직업가치관 검사

직업가치관이란 직업을 선택할 때 영향을 끼치는 자신만의 믿음과 신념이다. 직업가치관은 거센 파도 속에도 배를 지탱해주는 닻과 같다. 따라서 직업생활과 관련하여 포기하지 않는 무게 중심의 역할을 한다고 볼 수 있다. 직업가치관검사는 직업을 선택할 때 상대적으로 어떠한 가치를 중요하게 생각하는지를 알려준다. 또한 본인이 가장 중요하게 생각하는 가치를 충족시켜줄 수 있는 직업에 대해 생각해 볼 기회를 제공한다.

직업가치관검사는 왜 필요할까?

첫째, 직업가치관은 직업 선택의 중요한 기준이 된다. 흥미, 적성, 성격 등과 마찬가지로 판단의 기준이 될 수 있다. 따라서 자신의 직업가치관을 명확히 알고 있으면 직업 선택에 도움이 된다.

둘째, 나의 직업가치관을 충족시키는 직업을 가지면 만족도가 높아진다. 여러 학자들에 따르면 자신의 직업가치가 충족되는 직업환경에서 근무할 때 높은 만족도를 경험한다고 한다.

셋째, 객관화된 검사를 통해 나의 직업가치관에 대해 더욱 잘 이해할 수 있게 된다. 또한 친구들과 검사결과를 비교해 봄으로서 나의 직업가치관이 갖는 의미에 대해 생각해볼 수 있다.

직업가치관검사결과표

- 직업생활과 관련하여 ○○○님은 사회적 인정과 보수를 가장 중요하게 생각합니다.
- 반면에 안정성, 사회봉사는 상대적으로 덜 중요하게 생각합니다.

○○○ 님이 중요하게 생각하는 사회적 인정과 보수를 만족시킬 수 있는 직업은 다음과 같습니다.

종사자 평균 학력별

분야	직업명
고졸	운동선수
대졸	감정평가사, 경찰관, 금융자산운용가(펀드매니저), 기자, 노무사, 변호사, 보험계리인, 비행기승무원, 비행기조종사, 성우, 아나운서, 일반공무원, 직업군인, 판사, 한의사
대학원졸	교육학연구원, 심리학연구원 , 에너지공학기술자, 전문의사, 지질학연구원, 직업상담 및 취업알선원, 치과의사, 통역가, 투자분석가(애널리스트)

종사자 평균 전공별

분야	직업명
계열 무관	감정평가사, 경찰관, 교육학연구원, 금융자산운용가(펀드매니저), 기자, 노무사, 변호사, 보험계리인, 비행기승무원, 비행기조종사, 성우, 심리학연구원, 아나운서, 에너지공학기술자, 운동선수, 일반공무원, 전문의사, 지질학연구원, 직업군인, 직업상담 및 취업알선원, 치과의사, 판사, 한의사
인문	감정평가사, 성우, 심리학연구원 , 통역가
사회	경찰관, 금융자산운용가(펀드매니저), 기자, 노무사, 변호사, 보험계리인, 비행기승무원, 아나운서, 일반공무원, 직업상담 및 취업알선원, 투자분석가(애널리스트), 판사
교육	교육학연구원
공학	비행기조종사, 에너지공학기술자
자연	지질학연구원
의학	전문의사, 치과의사, 한의사
예체능	운동선수

출처: 커리어넷(www.career.go.kr)

2) 워크넷 직업·진로검사

　워크넷(www.work.go.kr)에서 제공하는 직업심리검사는 개인의 능력과 흥미, 성격 등의 심리적인 특성들이 각 직업에서 요구하는 능력수준 및 특성에 얼마나 적합한지를 측정하여 직업을 탐색하도록 도와주는 검사이다. 이 중에서 적어도 직업적성검사를 비롯한 필요한 검사는 반드시 실시해 보길 바라며, 이들 검사를 통해서 자신이 하고 싶은 일을 찾아보고, 이를 어떤 방법으로 실천해 나갈지, 그리고 당장 해야 할 일이 무엇인가를 탐색해 보자. 참고로 이 중에서 성인용 직업적성검사에 대해 살펴보면 다음과 같다. 이는 직업심리검사 실시 창에서 성인용 직업적성검사의 검사안내 중 '안내보기'를 클릭하면 나타난다. 검사의 주요 내용은 언어력, 수리력, 추리력, 사물지각력 등 4가지 요인으로 검사가 이루어 진다.

　직업적성검사의 검사결과는 ① 적성요인별 능력수준, ② 적성요인별 점수, ③ 자신에게 적합한 직업, ④ 희망하는 직업으로 진출하기 위해 개발해야 할 능력, ⑤ 상담을 위한 페이지 등이 상세히 제공되며, 특히 검사를 통해서 희망하는 직업, 최적합 직업군, 적합직업군 등을 과학적이며 객관적으로 파악할 수 있어 자신의 희망과 이를 달성하기 위한 직업을 선택하는데 도움을 준다.

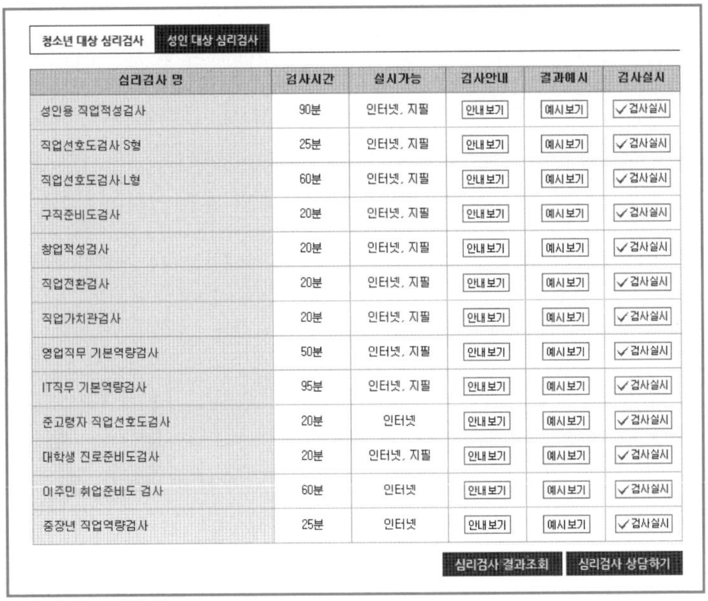

청소년 대상 심리검사 | 성인 대상 심리검사

심리검사 명	검사시간	실시가능	검사안내	결과예시	검사실시
성인용 직업적성검사	90분	인터넷, 지필	안내보기	예시보기	검사실시
직업선호도검사 S형	25분	인터넷, 지필	안내보기	예시보기	검사실시
직업선호도검사 L형	60분	인터넷, 지필	안내보기	예시보기	검사실시
구직준비도검사	20분	인터넷, 지필	안내보기	예시보기	검사실시
창업적성검사	20분	인터넷, 지필	안내보기	예시보기	검사실시
직업전환검사	20분	인터넷, 지필	안내보기	예시보기	검사실시
직업가치관검사	20분	인터넷, 지필	안내보기	예시보기	검사실시
영업직무 기본역량검사	50분	인터넷, 지필	안내보기	예시보기	검사실시
IT직무 기본역량검사	95분	인터넷, 지필	안내보기	예시보기	검사실시
준고령자 직업선호도검사	20분	인터넷	안내보기	예시보기	검사실시
대학생 진로준비도검사	20분	인터넷, 지필	안내보기	예시보기	검사실시
이주민 취업준비도 검사	60분	인터넷	안내보기	예시보기	검사실시
중장년 직업역량검사	25분	인터넷	안내보기	예시보기	검사실시

심리검사 결과조회 | 심리검사 상담하기

그림 4-2

2 NCS를 활용한 직무 찾기

커리어넷이나 워크넷 등을 통해 직업을 선택했다면 다음 단계는 자신에게 맞는 직무를 선택하는 일이다. NCS 사이트를 통해 자신의 목표로 삼기 위한 직무를 선택하는 것은 NCS 사이트의 NCS 및 학습모듈검색에서 제공되고 있다.

먼저 NCS 사이트에 들어가 로그인한 후 NCS 및 학습모듈 검색을 클릭한다. 다음에 분야별 검색을 선택하면 24개의 대분류(직업군)가 나온다. 이 중에서 자신에게 적합한 직업군 및 중분류, 소분류, 세분류를 선택한다. 여기에서 세분류에 해당하는 것이 직무라고 할 수 있다.

이와 같은 경로를 통해서 대분류에서 중분류, 소분류 그리고 세분류에 이르기까지 하나하나 하위 분류로 클릭하다보면 마지막에 능력단위가 나온다. 능력단위는 세분류 즉, 해당 직무를 수행하는데 필요로 하는 능력 및 자격이 어떤 것인지를 상세히 알 수 있다.

예를 들어 분야별 검색에서 경영·회계·사무를 선택하고 중분류에서 02. 총무·인사를 선택한 후 소분류에서 02. 인사·조직을 선택해 보자. 그리고 다음으로 세분류 중에서 01. 인사를 더블 클릭해보자. 그러면 인사 직무와 관련된 노동시장 분석, 교육훈련현황 분석, 자격현황 분석 뿐 만 아니라 인사 직무개요, 능력단위별 능력단위요소, 능력단위별 세부 내용 등이 상세히 기술되어 있다.

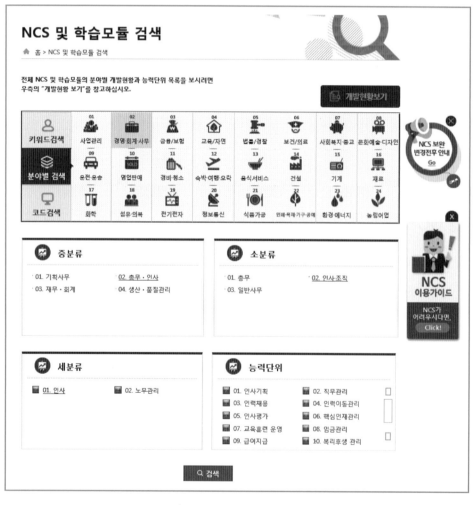

그림 4-3

□ 산업현장 직무능력수준

직능 수준＼세분류	인사	노무관리
VI(직무경험:16~19년)	부장	부장
V(직무경험:12~15년)	차장	차장
IV(직무경험:8~11년)	과장	과장
III(직무경험:5~7년)	대리	대리
II(직무경험: 3~4년)	주임	주임
I(직무경험: 1~2년)	사원	사원

□ 사업체 및 종사자 수

소분류	세분류	관련 사업	사업체 수	종사자 수
인사·조직	01. 인사	"기재 생략"	전 사업체	67,209
	02. 노무관리			
합계			–	67,209

※ 고용노동부 직종별사업체노동력조사(2007년)에 의하면 인사·노무사무원이 규모에 무관(1인 이상) 전 사업체에 종사하고 있어 '전 사업체라' 기재

□ 국가기술자격 현황

중분류	소분류	등급	종목	취득자 수(명)			
				누계	'00년	'00년	'00년
1. 총무·인사	3. 인사·조직	해당없음	–	–	–	–	–

□ 국가자격 현황

중분류	소분류	종목	등급	취득자 수(명)			
				누계	'10년	'11년	'12년
1. 총무·인사	3. 인사·조직	경영지도사	인적자원관리	1,573	38	29	87
		공인노무사	–	2,864	253	244	255

※ 경영지도사 합격자 수: 한국경영인재연수원 자료

□ 공인민간자격 현황

중분류	소분류	종목(등급)	소관 부처	취득자 수(명)		
				누계	'09년	'10년
1. 총무·인사	3. 인사·조직	ERP정보관리사 (인사1~2급)	한국생산성본부	1,753	151	1,602

※ 한국직업능력개발원 민간자격 정보서비스내 취득자수 참고

□ 능력단위별 능력단위요소

분류 번호	능력단위	수준	능력단위 요소
0202020101_13v1	인사기획	6	인사전략 수립하기
			인력운영계획 수립하기
			인건비 운영계획 수립하기
0202020102_13v1	직무관리	5	직무분석하기
			직무평가하기
			직무분류 유지보수하기

(계속)

분류 번호	능력단위	수준	능력단위 요소
0202020103_16v2	인력채용	5	채용계획 수립하기
			채용예정자 모집하기
			채용예정자 선발하기
			채용 사후관리하기
0202020104_16v2	인력이동관리	5	인력운영계획 수립하기
			소요인원 파악하기
			인력 운영하기
0202020105_13v1	인사평가	4	평가계획 수립하기
			목표설정 하기
			평가 교육하기
			인사평가 시행하기
0202020106_13v1	핵심인재관리	5	핵심인재 관리제도 설계하기
			핵심인재 선발하기
			핵심인재 육성하기
			핵심인재 평가하기
0202020107_16v2	교육훈련 운영	5	인력육성 계획 수립하기
			교육과정 기획하기
			교육과정 운영하기
			교육과정 평가하기
0202020108_16v2	임금관리	5	임금조정안 수립하기
			임금조정안 확정하기
			임금계약 체결하기
0202020109_16v3	급여지급	3	급여대장 등록하기
			근태관리 하기
			급여 계산하기
			4대보험 관리하기
			연말정산 실시하기
0202020110_16v2	복리후생 관리	5	복리후생제도 설계하기
			부합요건 심사하기
			복리후생제도 실행하기

분류 번호	능력단위	수준	능력단위 요소
0202020111_13v1	조직문화 관리	4	조직문화 현황 분석하기
			조직문화 활성화 방안 수립하기
			조직문화 활성화 방안 실행하기
0202020114_16v3	퇴직업무지원	3	퇴직 예정자 확인하기
			퇴직 절차 진행하기
0202020115_16v3	전직지원	5	전직지원제도 설계하기
			전직지원제도 운영하기
0202020113_13v1	인사 아웃소싱	4	아웃소싱 대상 업무 선정하기
			운영업체 선정하기
			운영업체 평가하기

5장

기업 탐색

1 취업을 위한 사고의 전환

취업을 준비하는 학생뿐 아니라 우리 중 누구도 자신의 미래를 예측하지 못해 항상 심리적으로 불안한 상태가 지속되고 있다. 그래서 우리는 조금이라도 안정적으로 보이는 것에 매력을 가지고 공무원시험이나 공기업에 입사하려고 하는 것은 지극히 당연하다. 특히 우리의 부모님 세대는 외환위기(IMF)를 겪은 세대이기 때문에 이들이 자식들에게 조금이라도 안정적인 직장을 선호하고 추천할 것임은 자명하다. 인생을 살아가면서 내 자식들이 꿈을 가지고 자신의 끼나 능력을 발휘하는 불안정적인 직업보다는 안정적으로 살아가기를 원하는 마음이 강하게 작용하고 있다고 볼 것이다.

상당히 많은 학생들이 대기업은 안정적이고 급여가 많으며 부모님이 원해서 대기업에 취업해야겠다고 생각한다. 그러나 우리가 앞으로 살아가야 할 세상은 예측 불가능한 미래이다. 외환위기 때 대기업 불패는 이미 깨졌고, 최근에는 조선·해운·건설·철강·석유화학 부문뿐 아니라 전자업체 5곳을 포함한 32곳의 대기업의 '워크아웃·법정

관리' 구조조정이 확정되었다(2016.08.07. 한겨레신문). 이와 같은 대기업의 구조조정은 이들 기업에서 종사하고 있는 직원들에게도 무차별한 퇴직을 강요하게 될 것이다. 이와 같은 사태는 향후에도 계속해서 확대될 것으로 전망된다.

그럼에도 불구하고 취업을 준비하는 사람들은 여전히 현실과 미래를 외면하고 안정적이라고 생각하는 대기업에의 취업만을 고집하고 졸업을 유예하거나 취업을 위해 재수, 삼수도 마다하지 않고 있다. 과연 취업을 하기 위해 졸업을 유예하고 재수, 삼수하면 대기업에 입사할 자신이 있는가? 또한 이로 인한 기회비용이 대기업 입사와 바꿀 만큼 그만한 가치가 있는가?에 대한 의문을 가지지 않을 수 없다. 사람마다 가치와 사고가 다르기 때문에 결국 선택은 본인이 해야 할 몫이다.

학생들은 직무가 중요하다는 말을 많이 들어왔음에도 불구하고 현실적으로는 기업 위주의 취업을 하는 경우가 많다. 이로 인해 자신이 지원하는 직무에 대해 조사해 보거나 제대로 알아보지도 않고 기업에 지원한다. 대기업 중의 상당 수는 채용공고 시에 직무소개를 하고 있는 경우가 많다. 그러나 지원자 중 상당히 많은 학생들이 직무에 대한 지식도 없이 알려고 노력도 하지 않고 자기소개서를 작성함으로써 서류전형에서 탈락한 경우가 많다.

그러므로 취업 준비 시 가장 먼저 고려해야 할 점은 흥미와 적성, 전공과 경험 등을 토대로 희망 직무를 선정하고 다음에 산업을 선정한 후 마지막으로 그 산업에 선정한 기업군을 선택하는 것이 바람직하다. 이와 같은 선택은 자기소개서 작성 시 자연스럽게 녹아들게 하기 쉽고 면접 시에도 유리하기 때문이다.

인문사회계 학생들이 입사 가능한 직무 중 가장 많은 수의 사원을 채용하는 직무 분야는 영업과 마케팅이라 할 수 있다. 연구개발·생산과 더불어 영업과 마케팅은 회사의 양대산맥이라 할 수 있을 정도로 중요하다. 실제로 영업과 마케팅은 회사의 사활과도 관계되어 있어 이 분야에 종사하는 사원들에게는 인센티브 제도가 주어지고 있는 경우가 대부분이다. 그러나 학생들은 영업이나 마케팅 업무가 힘들고 소비자들과 대면하는 직무분야라고 여겨 기피하는 경우가 많고 인사·총무·회계 등의 사무관리직을 선호한다. 그러나 사무관리직의 경우에는 극히 적은 인원만 채용할 뿐 아니라 타 회사로 이직할 때도 쉽지 않다.

직무분석을 중요시하는 것은 인턴채용 증가에서도 찾아볼 수 있다. 인턴채용의 경우는 기업이나 채용인원의 숫자도 계속 증가하고 있다. 인턴채용의 양상을 보면 정규직 채용공고 없이 인턴만으로 정규직으로 채용하는 경우(현대백화점, 신세계 등)와 인턴으로 선발해서 일정규모의 인원을 정규직으로 전환하는 경우(LG, CJ 등)로 나타나고 있다.

이와 같이 인턴채용이 증가하는 것은 여러 가지 이유가 있겠지만 기업이 인재를 채용할 때, 자기 회사와 관련 직무에 적합한지 일정기간 지켜본 후 적합하고 우수한 인재를 선발할 수 있다는 장점이 있기 때문이기도 하다. 인턴을 거친 후 공채를 통해 입사한 인력이, 인턴 경험 없이 공채로 입사한 인력에 비해 조직에 대한 적응력이 더 뛰어나고 이직률도 낮다는 것이 통계로 밝혀지고 있다. 이와 같은 이유로 인턴채용의 증가 추세는 향후에도 계속될 것이다.

취업은 직업을 선택하는 것이지 직장을 선택하는 것이 아니다. 대기업 불패의 신화가 사라진 현재 상황에서 대기업, 중견기업, 중소기업의 3분법에서 사고를 벗어나야 할 필요가 있다.

사실 우리는 중소기업에 대해 별로 좋은 이미지를 가지고 있지 않다. 작업환경이 열악하며, 급여나 복리후생이 별로 좋지 않다. 하지만 중소기업은 대기업이 가지고 있지 않은 장점도 많이 있다. 중소기업의 특성상 본인의 직무 외에도 관련 업무에 대해 파악하기도 쉽고 전체적인 회사의 프로세스를 이해하기 쉬워 대기업에서 자신의 해당 직무밖에 모르는 사람에 비해 직장에서 퇴직한 후에도 자신의 전문지식과 경력에 힘입어 타 회사로 이직하거나 창업도 가능하다.

예를 들어 직무가 영업인 경우 중소기업에 입사하면 자신의 본연의 업무인 영업은 물론 마케팅 부문의 일도 일부 해야 할 때도 있고, 경우에 따라서는 제품의 포장이나 제품의 출고 등의 업무도 도와야 할 때가 있다. 이런 문제 때문에 많은 학생들이 중소기업을 기피하지만 반대로 생각하면 자신이 속한 조직이 어떻게 돌아가는지 빨리 이해할 수 있고, 이로 인해 전체 프로세스를 이해하며 직무를 수행할 수 있어 자신의 능력을 빨리 키울 수 있다.

또한 중소기업에 근무하면서 얻는 이점은 다양한 관련부서의 업무까지 수행함으로써 자신이 희망했던 직무가 잘 맞지 않고 다른 부서의 업무가 자신의 적성에 더 적합하다고 판단한 경우 직무를 전환할 수 있는 기회가 더 많다.

중소기업의 또 하나의 중요한 장점은 기업과 함께 자신을 성장시키며, 그 과실을 공유할 수 있다는 점이다. 대기업에 근무하면서도 기업의 성장과 더불어 그 과실을 일부

얻을 수 있지만 근무 인원이 많아 중소기업 만큼 많은 것을 얻을 수는 없다. 비록 입사할 때 연봉이 대기업에 비해 적다 할지라도 직업생애 전체로 볼 때 총 수입은 비슷해질 가능성이 높다.

2 대기업

대기업은 사원 수가 많아 각자가 특화된 일을 하므로 다른 쪽의 분야를 잘 모른다. 예를 들어 구매, 제조, 기술, 연구개발, 영업, 품질 등의 부서가 세분화되어 있지만 품질도 QA, QC, 품질기획, 기타 등으로 또 세분화를 해서 워낙 특화된 일을 하고 있다. 따라서 대기업에서 일하는 사람들은 업무의 세분화가 되어있고 업무분장이 명쾌하게 되어있어 업무분장이 잘 되어있지 않은 중소기업에 비해 자신의 업무에 대해 전문적이라고 할 수 있다. 또한 사원 수가 너무 많아 일을 잘해도 어지간하게 잘해서는 별로 표시가 나지 않는다. 그러므로 특출나게 잘하지 않은 이상 승진이 어렵다. 이와 같은 이유로 대기업의 직원은 분업을 통해 능률이 높아지는 대신, 창의성이 떨어질 수도 있다. 왜냐하면 한 사람이 여러 가지 작업을 하지 못해 너무 기계화된 일만 할 수도 있기 때문이다.

하지만 거의 모든 취업 준비생들은 대기업에 입사하기를 원한다. 대기업의 직원은 무엇보다도 급여가 높으며, 기업의 명성과 인지도가 높아 자부심과 긍지를 가지고 있다. 또한 중소기업에 비해 회사가 안정적이며 대기업에서 직간접적으로 많은 유관부서와 일하고 나면, 추후에 중소기업에 들어갔을 때 적용하거나 도입해볼 수 있는 시스템이나 프로세스를 많이 배울 수 있다. 또한, 큰 시장을 볼 수 있고 중소기업에 비해 조금은 노심초사하지 않고 일할 수 있다는 점 등이 대기업의 큰 매력이라 할 수 있다.

최근 대기업의 채용트랜드를 살펴보면 직무능력과 무관한 인적사항을 요구하는 관행이 사라지고 있으며, 자기소개서, 직무능력과 관련된 요구(공모전 + 인턴경력)는 높아지고 있다. 또한 NCS(국가직무능력표준)에 대한 인식이 확대되면서 NCS 등을 활용한 지원자의 실무역량과 직무적합성 등에 대한 평가를 강화하고 있다.

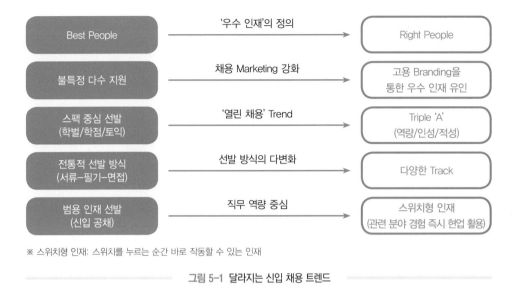

Best People	' 우수 인재'의 정의	Right People
불특정 다수 지원	채용 Marketing 강화	고용 Branding을 통한 우수 인재 유인
스팩 중심 선발 (학벌/학점/토익)	'열린 채용' Trend	Triple 'A' (역량/인성/적성)
전통적 선발 방식 (서류-필기-면접)	선발 방식의 다변화	다양한 Track
범용 인재 선발 (신입 공채)	직무 역량 중심	스위치형 인재 (관련 분야 경험 즉시 현업 활용)

※ 스위치형 인재: 스위치를 누르는 순간 바로 작동할 수 있는 인재

그림 5-1 달라지는 신입 채용 트렌드

대기업 취업 전략은 최근 채용 성향이 기업별 인적성 난이도가 높아지고 각 기업별 채용전형 및 인턴채용 증가, 면접전형이 강화되고 있으므로 학교 프로그램을 활용하여 면접능력을 강화하고 기업별 채용전형을 파악하여 자신한테 유리한 전형을 파악하여야 한다.

최근에는 대기업 채용에 NCS의 도입이 확대되고 있어 NCS에 대해 철저히 이해하고 준비하면 공기업과 대기업의 채용방식이 거의 유사하므로 두 마리 토끼를 잡을 수 있는 이점이 있다.

- 대기업 전형: 직무역량강화 ▶ 기업 업종 이해 ▶ 인적성 준비 ▶ 면접 준비
- NCS 이해 ▶ 공기업 업종별 철저한 조사 ▶ 채용전형 자격증 취득 ▶ 면접 준비

3 중견기업, 중소기업

1) 중견기업, 중소기업의 장점

2015년 까지는 상시근로자 수, 자본금, 매출액 등에 따라 대기업, 중소기업 등으로 구분하였으나 2016년 1월 1일부터는 최근 3년 평균 매출을 기준으로 대기업, 중견기업, 중소기업으로 구분하고 있다. 대기업은 최근 3년간의 평균매출액이 5조 원 이상인 기업을 말하며, 중견기업은 1,500억 원~5조원, 중소기업은 1,500억 원 이하인 기업으로 정의된다. 그리고 소상공인(영세상인)은 소기업에 포함되며, 종업원 5인 이하인 소규모의 장사하는 분들을 말한다.

취업준비생이 대기업, 중견기업, 중소기업을 비교하는 기준은 사실 연봉이다. 대기업은 높은 연봉과 좋은 복지제도로 인기가 높으며, 높은 인지도로 자부심이 크다는 장점이 있다. 하지만, 정년이 짧고 잦은 야근, 정해진 업무만 진행하는 등의 단점이 있다. 반면 중견기업, 중소기업의 경우에는 직원이 회사에서 차지하는 비중이 상대적으로 높아 다양한 분야의 업무를 습득할 수 있다는 장점이 있다.

또한 자세히 살펴보면 대기업 못지않게 연봉을 제공하는 중견기업들과 유망한 중소기업들도 많다. 이들 기업에서는 개인의 역량 발휘는 물론 풍족한 복지 속에서 일할 수 있어 자신의 가치와 수입을 동시에 만족시킬 수 있는 절호의 기회를 잡는 것이라고 볼 수 있다.

대기업과 중견기업, 중소기업을 비교할 때 무조건 대기업이 좋고 중소기업은 나쁘다 할 수는 없으며, 무조건 이들 중에서 대기업만 바라보는 것보다는 다방면으로 생각해 보는 것이 좋을 것이다. 사업체 수로도 중견기업과 중소기업이 월등히 많은 수를 차지하고 있기 때문에 중견기업이나 중소기업에의 취업을 염두해 보는 것이 보다 많은 승산이 있을 것으로 판단된다.

취업준비생 대부분은 대기업 입사를 희망하지만 현실적으로 극소수만이 대기업에 입사할 수 있다. 이런 상황에서 대기업만을 대상으로 취업준비를 하게 되면 취업이 되지 않았을 때 다른 대안을 갖지 못하게 되어 취업에 재수하거나 삼수를 하게 된다.

매출액에 따른 기업의 분류

분류	분류기준	예시
1. 대기업	최근 3년간의 평균 매출이 5조원 이상	삼성전자, LG전자 등
2. 중견기업	최근 3년간의 평균 매출이 1500억 원~5조원	동서식품, 오뚜기 등
3. 중기업	최근 3년간의 평균 매출이 80억원~1500억원	이스트소프트, 아프리카TV 등
4. 소기업	최근 3년간의 평균 매출이 80억원 이하	소상공인 등

2) 중견기업, 중소기업 채용정보

중견기업과 중소기업은 대기업에 비해 스펙이나 시험을 많이 요구하지 않으며, 기업에 따라서는 이력서, 자소서 및 면접만으로 채용하는 경우도 많다. 그러므로 취업정보 사이트에서 중견기업과 중소기업의 채용정보를 자주 살펴보고 직무와 산업위주의 취업준비를 하면 희망기업을 선별하여 취업준비를 현실적으로 할 수 있다.

중견기업 채용의 예

기업명	쿠쿠전자	기업형태	중견기업
사원수	920명	자본금	49억
매출액	6,594억	산업(업종)	주방용 전기기기 제조업
고용형태	정규직	근무조건	주 5일, 4대보험, 성과급
전형방법	• 서류전형 → 실무진 면접 → 임원면접 → 최종합격 • 자기소개서는 자유양식 • 모집부문 관련 자격증 소지자 우대 • 외국어(영어, 중국어, 일어 등) 회화 가능자 우대		

모집 부문 및 자격 요건

부문	모집 직무	구분	전공 및 자격 요건	근무지	모집 인원
전략 유통	브랜드 유통기획	신입 / 경력	• 4년제 대학교 학사 졸업(예정)자 • 전공무관(상경계열 전공자 우대) • 브랜드 유통기획자/유통 MD 경력자 　– 브랜드에서 할인점, 양판점, 백화점, 홈쇼핑 등 유통 기획자 　– 할인점, 양판점, 백화점, 홈쇼핑 MD 경력자 • 영어 및 중국어 우수자 우대	서울	0명
	국내 영업관리	신입 / 경력	• 2년제 대학 전문학사 졸업(예정)자 • 전공 무관(상경계열 전공자 우대) • 관할지역 유통점, 전문점 관리 • 동종업종(유통업) 경력자 우대 • 운전 가능한 자	서울	0명
	렌탈 유통기획	신입 / 경력	• 4년제 대학교 학사 졸업(예정)자 • 전공무관(상경계열 전공자 우대) • 렌탈관련업종 영업관리 및 마케팅 실무 경력자 우대 • 영어, 중국어, 일본어 우수자 우대 • 적극성, 창조력, 분석력, 유연성 갖춘자	서울 / 양산	0명
	온라인 마케팅	경력	• 종합쇼핑몰, 오픈마켓, 소셜커머스 분야 MD 유경험자 우대 • 국내/수입 브랜드 온라인유통 담당자	서울	0명
상품 기획	신상품 기획 및 개발	신입 / 경력	• 4년제 대학교 학사 졸업(예정)자 • 전공무관(상경계열 전공자 우대_ • 동종업계(전기.전자제품분야) 상품기획 경력자 우대 • 영어, 중국어, 일본어 우수자 우대 • 적극성, 창조력, 분석력을 갖춘자	양산	0명
	건강기능식품 기확 및 개발		• 건강기능식품 분야 상품기획 및 개발 경력자 • 전공무관(식품공학과, 생명공학과 전공자 우대) • 적극성, 창조력, 분석력, 유연성을 갖춘자	서울	0명
제품 설계	가전제품설계 및 신제품 개발	신입 / 경력	• 4년제 대학교 학사 졸업(예정)자 • 기계공학/설계 관련 계열 전공자 • Pro-e 또는 CAD 사용 가능한 자 • 가전제품 제품설계 경력자 우대 • 정수기, 회전기류, 전동기응용 가전제품 설계 경력자 우대	양산 / 인천	0명
	냉동시스템 및 냉동기기 제품 개발	경력	• 냉장/냉동공학, 기계공학/기계설계관련 전공자 • 3차원 설계 및 Pro-e 또는 CAD 사용 가능한 자 • 냉장/냉동관련 제품설계 및 냉동 Cycle 설계 경력자 • 가전제품 제품설계 경력자 우대	인천	0명

(계속)

부문	모집 직무	구분	전공 및 자격 요건	근무지	모집 인원
품질 관리	출하검사관리	신입 / 경력	• 2년제 대학 전문학사 졸업(예정)자 • 전기/전자공학계열 전공자 • 전기/전자 제조업 품질관리 경력자 • IQC, OQC 등 품질관리 전반 업무 유경험자 우대	인천	O명
상품 개발	OEM 상품 개발	신입 / 경력	• 4년제 대학교 학사 졸업(예정)자 • 소형가전제품 개발 및 업체개발 유경험자 • 제품 유지관리업무 유경험자 • 엔지니어출신 우대(소형가전 설계경험자) • 중국어 가능자 및 능통자 우대	인천	O명
구매 관리	협력업체 및 원가관리	신입 / 경력	• 4년제 대학교 학사 졸업(예정)자 • 공학계열(기계/금속공학, 전기/전자공학 우대), 상경계열 • 건기/전자부품 구매관리 및 구매개발 유경험자 • 중국어 전공자 및 우수자 우대	양산	O명
해외 영업	가전제품 해외영업	신입 / 경력	• 4년제 대학교 학사 졸업(예정)자 • 가전제품 해외영업 및 마케팅 경력자 • 해외 파견 및 출장 가능자 • 무역 및 마케팅관련 전공자 우대 • 영어 및 제2외국어 능통자 우대	서울 / 양산	O명
영업 지원	영업지원 및 물류기획/운영	신입 / 경력	• 4년제 대학교 학사 졸업(예정)자 • 상경계열 전공자 • 물류관련 자격증 소지자 우대 • 계획수립(생산/운송계획 등) 및 창고운영기획, 적정재고 관리 등 • 제조업 물류 기획 및 관리 경력자 우대	양산	O명
산업 안전	안전관리	신입 / 경력	• 2년제 대학 전문학사 졸업(예정)자 • 관련 자격증 소지자(필수) 　– 산업안전기사, 산업안전산업기사 • 산업안전관련 전공자 우대 • 제조업 사업장 산업안전관리 실무 경력자 우대 　– 시설점검 및 개선, 안전관련 법규분석, 안전관련 대관 업무 등	양산	O명
	보건관리	신입 / 경력	• 2년제 대학 전문학사 졸업(예정)자 • 보건관리자 자격 소지자(필수) 　– 간호사, 산업위생관리기사, 산업위생관리산업기사 • 제조업 사업장 보건관리 실무 경력자 우대 　– 건강검진관리, 위험물 및 유해요인조사, 산업보건교육 관리 등	양산	O명

(계속)

부문	모집 직무	구분	전공 및 자격 요건	근무지	모집 인원
서무 관리	급여관리 및 일반사무	신입 / 경력	• 2년제 대학 전문학사 졸업(예정)자 • 상경계열 전공자 및 회계관련 자격증 소지자 우대 • 엑셀프로그램 능숙자 및 ERP(Oracle) 사용 경험자 우대 • 모집직무 관련 경력 1년 이상자 우대 – 급여계산/관리, 4대보험관리, 근태관리, 문서관리 등	양산	0명
	서무행정 사무원	신입 / 경력	• 정규 고등학교 졸업 이상 • OA 및 회계관련 자격증 소지자 우대 • 컴퓨터활용능력 우수자 우대 • 모집직무 관련 경력 1년 이상자 우대 – 전표처리업무, 주문관리, 서비스접수, 전화응대, 재고 관리 등	서울 / 경기 / 인천	0명

출처: 사람인(www.saramin.co.kr)

실습 1 | 취업정보사이트(사람인, 잡코리아 등)를 검색하여 나에게 맞는 중견기업, 중소기업의 정보를 알아 보고 정리해 두자.

1. 회사명

2. 산업(업종):

3. 고용형태:

4. 전형방법

5. 내가 지원하고자 하는 직무의 자격 요건:

3) 중견기업, 중소기업이 원하는 인재상

2013년 중소기업중앙회가 발간한 중소기업 인재상 보고서에 따르면 중소기업이 인재를 채용할 때 가장 중요한 것이 인성이었으며, 다음으로 장기근속 가능여부와 전문성이 다음으로 나타났다.

중소기업이 바라고 있는 인성은 업무유연성과 문제해결 능력, 조직적응력과 대인관계 능력이라 말할 수 있다. 중소기업이 업무유연성과 문제해결 능력을 중시하는 이유는 대기업과 중소기업이 필요로 하는 인재의 차이에서 비롯된다. 대기업은 깊고 좁은 분야에 대한 업무능력을 갖춘 인재를 필요로 하지만 중소기업이 필요로 하는 인재는 다양한 업무를 수행해야하기 때문으로 풀이된다. 조직적응력과 대인관계 능력은 대기업에서와 마찬가지로 이와 같은 능력이 뛰어난 사람이 장기 근속할 가능성이 높기 때문에 중소기업에서도 인재를 선발할 때 중요시 하고 있다.

중소기업에서 인재를 채용할 때 장기근속 가능 여부는 너무나 당연하며 매우 중요한 요소이다. 입사하고자 하는 사람은 적으나 경력을 쌓아 대기업으로 이직하는 사람이 많은 중소기업의 현실에서 업무에 능숙해질 때쯤이면 그만두는 경우를 많이 겪고 있기 때문에 중소기업의 사장은 채용된 사원이 장기근속을 바라는 것은 절실한 심정이다. 이와 같은 장기근속 여부와 가장 밀접한 것 중의 하나가 출퇴근 거리 및 시간이다. 이와 같은 이유로 많은 중소기업들이 인재를 채용할 때 가급적 회사와 근거리에 있는 사람을 선호한다. 특히 이와 같은 현상은 비수도권일수록 더 강하다. 그러므로 이와 같은 점을 십분 활용하여 가급적 집에서 가까운 중소기업을 선택하되 만일 회사와 거리가 멀 때에는 회사와 함께 성장하고 장기근속을 하겠다는 강한 의지를 표현하면 채용될 확률이 높아질 것으로 본다.

다음은 전문성으로 중소기업은 채용과 동시에 현장에 즉시 투입할 수 있는 업무적응력 역량을 갖춘 인재를 선호한다. 중소기업은 대기업과 달리 모든 인력을 교육시켜 현장에 배치시키는 것이 어렵다. 왜냐하면 신입사원 교육에 들어가는 비용의 여력이 부족하기 때문이다. 이와 같은 이유로 신입사원을 채용할 때 업무와 관련된 자격증 소지자나 인턴경험 또는 직무관련 경험을 가진 인재를 우대한다고 볼 수 있다.

4) 강소기업(우수중소기업) 채용정보 사이트

우수중소기업에 대한 정보는 워크넷(www.work.go.kr), 히든챔피언(cafe.naver.com/smartintern), 코참비즈(korcham.blueweb.co.kr) 등의 사이트를 통해 얻을 수 있다. 워크넷은 고용노동부와 한국고용정보원이 운영하며, 히든챔피언은 온라인 카페로서 기업들에 대한 정보와 채용소식을 제공해 주고 있다. 또한 코참비즈는 대한상공회의소가 운영하는 사이트로 비록 채용정보는 존재하지 않으나 기업의 정보 특히 재무정보와 업종별 리스트를 제공해 주기 때문에 매우 유용한 사이트이다.

사이트	특징	운영자
워크넷	통합 기업정보 제공	고용노동부
히든챔피언	중소기업, 중견기업에 대한 기업 및 채용정보	온라인 카페
코참비즈	희망업종에 대한 기업리스트 확보 용이	대한상공회의소

① 워크넷 강소기업 구직사이트

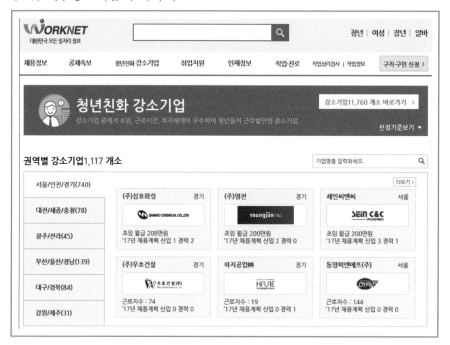

그림 5-1

실습 2	워크넷 사이트에서 구직 → 강소기업으로 들어간 후 강소기업 채용정보를 살펴본 후 자신에게 적합한 회사 하나를 골라 그 회사의 정보를 알아보자.

② 히든챔피언 채용공고

그림 5-2

실습 3 | 히든챔피언 카페에 가입한 후 높은 연봉 채용공고, 안정적인 기업의 채용공고, 첨단산업 기업의 채용공고, 대기업 채용속보를 보고 자신에게 적합한 회사 하나를 골라 그 회사의 정보를 알아보자.

4 공공기관

공공기관의 정원은 2016년 현재 29만 명을 상회한다. 임금피크제의 영향으로 올해 공공기관의 신규채용은 1만8천 명을 넘어설 전망이다. 공공기관은 거의 모든 공공기관에서 NCS를 반영하여 채용하고 있으며, 공공기관의 스펙 초월, 능력중심채용은 2015년 130개에서 2016년 230개로 확대되었으며, 2017년에는 321개 공공기관이 모두 도입할 예정이다.

공공기관에 대한 취업정보는 공사공단 취업을 준비하는 사람들의 카페 모임인 '공취사(cafe.naver.com/uccplus)'와 국가능력중심채용 NCS 포털사이트(www.ncs.go.kr)를 통해 얻을 수 있다.

1) 공취사의 내용

공취사에는 공공기관 채용공고 현황뿐 아니라 NCS에 대한 궁금한 모든 정보를 검색할 수 있으며, 합격스펙, 합격수기 등은 물론, 공기업 채용관련 뉴스, 자기소개서, 필기시험, 면접 등에 대한 상세한 가이드 등 폭넓고 알기 쉽게 모든 정보를 공유하고 있다.

또한 NCS 포털사이트에서 능력중심채용사이트를 클릭하여 상단바에 채용공고가 나타나면, 여기에서 공공기관의 채용공고와 각각의 기관에 대한 직무기술서를 검색할 수 있다.

그림 5-3

2) NCS 사이트의 채용공고

| | 능력중심채용이란? | 능력중심채용준비 | 온라인 학습 | 채용공고 | 정보공유 | Q&A | 자료실 |

| ⌂ | 채용정보 | 채용공고 ∨ |

채용공고

채용공고
채용공고
직무기술서
도입기관

전체 [379] Page 1/38

번호	제목	진행상태	기관명	조회수	마감일
1	2016년도 주택관리공단 경기지사 채용공고(평택)	진행중	주택관리공단	90	2016-09-21
2	2016년도 주택관리공단 경기지사 채용공고(수원)	진행중	주택관리공단 경기지사	116	2016-09-21
3	2016년도 주택관리공단 경남지사 채용공고	진행중	주택관리공단 경남지사	87	2016-09-23
4	2016년도 한국농어촌공사 채용공고	진행중	한국농어촌공사	258	2016-09-30
5	2016년도 한국산업기술시험원 채용공고	진행중	한국산업기술시험원	140	2016-09-26
6	2016년도 한국광해관리공단 채용공고	진행중	한국광해관리공단	93	2016-09-22
7	2016년도 주택관리공단 대구경북지사 채용공고(기술직)	진행중	주택관리공단	48	2016-09-27
8	2016년도 주택관리공단 대구경북지사 채용공고(행정)	진행중	주택관리공단	62	2016-09-27
9	2016년도 한국과학기술기획평가원 무기계약직 채용공고	진행중	한국과학기술기획평가원	133	2016-09-26
10	2016년도 한국세라믹기술원 채용공고	진행중	한국세라믹기술원	184	2016-10-11

◀◀ ◀ **1** 2 3 4 5 6 7 8 9 10 ▶ ▶▶

그림 5-4

6장

경력 쌓기

1 자격증 취득

자격증은 직무수행에 필요한 능력을 일정한 기준과 절차에 따라 평가하여 인정한 증명서를 의미한다. 수없이 많은 자격증 중에서 분별없이 아무 자격증이나 많이 취득하는 것은 중요하지 않다. 자격증 취득에 앞서 자신의 진로를 결정한 후 어떤 자격증이 본인이 취업하고자 하는 직종에 적합한가를 먼저 살펴야 할 것이다. 또한 진로결정이 불분명하면 정보처리기사 자격증과 같은 필수자격증을 먼저 획득하고 계속해서 자신의 희망직종을 결정하는 방법이 있다.

장래 유망한 자격증이 무엇인가를 확인하는 것도 좋은 방법이다. 유망자격증이란 취업에 도움이 되는 자격증을 의미한다. 결국 전망 좋은 직업과 일맥상통하는 의미인데 전망 좋은 직업이 고유의 기술력을 보유한 직업군을 의미한다면, 유망자격증이란, 그 "고유의 기술력"을 의미하기 때문이다. 유망자격증 역시 본인의 흥미와 적성에 맞게 선택하고 조율해서 취득하게 되면, 향후 취업이나 창업을 하는데 많은 도움이 될 것으로 보인다.

필요한 자격증이 결정되면 자신의 경력개발을 위하여 자격증 종목, 시험과목, 시험일자·장소 등에 대한 정보를 큐넷(Q-Net) 등에서 검색하여 정리하는 것이 바람직하다. 자격증과 관련된 포털사이트를 보면 다음의 것들이 있다.

- 한국산업인력공단(www.hrdkorea.or.kr)
- 대한상공회의소(www.korcham.net)
- 한국직업능력개발원(www.krivet.re.kr)
- 취업의 달인(cafe.naver.com/jobtong)
- 한국기술자격검정원(www.ktitq.or.kr)

1) 컴퓨터 관련 자격증

자격증명	내용	시행기관
워드프로세스	워드프로세싱 프로그램 운영 및 편집능력 평가	대한상공회의소
컴퓨터활용능력	스프레드시트(spread sheet), 데이터베이스(Database) 활용능력평가	대한상공회의소
정보처리산업기사	컴퓨터 시스템을 통한 정보처리 전반에 관한 업무수행능력 평가	한국산업인력공단
정보처리기능사	컴퓨터 초급수준의 지식과 기술을 평가	한국산업인력공단
MOS MOSTER	Word, Excel, Power Point, Access 등 실제 활용능력을 측정	YBM 시사
ITQ	정보기술관리 및 실무능력 수준 평가 및 인증하는 자격시험	한국생산성본부

대학교 3~4학년과 취업준비생이라고 하면 제일 먼저 떠올리는 자격증은 무엇일까? 수많은 IT 자격증 중에서도 가장 먼저 취득하는 자격증은 정보처리(산업)기사 자격증이다. 물론 정보처리(산업)기사 자격증을 취득했다고 해서 취업 경쟁에서 이길 수 있는 것은 아니다. 구직을 할 때 같은 경쟁위치, 조건에 있다면 자격증을 통해서 가산점이나 분별력을 만들 수가 있다. 대학교를 다니는 학생들 중 정보처리(산업)기사 자격증을 취득하지 않는 학생들은 없다고 보아야 할 것이다. 회사 입장에서 볼 때 IT 자격증 종류의 가장 흔한 자격증인 정보처리(산업)기사 자격증조차도 없는데 무엇을 믿고 채용을

하겠는가? 그러므로 단지 IT 자격증만으로 취업하는 것은 아니며 이는 취업을 위한 필수조건이지 충분조건은 아니다.

2) 국가 자격증

현재 우리나라에서 발급되고 있는 자격증은 헤아릴 수 없을 정도로 많다. 그러나 공신력을 인정받지 못하는 자격증이 대부분이다. 큐넷(Q-Net)은 자격증을 국가자격증과 민간자격증으로 구분하고 국가자격은 국가기술자격과 국가전문자격으로 구분하고 있으며, 민간자격은 민간등록자격과 국가공인민간자격으로 구분하고 있다.

국가기술자격은 한국산업인력공단, 대한상공회의소, 영화진흥위원회, 한국광해공단, 한국콘텐츠진흥원 등에서 시행하는 자격증을 말하며, 국가전문자격증은 보건복지부, 환경부, 고용노동부, 해양수산부 등에서 필요에 의해 개별법으로 제정된 자격증을 말한다. 또한 국가공인민간자격에는 세무사회에서 시행하는 전산회계, 전산세무 등, 상공회의소에서 시행하는 무역영어, 체육과학연구원에서 시행하는 생활체육지도자, 경기지도자 등이 있다.

이 중에서 어느 것이 취업이 높다, 낮다, 어떤 자격증이 좋다, 나쁘다라고는 단순하게 말할 수 없다. 자신에게 필요하고 꼭 알맞은 자격증을 선택하여 취득하는 것이 시간을 낭비하지 않는 길이다. 다음은 큐넷에서 분류하고 있는 자격의 몇 가지 예를 표로써 설명한 것이며 자세한 것은 사이트를 참고하기 바란다.

① 국가기술자격 현황

시행 기관	대분류	자격시험 소분류
한국산업인력공단	경영	사회조사분석사, 소비자전문상담사, 컨벤션기획사,
	보건.의료	국제의료관광코디네이터, 임상심리사
	사회복지.종교	직업상담사
	안전관리	가스산업기사, 건설안전기사, 산업안전기사, 소방관련기사
	정보기술	멀티미디어콘텐츠제작전문가, 사무자동화산업기사, 정보처리기사 기타 정보관련기사.기술사

(계속)

시행 기관	대분류	자격시험 소분류
대한상공회의소	비서 1,2,3급 워드프로세서, 전자회계운용사1,2,3급, 전자상거래관리사, 한글속기1,2,3급	
영화진흥위원회	영사기능사, 영사산업기사	
한국광해관리공단	광산보안기사, 광해방지기사 등	
한국기술자격검정원	미용사, 조리기능사, 제빵기능사, 제과기능사, 정보처리기능사 등	
한국방송통신전파진흥원	무선설비기능사.기사, 방송통신기능사.기사, 정보통신기능사.기사 등	
한국인터넷진흥원	정보보안기사, 정보보안산업기사	
한국콘텐츠진흥원	게임그래픽전문가, 게임기획전문가, 게임프로그래밍전문가	

출처: 큐넷(www.q-net.or.kr)

② 국가 전문자격증 현황

자격명	소관 부처
가맹거래사	공정거래위원회
감정평가사, 공인중개사, 물류관리사, 주택관리사	국토교통부
검수사, 검량사, 감정사	해양수산부
경매사, 농산물품질관리사	농림축산식품부
행정사, 경비지도사	행정자치부(경찰청)
경영지도사, 기술지도사	산업통상자원부(중소기업청)
변리사	산업통상자원부(특허청)
공인노무사, 산업안전지도사, 산업보건지도사	고용노동부
세무사, 관세사	기획재정부(관세청)
문화재수리기능자, 문화재수리기술자	문화체육관광부(문화재청)
박물관 및 미술관 준학예사	문화체육관광부
사회복지사1급	보건복지부
청소년상담사, 청소년지도사	여성가족부
소방시설관리사, 소방안전교육사	국민안전처(소방방재청)
정수시설운영관리사	환경부
한국어교육능력검정, 호텔경영사, 호텔관리사, 호텔서비스사, 국내여행안내사, 관광통역안내사	문화체육관광부

출처: 큐넷(www.q-net.or.kr)

③ 국가공인민간자격

자격명	자격관리기관	구분
조경수조성관리사	(사)한국조경수협회	공인
정보보호전문가	한국인터넷진흥원	공인
종이접기	(사)한국종이접기협회	공인
분재관리사	(사)한국분재조합	공인
e-Test Professional	삼성에스디에스주식회사	공인
수목보호기술자격증	(사)한국수목보호협회	부분공인
한자능력급수자격증	(사)한국어문회	부분공인
PC활용능력평가시험(PCT)	(주)피씨티	공인
CRA(신용위험분석사)	(사)한국금융연수원	공인
자산관리사(FP)	(사)한국금융연수원	공인
국제금융역(CIFS)	(사)한국금융연수원	공인
여신심사역	(사)한국금융연수원	공인
신용분석사	(사)한국금융연수원	공인
외환전문역I,II종(CFES I, II)	(사)한국금융연수원	공인
신용관리사	신용관리사	공인
브레인트레이너	국제뇌교육종합대학원대학교	공인
행정관리사	(사)한국행정관리협회	공인
문서실무사	한국정보관리협회	공인
리눅스마스터	한국정보통신진흥협회	공인
인터넷정보관리사	한국정보통신진흥협회	공인
공무원정보이용능력	한국정보통신진흥협회	공인
디지털정보활용능력(DIAT)	한국정보통신진흥협회	공인
전산세무회계	한국세무사회	공인
무역영어	대한상공회의소	공인
ERP물류정보관리사	한국생산성본부	공인
ERP생산정보관리사	한국생산성본부	공인
ERP인사정보관리사	한국생산성본부	공인
ERP회계정보관리사	한국생산성본부	공인
정보기술자격(ITQ)시험	한국생산성본부	공인

(계속)

자격명	자격관리기관	구분
재경관리사	삼일회계법인	공인
회계관리	삼일회계법인	공인
KBS한국어능력시험	KBS한국방송공사	부분공인
빌딩경영관리사	(재)한국산업교육원	공인
병원행정사	(사)대한병원행정관리자협회	공인
YBM商務漢檢	(주)와이비엠시사	부분공인

※ 이 밖에도 무수히 많음

출처: KCI 한국자격증 정보원(www.koci.co.kr)

2 봉사활동 및 직무관련 아르바이트

1) 봉사활동

　요즘 대학생들은 학점관리는 물론 봉사활동과 토익준비, 어학연수 등 다양한 스펙쌓기 활동에 많은 시간을 투자하고 있다. 그 중 봉사활동은 대학생들에게는 취업과 연결되는 문제이기 때문에 아주 중요하다. 왜냐하면 인성을 우선시 하는 기업들이 늘어나고 있기 때문에 봉사활동도 경력쌓기의 중요한 스펙 중 한 요소에 속한다고 볼 수 있다. 또한 취업을 위해 작성하는 경력사항 란에 한 줄도 채우지 못하는 학생들이 많다. 대학교에 다니면서 취업에 대한 로드맵을 세우지 않고 오로지 학점관리에 매달렸거나 어학준비 등을 하면서 경력을 쌓는 일에 소홀히 하는 경우가 많기 때문이다. 그러나 이력서나 자기소개서를 살펴보면 이력서에 경력란이 나오며, 자기소개서에서도 학창시절 경험에 대해 설명할 것을 요구하고 있다. 뿐만 아니라 NCS 기반 직무능력평가를 위한 이력서에도 경력과 경험 모두를 중요한 채용기준으로 삼고 있는 것을 볼 수 있다. 그렇다고 해서 봉사활동에 매달려 다양하고 많은 봉사활동을 하는 것은 취업에 큰 도움을 주지는 못한다. 한 두 가지를 하더라도 자신에게 깊은 감동을 주거나 자기소개서 및 면접에서 차별화된 답변을 할 수 있는 봉사활동이 바람직하다고 할 수 있다. 이를 위해 봉사시간을 채우기 위한 봉사가 아닌 진심으로 마음에서 우러나오는 봉사를 해야 할 것이다. 또한 봉사활동 기간은 일회성이라기보다는 꾸준히 실천하는 것이 인사담당자에게 끈기나 봉사정신을 어필할 수가 있다.

봉사활동은 다양한 종류가 있다. 어떤 봉사활동이 자신이 목표하고 있는 회사의 직무에 유리한가를 파악하여 직무와 관련된 봉사활동을 하는 것이 가장 중요하다. 그러므로 취업과 관련하여 봉사활동을 하는 방안으로는 관련된 회사에서 봉사활동을 하는 것도 좋다. 예를 들어 사회복지사가 되고 싶으면 사회복지기관에서 봉사활동을 하는 것을 추천한다. 그러므로 봉사활동의 종류를 파악한 후 이를 직무와 관련해서 분류하고 실천에 옮기는 것이 중요하다.

해외봉사활동 지원기관

기관	활동내용
워크캠프(국제자원활동) IWO(국제워크캠프기구)	2주에서 3주 동안 세계 각국에서 모인 젊은이들과 공동생활을 하며 일반적으로 18세 이상, 기본적인 영어회화가 가능한 사람은 누구나 참여 할 수 있다. 워크 캠프 프로그램은 처음 외국에서 일을 하고자 하는 초보자들이 시작하기에 가장 부담 없는 프로그램으로 여행과 함께 병행할 수 있는 실용적인 프로그램
KVO 한국국제봉사기구	1988년 설립되어 아마존 볼리비아를 시작으로 아프리카 및 저개발국가에 대한 식수, 의료, 복지, 교육, 경제자립을 통한 지속가능한 발전을 도모하고, 국내의 복지, 문화, 환경을 위해 일하며 2002년 UN 경제 사회이사회(ECOSOC)의 특별협의적 지위를 받아 국제협력 및 세계평화에 기여함을 목적으로 활동하고 있는 국제 개발 NGO (INGO).
ADRF	1994년에 결성된 단체로 서아프리카의 라이베리아와 몽골의 현지법인 학교를 후원하고 있는 순수민간단체
KIVA(국제자원봉사협회) 18~35세	국내외 워크캠프를 다루며, 터키, 중국 등의 현지단체, 대사관과 직접 연계하여 다양한 자원봉사 프로그램을 만들어 운영
KOPION(세계청년봉사단) 코피온자원봉사 18세이상 상시모집	젊은이, 중장년층 전문가 및 일반인 봉사자들을 해외 NGO 및 구호단체 등 전세계 비영리 기관으로 파견하여 이웃사랑과 봉사정신을 실천하게 함. 지구촌 시민사회 건설에 앞장서는 것을 목적으로 하는 외교통상부등록 비영리 사단법인 단체. 프로그램에 참가하기 위해서는 약 50만 원의 참가비와 현지까지의 항공료가 필요하면 봉사활동을 하면서 현지단체에서 숙식을 제공받음
월드비전	월드비전 국제구호개발기구, 사랑의 빵, 기아체험 24시간 등 주최. 기독교 NGO, 국내 지역사회복지관 운영, 아시아 및 아프리카, 빈곤국가 지원
한국대학사회봉사협의회	전국 대학, 전문대학이 회원으로 등록된 비영리 법인단체
전국대학생자원봉사협의회	대학생자원봉사 센터, 해외자원봉사, 평화대장정, 평화티벳캠프, 청소년자원봉사캠프

국내 봉사활동으로는 일반적인 봉사활동으로 독거노인, 장애인, 재활원, 양로원 등 사회적 약자 돕기를 들 수 있다. 전공 관련 봉사활동으로는 외국어, 컴퓨터 관련 돕기, 상담 돕기 등 지식나눔 봉사가 있으며, 재활용품 선별, 농어촌 일손 돕기, 교통·거리질서 계도, 환경보호 활동, 재해대책 지원, 공동체 행사지원, 우체국 업무지원, 교내 봉사활동 등 다양하다.

해외봉사활동은 비용이 많이 소요되므로 뚜렷한 목표를 가지고 참가할 필요가 있다. 해외봉사활동은 해외연수와 봉사활동 효과를 동시에 얻을 수 있는 활동으로 도전정신, 성취감, 해외문화의 이해, 글로벌 마인드 등을 획득할 수 있는 기회가 제공된다. 월드잡(www.worldjob.or.kr)은 해외취업, 해외연수, 해외인턴, 해외봉사, 해외창업 등을 지원해 주는 사이트로 이중 해외봉사는 한국국제협력단, IT봉사단, 청년봉사단, 과학기술지원단 등에서 봉사활동을 할 수 있다. 또한 주로 방학기간 중 NGO단체나 한국대학사회봉사협의회 등의 기관을 통해서도 해외봉사가 가능하다.

2) 직무관련 아르바이트

자기소개서를 작성할 때는 NCS 사이트에서 해당 능력단위 등을 살펴보고 꼼꼼히 행동특성을 이해해야 하며 아르바이트 등 자신이 해온 다양한 경험 중 직무 및 요구능력과 연계된 부분을 찾는 것이 필요하다. 예를 들어 일반사무직으로 취업하고자 한다면 대기업의 사무직 아르바이트를 지원하면 도움이 된다. 대기업의 경우 대부분 인력대행 업체를 통해 계약직이나 아르바이트를 모집하는데, 그 수요가 많지 않아 쉽게 구할 수 있는 자리는 아니지만 아르바이트를 할 수만 있다면 기업의 사내 분위기도 익힐 수 있고 체계적인 업무처리방식을 배울 수 있고 경력이 될 수 있어 향후 자신이 직장생활을 하는데 있어 큰 도움이 될 것이다.

마케팅이나 영업직으로 취업목표를 잡으면 실무부서나 매장 아르바이트로 실무감각을 익히는 것이 좋다. 마케팅 직무의 경우는 학문적 지식과 같은 이론보다는 실전경험이 더욱 중요하기 때문이다. 그러므로 IT 벤처기업의 마케팅 부서에서 이벤트나 행사 아르바이트를 하거나 입사하고자하는 기업의 매장 등에서 판매 아르바이트를 하면 많은 도움이 된다.

직무관련 아르바이트 예

직무	아르바이트 예
일반사무직	대기업의 사무직
마케팅이나 영업직	마케팅 부서에서 이벤트나 행사 아르바이트, 기업의 매장 등에서 판매 아르바이트
광고, 홍보직	광고대행사나 리서치 회사
IT, 정보통신, 기술직	해당 분야 기업에서 실무 노하우를 익히기
디자인	관련 기업의 디자인직 아르바이트를 하거나 공모전 수상 등으로 커리어를 쌓기
서비스	외식업체 서빙 등

또한 광고, 홍보직으로 취업을 하기 위해서는 광고대행사나 리서치 회사에서 아르바이트를 하면 좋다. 광고, 홍보대행사나 리서치 회사 등은 보도자료 클리핑, 파워포인트 문서 작성 등의 단순 아르바이트를 주로 채용한다. 이와 같은 업무를 해 보면, 실무에서 활용하는 기사를 클리핑하여 사회적인 흐름과 데이터 분석 등을 배울 수 있어 도움이 되며, 실제 기업에서 활용하는 문서입력을 통해 업무스킬을 쌓을 수 있다.

IT, 정보통신, 기술직 직무에 관심이 있다면 해당 분야 기업에서 실무 노하우를 익히는 것이 좋다. 이 분야와 관련 있는 아르바이트로는 IT관련 기업의 html코딩, 콘텐츠 관리, 게임 모니터, 배송 관리 등이 있고, A/S센터에서의 통신, 전기, 네트워크 기사 보조 등이 있으며, 건축설계 분야의 설계사 사무실이나 건설현장 사무직, 현장직 등의 아르바이트가 있다.

디자인 직무로 취업을 하고자 하면 관련 기업의 디자인직 아르바이트를 하거나 공모전 수상 등으로 커리어를 쌓는 것이 도움이 된다. 디자인 직무의 경우 많은 기업이 인재를 채용할 때 포트폴리오를 요구한다. 이 때, 대학시절에 참여한 프로젝트와 실무 아르바이트를 통해 쌓아 온 포트폴리오를 제출한다면 자신의 능력을 인정받는데 도움을 받을 것이다. 그리고 공모전 수상의 경우 대외적으로 인정받은 개인의 커리어이므로 취업에 많은 도움이 된다.

마지막으로 서비스 직무에 관심이 있으면 외식업체 아르바이트를 통해 서비스 매너를 익히는 것이 좋다. 서비스 업종의 경우에는 입사하고자 하는 기업이나 혹은 동종 업계의 매장에서 직접 서빙 아르바이트를 해보는 것이 취업에 많은 도움이 된다. 외국계 외식업체의 경우에는 실제로 직원을 채용할 때 매장업무 평가를 하는 기업들도 있으며, 현장에서 친절한 서비스 매너를 미리 익혀둔다면 면접 시 현장감 있는 답변을 할 수 있어 채용에 도움이 된다. 주로 해당 유통업체의 채용 시에는 아르바이트 경험을 토대로 정규직을 채용한 경우가 많다. 예를 들어 스타벅스, 피자헛, 홈플러스, 롯데마트, 빕스, 아웃백스테이크하우스, T.G.I 프라이데이스, 던킨도너츠, 배스킨라빈스 등이 주로 해당된다. 그렇지만 아르바이트를 하기 전에 채용기준을 반드시 확인해야 한다.

3 인턴십. 공모전

1) 인턴십

인턴십은 기능·기술에 관한 자격취득을 목적으로 일정한 교육을 마친 후에 정규자격을 취득하기 전에 받는 실지훈련 또는 그와 같은 직무를 일컫는다. 인턴십은 학교수업을 통하여 학습한 능력을 졸업 전 또는 졸업 후에 기업 현장에서 종합적으로 경험하게 되며, 전문직업인이 수행하는 실제상황에서 직무를 수행한다. 현장에서의 직업수행은 새로운 지식이나 기술을 배우는 것보다 이미 학교에서 배운 지식이나 기술을 적용해보는 기회를 가질 수 있다. 취업준비생들에게 '취업을 하기 위해 무엇이 가장 중요하냐고 보느냐'는 질문을 하면 '직무 관련 경험'을 가장 많이 꼽는다. 취업을 위해 최고라고 여기는 스펙 항목 1순위로 '인턴 및 직무경험'이라고 하며 그 뒤를 이어 직무관련 자격증, 학벌, 학점, 어학점수 순이라고 한다. 이와 같이 직무경험이 중요하다는 점을 인식하며 인턴십에 많은 관심을 가져야 한다.

(1) 인턴십 정보 사이트

많은 기업들은 지원자의 역량을 먼저 테스트 해본 후 채용을 원하는 경우가 많아 채용전제형 인턴채용을 진행하는 경우가 많아졌다. 비록 채용전제형은 아니더라도 인턴십 수료 우수자에게는 전형시 공채 서류 면제 등의 혜택을 주는 곳이 많아 인턴십이 취업에 좋은 기회가 되고 있다.

인턴십 정보탐색 사이트

사이트명	주소
고용노동부 워크넷	www.work.go.kr
한국산업인력공단 해외취업연수프로그램	www.worldjob.or.kr
해외교육문화원	www.newels.co.kr
맨파워코리아	www.manpower.co.kr
사람인	www.saramin.co.kr
인쿠르트	www.incruit.com
잡코리아	www.jobkorea.co.kr
커리어	www.career.co.kr
고용노동부청년인턴	www.work.go.kr/intern
서울일자리플러스센터	job.seoul.go.kr
피플앤잡	www.peoplenjob.com
월드잡	www.worldjob.or.kr

(2) 해외 인턴십

취업의 경쟁률이 갈수록 심해지고 있어 국내가 아닌 해외에서 인턴십을 하고자 하는 취업준비생이 늘어나고 있다. 실무체험을 쌓을 수 있는 기회를 얻고자 한다면, 국내에서뿐 아니라 해외 인턴십을 활용하는 것도 좋은 방법이다. 그러나 아무런 계획 없이 무작정 해외로 나간다면 성공적인 결과를 볼 수 없다. 해외 인턴십은 본인의 의지에 달려 있다. 해외에서 인턴십을 경험하려고 하는 사람들이 늘어날수록 인턴십 기회가 조금씩 줄어들고 있다는 점도 알아야 한다. 그러나 해외 인턴십도 현재 원하는 분야에 맞춰 입사를 하게 되면 좋겠지만, 그렇지 않는 사람들이 대다수이다. 또한 회사 측에서 지낼 곳을 마련해주면 좋지만, 대부분 제공해주지 않는 경우가 많다. 그러므로 해외 취업을 경험할 수 있는 좋은 방법이지만 경제적으로 어려움이 따를 수 있으며 시간과 돈 낭비를 하는 상황이 오지 않도록 철저한 계획을 세우고 준비를 해야 한다. 해외 인턴십은 몇 달에서 몇 년 동안 긴 시간을 두고 가는 것이기 때문에 신중하게 결정을 해야 하며 그 긴 시간을 투자하기에는 아깝다는 생각이 있다면 도전하지 않는 것이 좋을 것이다.

해외 인턴십은 여행, 경험 둘 다 가질 수 있는 프로그램이라 할 수 있다. 해외 인턴십 관련 사이트로는 월드잡플러스(www.worldjob.or.kr)가 있으며 해외취업, 창업, 인턴, 봉사 등의 해외진출 관련 정보를 통합해서 제공한다. 월드잡플러스는 다양한 기관에서 주최하는 해외 인턴십 프로그램 관련 정보를 한곳에 모아 제공하는 사이트라고 할 수 있다. 해외 취업을 준비할 때 꼭 알아두어야 할 정보들이 정리되어 있고 여러 가지 직종과 관련된 내용들이 자세하게 정리되어 있다.

둘째, 아이섹 사이트(www.aiesec.org)는 대학생들의 문화교류 증진을 위해 설립된 학생 단체이며 세계 최대 규모의 비영리 학생자치단체이다. 국내 지부로 등록된 대학교에서 중앙 동아리 형태로 운영되고 있으며 30세 이하 대학생이라면 가까운 지부를 통해 가입할 수 있다. 아이섹은 단순히 인턴십 프로그램만 연결해주는 것이 아니라 그 나라에 적응할 수 있도록 문화교류 등 여러 활동을 지원하고 있다.

셋째, 글로벌인턴십컨설팅 사이트(www.globalinternship.net)는 다양한 기업 및 단체들과 연계된 해외취업 및 해외인턴 전문기업이다. 이 사이트는 국비지원 해외사업을 시행하고 있는 민간업체이며 다양한 기관 및 기업들과 산학협력이 체결되어 있다.

마지막으로 한국산업인력공단(www.hrdkorea.or.kr)에서 소개하고 있는 해외 인턴십은 다음과 같은 분류를 통해 인턴십을 장려하고 있다.

- 대학글로벌 현장학습
- 한미취업연수 프로그램
- 예비교사 해외진출
- 글로벌 지역전문가 인턴십
- 플랜트 해외인턴
- 물류인력 해외인턴
- 호텔관광인턴

- 전문대학 글로벌 현장학습
- 한미대학생 단기연수 취업
- 글로벌 무역 인턴십
- 전시산업 해외인턴
- 해외 한인기업 해외인턴
- 섬유·패션 해외인턴

---

(3) 고용노동부 청년인턴제

고용노동부 청년인턴제(www.work.go.kr)는 미취업 청년에게 중소기업의 인턴십 과정을 통해 정규직으로의 취업가능성을 제고하고 기업에게는 인건비 일부를 최대 1년간 지원하는 사업으로, 인턴십 과정을 통해 경력이 없어 취업에 애로를 겪는 청년층의 경력형성, 직업능력 배양 및 취업촉진과 동시에 인력미스매치를 해소하는 것을 목표로 하고 있다. 지원대상, 대상사업자 및 지원내용은 다음과 같다.

① 인턴지원 대상자

- 인턴 신청일 현재 미취업 상태에 있는 만 15세 이상 34세 이하인자
  - 군필자의 경우 복무기간에 비례하여 참여제한 연령을 연동하되 최고 만 39세로 함 (35~39세에 해당하는 자도 고용센터장이 부득이한 사정 또는 필요성이 있다고 인정하는 경우 포함)
  - 고등학교·대학 졸업예정자의 경우 마지막 학기 재학 중인 자
- 제외대상
  - 졸업 후 고용보험 피보험 경력이 연속 12개월 이상인 자
  - 채용 예정기업에서 현장실습 등 참여자, 사업주와 친족관계에 있는자 등
  - 사업자등록을 취득한 청년의 경우 참여자격에서 제외

② 대상사업장

- 고용보험상 "우선지원대상기업"으로서 상시근로자 5인 이상 사업장 중소기업(학교, 공공기관, 공기업은 제외)
- 다만, 5인 미만 기업이라도 아래의 어느 하나에 해당하는 기업은 참여 할 수 있다.
  - 벤처기업 지원업종
  - 지식기반서비스업
  - 문화콘텐츠 분야 기업
  - 신·재생에너지산업분야 관련 업종
    (신고된 설치전문기업, 설비기관-에너지관리공단 신·재생에너지 센터 홈페이지 전문 기업리스트 참조)
  - 중소기업청이 지정한 대학·연구소 및 민간기업의 창업보육센터 입주기업·역외보육기업
  - 자치단체 또는 중앙단위 경제단체, 지역별·업종별 경제단체 및 협동조합, 기타 사업주 단체(비영리 법인) 및 특수 공법인이 자체적으로 지정·운영하는 창업보육센터 입주기업·역외 보육기업
- 중견기업법상 중견기업

③ 지원내용

- 인턴 신청자를 인턴으로 채용한 중소기업은 월 60만 원(최대 3개월간 180만 원 한도), 중견기업은 월 50만 원 지원
- (조기)정규직 전환하여 6월 이상 고용 유지시 65만 원×6월분(390만 원)
- 기업당 고용보험 피보험자수의 20%(중견기업 30%) 한도 인턴 채용 가능(단, 강소기업이거나 50인 미만 기업 중 당해 년도 정규직 전환율이 80% 이상인 기업10% 한도 내 추가 채용)

2) 공모전

　공모전에서 수상을 했다는 것은 많은 경쟁자들 사이에서 내 아이디어와 작품이 인정을 받았다는 뜻이다. 그래서 많은 기업들이 스펙으로써 인정한다. 그러나 공모전에서 수상하기란 그리 쉽지 않다. 공모전을 많이 해보는 것도 경험이 쌓이고 좋을 수 있지만 현실은 경험보다 수상경력과 같은 결과를 중요시한다. 그렇다고 해서 아무 공모전이나 참가하고 많은 상을 받은 것이 반드시 취업에 도움이 되는 것은 아니다. 그러므로 공모전을 선택하는 방법과 이를 스펙으로 활용하는 방법이 중요하다.

　첫째, 자신이 잘할 수 있는 공모전을 선택한다. 매번 수상을 못하는 참가자들의 공통점 중 하나는 공모전 규모만 보고 선택하기 때문이다. 대기업 공모전에 참가하여 그 높은 경쟁률을 뚫는 것은 소수에 불과하다. 아무런 전략 없이 무분별한 공모전 참가는 시간만 허비할 뿐이므로 자신이 잘 알고, 잘할 수 있는 분야를 선택해야 한다. 현재 다양한 업종과 브랜드들이 경쟁적으로 공모전을 주최 하고 있다. 그만큼 취업 준비생에게는 선택의 폭이 넓어졌다고 볼 수 있다. 예를 들어 PC방 프랜차이즈 브랜드 공모전이 개최 되었다고 하자. 공모전으로는 생소할 수도 있지만, "PC방은 내가 실무에 있는 사람보다 잘 알 것 같은 자신감"이 생기지 않을까?

　이와 같이 브랜드 혹은 제품을 기획할 때 내가 누구보다 더 잘 알고 경험이 있어야 타겟의 잠재된 니즈까지 파악할 수 있고 그것을 통해 차별화된 아이디어를 낼 수 있을 것이다. 그러므로 무턱대고 공모전을 참가하기보다는 자신이 이 공모전을 하는 이유와 수상할 수 있는 자신감, 그리고 이 공모전을 통해서 자신이 얻을 수 있는 것에 대해 충분히 고민해보고 참가해야 한다.

　둘째, 공모전을 스펙으로 활용해야 한다. 대학생활을 하면서 동아리는 물론 개인적으로도 공모전에 많은 시간을 투자하는 학생들이 많다. 열심히 하고 수상도 했지만 막상 취업할 때 도움이 되지 않았다는 후기가 많다. 이력서에 칸이 모자랄 만큼 공모전 수상경력이 있어도 지원분야 혹은 자신과 연관성이 없으면 그저 이력서 한칸 채우는 의미 밖에 되지 않는다. 공모전뿐만 아니라 다른 대외 활동도 마찬가지 이다. 내가 무언가를 했을 때는 반드시 그 이유가 있어야 하며 자신만의 이야기로 말할 수 있어야 경쟁력 있는 스펙이 되는 것이다.

　그렇다면 취업에 도움이 되는 공모전은 어떻게 찾을 수 있을까?

첫째, 취업카페 내 공모전 게시판을 활용한다. 대부분 취업카페와 같은 커뮤니티에서는 공모전 소식뿐만 아니라 팀원까지 구할 수 있는 만남의 장이 형성된다. 관심 있는 공모전을 준비하는데 팀원이 필요한 경우 카페 내 게시판을 활용해 보는 것이 좋다.

둘째, 취업 포털사이트에서 한눈에 보는 방법이다. 구인구직 사이트에서는 공모전 소식을 체계적으로 관리하기 때문에 이용자 입장에서는 분야별, 특전별 등 원하는 공모전을 쉽고 빠르게 찾아볼 수 있다.

셋째, 특별전 게시판을 즐겨 찾는다. 공모전 중에서도 특별전은 취업시 가산점, 인턴/정규직 채용의 기회를 부여하는 공모전들만 모아볼 수 있는 장점이 있다. 해당 게시판을 즐겨 찾는다면 참여방법과 혜택을 바로 확인할 수 있어 공모전을 준비하는 취업 준비생에게 큰 도움이 될 것이다.

공모전 사이트

사업명	주소
공모전의 달인	cafe.naver.com/contesting
공상가	cafe.daum.net/gongsamo
디자인 정글	contest.jungle.co.kr
미래를 여는 지혜	cafe.daum.net/gointern
스펙업	cafe.naver.com/specup
씽굿	thinkcontest.com
아웃캠퍼스	cafe.naver.com/outcampus
IT공모전	www.albain.co.kr
유니버스	www.univus.co.kr
인쿠르트 공모전	gongmo.incruit.com
캠퍼스 몬	www.campusmon.com
뉴트리라이트캠퍼스	www.nutrilite.co.kr
대티즌	www.detizen.net
커리어	www.career.co.kr
알럽콘	www.ilovecontest.com

④ 외국어

　상당수의 취업준비생들은 취업 8대 스펙으로 학벌, 학점, 토익, 어학연수, 자격증이라는 5대 스펙에 인턴, 수상경력, 봉사활동 경력까지 3가지를 더한 것을 의미한다고 한다. 이렇게 해서 총 8개의 스펙을 갖추고 있어야만 취업에 성공할 가능성이 높아진다는 말이 나오고 있다. 이를 보면 취업시장의 분위기가 어떤지 대략 짐작이 간다. 위의 스펙들이 꼭 필요하다면 가장 중요한 것부터 실행해야 하는데 이들 스펙 중 외국어의 비중이 두드러진다는 사실이다. 토익과 어학연수 모두 외국어와 관련된 스펙이라 할 수 있는데 여기에 자격증 분야에서도 외국어의 중요성을 빼 놓을 수 없다.

　영어는 물론이고 요즘 가장 대세로 떠오르고 있는 외국어는 단연 중국어라고 해도 과언은 아니다. 중국은 무서운 속도로 성장하며 세계 여러 나라에 영향력을 행사하고 있다. 우리나라에서도 중국진출을 준비하는 회사들이 늘어나는 만큼 중국어 실력자를 선호하는 현상이 집중 되고 있으며, 중국어우대 전형을 실시하는 회사들을 쉽게 찾아볼 수 있는 것도 이와 관련되어 있다고 볼 것이다. 또한 일본어에 능숙하면 일본계 제약회사 입사가 가능하며 해외영업뿐 아니라 일본 현지 취업도 생각해 볼 수 있다. 영어는 물론이고 외국어를 한 가지만 능숙하게 해도 관련회사 취업은 관광사나 통역, 해외영업, 무역 등 얼마든지 많은 길이 열려있다. 또한 무역을 생각한다면 무역영어를 공부해야할 것이며, 관광이라면 관광통역안내사 자격증을 확보하는 것도 중요하다. 요즘 외국지사도 많이 늘어나고 있는 추세이므로 제2외국어를 잘하면 취업하기가 더 수월하겠지만 영어도 같이 공부하면 더 큰 도움이 된다. 왜냐하면 영어는 많은 나라가 공용어로 쓰기 때문에 필수적으로 높은 능력을 키워야 할 것이기 때문이다.

　요즘은 수많은 사람들이 유학을 갔다오고 기업에 들어가기 위해 노력하므로 제2외국어로 대기업에 입사하려면 경쟁률이 높다. 외교부 홈페이지(www.mofa.go.kr)에 들어가면 국제적인 행사에 참여할 수 있는 프로그램 정보 취득이 가능하고, 외교부 워킹홀리데이 인포센터에서 일자리 정보를 검색하면 각국에서 채용하는 것을 알 수 있으며, 지원방법 및 자격요건을 찾아볼 수 있다.

　외국어는 그 중요성이 날로 커지고 있으며 일정한 어학점수를 취득해야하고 외국어 면접을 대비하기 위해서라도 외국어 회화실력을 쌓는 것은 필수적이다. 특히 영어실력은 의사소통 능력이 중요하기도 하지만 사기업, 공공기관 뿐만 아니라 공무원시험 면접에서도 영어 면접을 실시하는 등 그 중요도가 갈수록 높아지고 있다. 또한 직장에 입사한 후에도 연봉·승진 등에서도 중요한 요소가 되므로 직장인들도 영어실력 향상을 위해 끊임없이 노력하고 있다. 국내 기업들이 가장 많이 요구하는 외국어 시험으로는 TOEIC, TOEFL, JLPT, HSK 등이 대표적이며 각 시험에 대한 자세한 정보는 해당 사이트를 방문해 보도록 한다.

TOEIC Speaking은 대기업(삼성, LG, 포스코, 두산, CJ, 현대자동차, KT 등), 공공기관(국기정보원, 제주관광공사, 한국가스공사 등), 언론기관(중앙일보, 동아일보, SBS, KBS 등)에서 가장 많은 전형 요소로 채택되어 왔으며, NCS 채용 기반에서 비록 외국어 자격증을 요구하지 않는다고 해도 면접에서 영어 면접을 시행하는 곳도 많으므로 필수적으로 공부해야 할 요건이다. 2015년에 기업들의 TOEIC, TOEIC Speaking 활용의 예로 보더라도 국내 주요 기업·기관의 채용공고에서 국내기업 다수가 필수기준으로 요구하는가 하면 특정기준 점수를 명시한 것으로 나타났다. 전체 1,062건 중 TOEIC 점수를 활용한 채용공고는 994건, TOEIC Speaking을 활용한 채용공고는 915건으로 이들 모두를 활용하는 곳이 대부분이었다.

좀 더 자세히 들여다보면 기업에서 요구하는 TOEIC은 평균 738점으로 나타났으며, 응시자 전체의 약 80%가 700~800점대에 있는 것으로 나타났다. TOEIC Speaking 성적은 점수와 레벨 두 가지로 표기되는데, 이에 따라 국내 기업 대다수가 레벨과 점수 중 하나를 선택해 TOEIC Speaking 성적 기준으로 삼고 있다. TOEIC의 활용을 살펴보면 해당자에 한해 성적을 제출하는 경우, 성적 제출 시 우대 또는 가점을 주는 경우, 이력서에 성적 기재란이 있는 경우, 점수 기준은 없으나 성적을 제출해야 하는 경우, 일정 기준 점수 이상을 제출하는 경우 등으로 구분되었다.

한편 500점대와 900점대를 요구한 기업은 다음과 같이 업종별·직무별 특징을 보였다. 제주항공, 대한항공 등 주요 항공사에서는 객실 승무원 채용 기준으로 TOEIC 550점을 명시했고, TOEIC 900점 이상은 국제협력분야나 해외 영업, 사업개발 직무 채용건에서 두드러졌다. 가장 큰 비중을 차지하는 700~800점대에 해당하는 주요 기업으로는 LG전자, LIG 손해보험, 쌍용자동차, 아모레퍼시픽 등이었다.

그러므로 외국어 실력 향상을 위해 먼저 어떤 외국어 시험을 준비할 것인가를 정하고 다음에, 목표 점수, 입사희망기업이 요구하는 어학점수를 파악한 후 어떤 방법으로 외국어 실력을 향상시킬 것인가를 고민하고 실천해야 할 것이다.

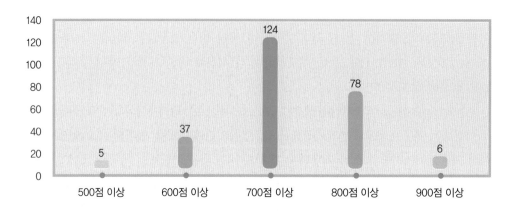

그림 6-1 2015년 대기업 채용 응시자 TOEIC 성적

2부

취업 실전

7장

채용공고

1 대기업의 채용공고

1) 상시채용의 확대 경향

대부분의 국내 대기업은 정기공채제도를 운영하고 있다. 일부 기업을 중심으로 수시채용 프로세스를 병행하고자 하는 시도가 있긴 하지만 신입사원 채용의 경우는 대부분 상·하반기 공채로 대규모의 인력을 몰아서 뽑기 때문에 수시채용은 아주 미미하다고 볼 수 있다.

그러나 글로벌 기업들의 채용방식을 벤치마킹해보면 국내 기업들처럼 공채시즌에 맞춰 일괄적인 채용시험을 치르는 기업은 거의 찾아볼 수 없다. 전반적인 인력 확보도 신입 공채보다는 수시채용이나 분야별 경력 채용이 더 활발하다. 단적으로 구글, 애플 등 대표적인 글로벌 IT기업들은 아예 채용 시험 자체가 없다.

최근에 대기업들은 기존 그룹위주의 정기공채 위주의 채용에서 벗어나 특별한 채용

시즌 없이 수시로 인재를 선발하는 상시채용을 확대하고 있다. 기업은 우수인력을 수시로 확보할 수 있다는 장점 때문에 상시채용제도는 더욱 확산될 것으로 전망된다. 더욱이 대기업들이 구조조정을 진행하면서 종전 그룹 차원의 정기공채에서 탈피해 계열사별로 최소한의 인원만 필요하기 때문에 수시채용을 하기도 하다. 이로 인해 기업은 인력수급의 효율화를 기할 수 있고 인재발굴의 폭을 확대할 수 있게 된다.

지원자 입장에서는 정기공채 때까지 기다리지 않고 입사기회가 단 한 번에 끝나지 않으며 언제든지 응시할 수 있으므로 취업기회의 확대라는 긍정적 측면이 있다. 또한 정기공채를 기다리는 시간을 절약할 수 있다는 점에서 도움이 되기도 한다.

2) '스펙 타파' 채용전형 확대 경향

최근에 대기업 공채는 스펙초월 채용전형이 확대되고 있다. 과거에 대기업들은 입사한 인재들이 직무에 대한 충분한 지식이 없이 스펙만 과도하게 쌓은 후 입사하여 입사 후 교육훈련에 막대한 비용을 투자해 왔다. 그나마도 입사 후에도 직무에 만족하지 못하거나 본인이 하고자 하는 일이 아닌 경우 이직하는 경우가 많아 기업과 근로자 모두에게 많은 비용과 시간을 낭비하는 등 다양한 문제가 초래되었다.

대기업에 입사하기 위해서 취업준비생들은 취업 3종 세트(학벌, 학점, 어학), 취업 5종 세트(취업 3종 세트, 어학연수, 자격증), 취업 7종 세트(취업 5종 세트, 공모전 입상, 인턴경력), 취업 9종 세트(취업 7종 세트, 사회봉사, 성형수술) 등의 불필요하고 과도한 스펙 쌓기에 집중해 온 것이 사실이다.

그러나 최근에 주요 그룹의 공채 특징은 '탈 스펙'으로 변모하고 있다. 지원서류에 학점이나 어학성적, 자격증 등의 항목을 삭제하거나 간소화하고, 학교나 전공과 같은 신상정보를 가린 블라인드 면접을 실시하고 있으며, 특히 주요 그룹은 일반 채용전형과는 별도로 스펙을 보지 않는 이른바 '스펙 타파' 채용전형을 통해 채용문화의 새 바람을 일으키고 있다.

이들 그룹의 스펙 타파 채용전형 사례를 살펴보면, 지원자의 독창적 아이디어를 검증하거나 마니아나 파워블로거 같은 특이 경험자를 우대하고, 현장에서 발굴한 인재를 채용까지 연계하는 등 다양한 방식으로 실시하고 있다. 공통점이 있다면, 학교나 학점,

어학점수 등의 스펙은 전혀 보지 않고 있다는 점이다.

이와 같은 스펙초월 채용은 점차 확대될 것으로 보이며, 취업준비생들은 독창적인 아이디어와 직무능력을 기준으로 하는 스펙 타파 채용전형, 새로운 변화에 발맞춘 취업전략이 필요하다. 또한 이들 채용방식은 NCS 기반의 직무능력중심채용 방식과 일치하는 점이 많아 NCS의 준비를 철저히 한다면 대기업 채용과 병행하기 쉬울 것으로 생각된다.

대기업 '스펙 타파' 채용전형 확대...SK, LG 등 10개사 도입 운영

우리나라 주요 10개 그룹에서 일반 채용전형과 별도로 스펙을 보지 않는 스펙 타파 채용전형을 운영 중인 것으로 조사됐다.

전국경제인연합회(이하 전경련)가 삼성, 현대자동차 등 주요 10개 그룹의 스펙 타파 채용전형 사례를 조사한 결과, 10개 그룹 중 SK, LG, 롯데 등 5개 그룹이 학교, 학점, 어학점수 등의 스펙을 보지 않고 PT·공모전에서 지원자의 독창적 아이디어를 검증한 후 채용하고 있는 것으로 나타났다. 또 마니아, 파워블로거 등 특이경험자를 우대하는 곳은 현대자동차, KT 등 3개 그룹, 현장에서 인재를 발굴해 채용까지 연계하는 곳은 신세계, CJ 등 2개 그룹인 것으로 조사됐다.

그룹별로 살펴보면 삼성그룹은 2013년부터 인문학 전공자를 대상으로 'SCSA'(삼성컨버전스 소프트웨어 아카데미)를 운영하고 있다. 참가자는 6개월간 채용내정자 신분으로 삼성전자, 삼성SDS에서 소프트웨어 개발 관련 교육을 받은 후, 수료 시 해당 기업에 입사하게 된다. 교육비는 삼성에서 전액 부담하며, 교육기간 중 식비·도서비(6개월간 1인당 총 1300만 원)를 지원받게 된다.

현대자동차는 2013년부터 'The H' 전형을 운영 중이다. 인사담당자가 직접 대학교 등지에 방문해 입사대상자를 캐스팅하고, 3개월간 인성 중심 평가를 진행 후 최종합격이 결정된다. 인성 평가 과정에는 근교 여행, 봉사 활동, 식사 모임, 선배사원과의 만남 등이 포함되며 학교, 학점, 어학성적 등의 스펙은 평가항목에서 배제된다.

SK그룹은 2013년부터 '바이킹챌린지' 전형을 통해 탈스펙 채용을 진행하고 있다. 지원할 때 자유형식의 포트폴리오를 제출해야하며, 지원서류에는 이름, 생년월일 등의 최소정보만 기입한다. 면접은 자기PR면접과 심층면접이 있으며, 2개월간의 인턴을 우수한 성적으로 수료할 시 SK계열사로 입사하게 된다.

LG그룹은 1995년부터 'LG글로벌챌린저'(대학생 해외 탐방 프로그램)를 운영하며, 우수 입상자에게 인턴 또는 정규직 입사 기회를 부여하고 있다. 참가자는 자유 주제로 해외탐방을 다녀와서 보고서를 제출하고, PT대회에 참가해야 한다. 아울러 LG전자는 지난해부터 'LG코드챌린저'(소프트웨어 프로그래밍 대회)를 개최해, 우수 입상자에게 신입공채 서류전형 면제 혜택도 부여하고 있다.

롯데그룹은 2010년 상반기부터 아이디어 공모전을 개최해 우수 입상자에게 신입공채 서류전형 면제 또는 인턴십 기회를 부여하고 있다. 또한, 올해 상반기부터 '스펙태클(Spec-tackle) 오디션'을 개최해, 직무능력 중심의 채용을 진행하고 있다. 서류심사 시 직무 에세이만으로 평가하며, 이후 프로그램 기획(홈쇼핑), 신성장동력 제안(백화점) 등의 미션수행과 PT면접을 통과해야 한다.

현대중공업은 올해 하반기부터 '채용로드쇼'를 개최하고 있다. 선배사원이나 인사임원이 직접 학교를 방문해 현장 면접을 진행하며, 이후 최종면접(사장단 면접)을 거쳐 입사하게 된다. 심사에서는 지원자의 인성 및 직무전문성을 주로 검증한다.

한화그룹은 지난해 하반기부터 'HMP'(한화 멤버십 프로그램)를 운영하며, 수료자에게 신입공채 우대 혜택을 제공하고 있다. 서류와 면접을 통과하면, 6주간 국내외 사업장에서 연수를 받아야 한다. 연수기간 동안에는 그룹의 주요 사업과 연관된 주제로 디자인·마케팅 등의 프로젝트를 수행하게 된다.

KT그룹은 2012년부터 '달인채용' 전형을 통해 분야별 전문가를 채용하고 있다. 마케팅, SW개발, 영업관리 등의 직무에서 특별한 경험을 하거나 우수한 역량을 지닌 사람을 스펙에 관련 없이 선발한다. 또한, 2013년부터 'KT스타오디션'을 개최해, 우수한 자기PR을 보여준 지원자에게 신입공채 서류전형 면제 혜택을 부여하고 있다.

신세계그룹은 지난해년부터 '청년영웅단'을 선발해 신입공채 지원 시 서류전형과 1차 면접을 면제해주고 있다. '청년영웅단'이 되려면 신세계그룹이 주최하는 지식향연(인문학콘서트)에 참가 후, 온라인 퀴즈 등의 테스트를 통과해야 한다. 또 지난해부터 'S-Scout'(현장인재발굴 제도)를 시행, 현장근무자가 추천하는 사람 중 일부에게 신입공채 지원 시 서류전형과 1차 면접을 면제해주고 있다. 마니아, 파워블로거, 경진대회 수상자 등이 대상이며, 평가항목에서 지원자의 학교, 전공, 나이, 어학성적 등은 배제된다.

CJ그룹은 2013년부터 '뉴파트타임잡' 전형을 운영하며, 우수 파트타임 근무자에게 정규직 전환 기회를 제공하고 있다. 각 영업지점에서 3개월 이상 근무한 파트타임 근무자는 해당 점장의 평가와 면접을 거쳐 전문인턴으로 승급될 수 있으며, 3~6개월간의 인턴과정과 최종심사를 거쳐 정규직으로 전환된다.

전경련 이철행 고용복지팀장은 "최근 대기업 공채전형에서 탈스펙 채용이 확산되고 있으며 공채와 별도로 학교, 전공, 학점 등의 스펙을 보지 않고 지원자의 독창적 아이디어, 직무능력을 기준으로 사람을 채용하는 스펙 타파 채용이 늘어나고 있다"면서 "취준생들이 기업의 채용 변화에 맞춰 취업전략을 새롭게 짜야 할 것"이라고 말했다.

아주경제신문(2015.12.14)

3) 채용절차

대기업의 채용절차를 살펴보면 회사마다 약간 다르지만 일반적으로 입사지원 → 서류전형 → 인적성검사 → 면접전형(실무면접) → 면접전형(임원면접) → 최종합격의 절차를 따른다.

채용공고 중 모집부문에는 채용할 직무와 더불어 직무소개와 자격사항이 적혀 있으며, 전형절차 등이 간단히 설명되어 있다. 지원방법으로는 기업의 채용사이트를 통해 인터넷 접수를 하는 것이 공통적이다. 사람인, 잡코리아 등 채용 전문 포털사이트에 공고되며, 이들 사이트를 통해 취업준비생은 지역별, 직업별, 기업별, 산업별, 전공별 등 다양한 방식으로 채용정보를 얻을 수 있다.

채용공고를 대충 살펴보더라도 대기업의 채용공고 및 절차는 점차 NCS 기반 채용방식과 유사하게 직무능력 중심으로 채용하는 경우가 상당히 많아졌다. 그러므로 대기업 입사준비는 NCS 기반 직무능력 중심으로 준비한다면 무리가 없을 것으로 본다.

서류전형   인적성검사   실무면접   임원면접   최종합격

그림 7-1 대기업의 일반적인 채용절차

② NCS 기반 채용공고

NCS 기반 채용의 핵심은 직무이다. 기업의 측면에서는 직무를 잘 수행할 수 있는 사람을 선발하는 것이고, 지원자의 측면에서는 채용하는 직무가 본인의 꿈이나 적성에 부합하는지를 파악하고 자신이 진정으로 원하는 직무에 지원하는 것이다. 이와 같은 이유로 채용공고 내에 기재된 직무를 이해하는 것이 필요하고, 충분히 이해하고 준비했을 경우 취업 성공의 확률이 높아질 것이다.

NCS 기반 채용공고문은 공공기관이 채용공고를 내면 어떤 직무능력을 갖춘 사람을 원하는지를 세분화하고 그 직무능력을 수행하기 위해서는 어떤 자격 요건을 갖추어야 하는지를 자세히 공개하고 있다. 이를 위해 NCS 기반 채용공고문은 일반적으로 ① 분류 체계, ② 채용하고자 하는 기관의 주요사업, ③ 직무수행내용, ④ 해당 직무를 수행하기 위해 필요한 지식·기술·태도, ⑤ 직업기초능력 등으로 구성되어 있다.

그러나 실제로 모든 공공기관이 위와 같은 NCS 기반 양식으로 채용공고문의 양식을 가지고 있지는 않고 기관마다 자기 나름대로의 양식에 따라 공고하고 있는 것이 현실이다. 따라서 막상 NCS 포털사이트(능력중심채용 사이트의 채용공고란)의 채용공고나 공취사(채용리스트)의 공고문을 보면 아직 위의 양식과는 상당히 다르다는 것을 알 수 있다. 그러나 기관별 채용공고문의 양식이 비록 다르기는 해도 직무 중심의 선발에는 공통적이며 실제 채용공고문의 예를 들면 그림 7-2와 같다.

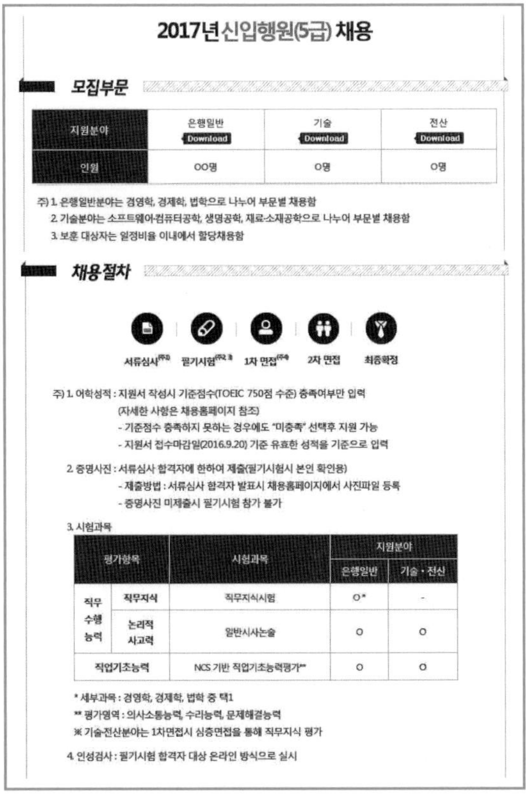

2017년 신입행원(5급) 채용

모집부문

지원분야	은행일반 Download	기술 Download	전산 Download
인원	OO명	O명	O명

주) 1. 은행일반분야는 경영학, 경제학, 법학으로 나누어 부문별 채용함
2. 기술분야는 소프트웨어·컴퓨터공학, 생명공학, 재료·소재공학으로 나누어 부문별 채용함
3. 보훈 대상자는 일정비율 이내에서 할당채용함

채용절차

서류심사(주1) | 필기시험(주2, 3) | 1차 면접(주4) | 2차 면접 | 최종확정

주) 1. 어학성적 : 지원서 작성시 기준점수(TOEIC 750점 수준) 충족여부만 입력
(자세한 사항은 채용홈페이지 참조)
- 기준점수 충족하지 못하는 경우에도 "미충족" 선택후 지원 가능
- 지원서 접수마감일(2016.9.20) 기준 유효한 성적을 기준으로 입력

2. 증명사진 : 서류심사 합격자에 한하여 제출(필기시험시 본인 확인용)
- 제출방법 : 서류심사 합격자 발표시 채용홈페이지에서 사진파일 등록
- 증명사진 미제출시 필기시험 참가 불가

3. 시험과목

평가항목		시험과목	지원분야	
			은행일반	기술·전산
직무수행능력	직무지식	직무지식시험	O*	-
	논리적 사고력	일반시사논술	O	O
직업기초능력		NCS 기반 직업기초능력평가**	O	O

* 세부과목 : 경영학, 경제학, 법학 중 택1
** 평가영역 : 의사소통능력, 수리능력, 문제해결능력
※ 기술·전산분야는 1차면접시 심층면접을 통해 직무지식 평가

4. 인성검사 : 필기시험 합격자 대상 온라인 방식으로 실시

그림 7-2

NCS 기반 채용공고문 예시: 행정

채용 분야	행정	분류 체계	대분류	02. 경영·회계·사무	
			중분류	01. 기획·사무	02. 총무인사
			소분류	01. 경영기획	03. 일반사무
			세분류	01. 경영기획. 02. 경영평가	02. 사무행정
공단 주요 사업	● 능력개발, 자격검정, 외국인고용지원, 해외취업·국제교육협력, 숙련기술진흥/기능경기대회, 국가직무능력표준(NCS)				
핵심 책무	● (경영 기획) 경영목표를 효과적으로 달성하기 위한 전략을 수립하고 최적의 자원을 효율적으로 배분하도록 경영진의 의사 결정을 체계적으로 지원 ● (총무) 조직의 경영 목표를 달성하기 위하여 자산의 효율적인 관리, 임직원에 대한 원활한 업무 및 복지 지원, 대·내외적인 회사의 품격 유지를 위한 제반 업무를 수행 ● (사무 행정) 문서 관리, 문서 작성, 데이터 관리, 사무 자동화 관리 운용 등 조직 내부와 외부에서 요청하거나 필요한 업무를 지원하고 관리				
직무 수행 내용	● (경영 기획) 사업 환경 및 경영 실적 분석, 경영 방침 및 계획 관리, 예산 및 사업별 투자 관리 등 ● (총무) 사업 계획 수립, 행사 지원·부동산·비품·차량 운영·용역·총무 문서·총무 보안 관리, 복리 후생 및 업무 지원 등 ● (사무 행정) 문서 작성·관리 및 데이터 관리, 회의 운영·지원 등				
전형방법	직무능력 평가 → 직무능력 면접 → 인턴 선발 → 인턴 근무 기간 평가 → 최종 정규직 전환				
일반 요건	연령	공고문 참조			
	성별	무관			
교육 요건	학력	무관			
	전공	무관			
필요지식	● (경영 기획) 내·외부 환경 분석 기법, 사업별 핵심 성과 평가 기준 및 전략 기술 등 ● (총무) 개인정보 보호법, 계약 및 구매 관련 법, 단체 협약, 도로 교통법, 매매 및 임차 표준 계약서, 보안 정보 시스템 운영 기준, 복리 후생 관련법, 사내 인력 관리 규정, 소방 및 시설물 관련 법, 자산 관리 규정, 차량 관리 규정, 협상 방법론 등 ● (사무 행정) 업무 처리 지침 개념, 문서 기안 절차 및 규정, 전자 정보 관리 및 보안 규정, 회의 운영 방법 등				
필요기술	● (경영기획) 사업기획 및 보고서 작성 기술, 문제예측 및 대응방안 능력, 분석기법 및 통계 프로그램 운영 기술, 의사결정 능력 등 ● (총무) 견적서 분석 및 계약서 작성 기술, 문서작성 능력, 문제해결 능력, 법규해석 능력, 벤치마킹 기술, 대인관계 능력, 장부정리 및 재고관리 능력, 행사 및 협상 기술 ● (사무행정) 데이터베이스 관리능력, 문서분류 및 관리능력, 사무기기 활용능력, 회의내용 이해 및 처리능력 등				
직무수행 태도	(공통) 객관적인 판단 및 논리적인 분석 태도, 사업파악 및 개선의지, 투명하고 공정한 업무수행의 청렴성, 문제해결의 적극적인 의지, 창의적인 사고노력, 의사결정 판단 자세, 주인의식 및 책임감 있는 태도, 경영 자원 전략 자세, 수용 의지 및 관찰태도, 다양한 정보수집을 하는 태도, 고객지향적인 사고, 데이터특성 및 분석기술, 업무규정준수. 상호업무협조 노력, 회의처리 능력, 안전수칙 준수 등				
필요자격	경영 및 행정 관련 전문지식 및 경험 보유자				
직업기초 능력	의사소통능력, 조직이해능력, 수리능력, 문제해결능력, 자기개발능력, 자원관리능력, 정보능력, 대인관계능력, 기술능력. 직업윤리				

출처: 국가직무능력표준(www.ncs.go.kr)

3 채용정보 사이트

1) 채용 공통 포털사이트

인재 모집을 위한 채용공고는 사람인, 잡코리아, 워크넷 메인, 커리어 등과 같은 대규모 포털사이트로부터 중견기업, 강소기업에 중점을 두는 히든챔피언, 헤드헌트 코리아 등이 있다. 한편 NCS 국가직무능력표준 사이트는 공공기관의 채용공고를 특화하고 있으며, 공취사와 독취사는 대기업·공기업 채용공고와 이를 준비하는 취업준비생들의 카페로서 이력서, 자기소개서 작성뿐 아니라 입사를 위한 정보를 공유하고 있다.

사이트명	주소	비고
사람인	www.saramin.co.kr	직무·산업별, 지역별, 전공계열별, 기업별
잡코리아	www.jobkorea.co.kr	
파인드잡	www.findjob.co.kr	지역별, 업·직종별, 기업별 등
인쿠르트	www.incruit.com	
스카우트	www.scout.co.kr	
워크넷메인	www.work.go.kr	근무지역별, 직종별, 공공기관, 강소기업, 정부일자리 등
커리어	www.career.co.kr	직무·산업별, 지역별, 전공계열별, 기업별, 중견·강소기업, 히든챔피언
교차로잡	www.kcrjob.co.kr	지역별, 업·직종별 등
리쿠르트	www.recruit.co.kr	업·직종별, 지역별, 고용형태별 등
잡투게더	www.jobtogether.net	청년, 중장년, 전문가 등
히든챔피언	cafe.naver.com	중견기업, 강소기업
헤드헌트코리아	www.headhuntkorea.com	중견, 중소, 강소기업
NCS국가직무능력표준	www.ncs.go.kr	공공기관
공취사	cafe.naver.com	대기업·공기업 채용, 취준생 카페
독취사	cafe.naver.com	
유니코서치	www.unicosearch.com	외국계기업, 국내기업, 업·직종별

2) 업종별 전문 취업 포털사이트

　　채용 공통 포털사이트와는 달리 업종별로 특화된 모집공고를 눈여겨 볼 필요가 있다. 예를 들어 외식업을 꿈꾸는 사람들은 푸드잡을 검색하고 언론·미디어에 관심이 많은 사람은 미디어잡을, 여행사를 희망하는 사람은 여행사잡을 검색할 수 있다. 이 밖에도 피플앤잡은 외국계 회사를, 월드잡은 해외취업을 바라는 사람들에게 도움이 된다.

사이트명	주소	업종
푸드잡	www.foodjob24.com	외식업
외식과 사람들	www.foodwork.co.kr	
한국세무사회	www.kacpta.or.kr	세무사, 세무법인
한국스마트속기협회	www.smartsteno.org	속기사
미디어잡	www.mediajob.co.kr	언론·미디어
광고정보센터	www.ad.co.kr	광고업
여행사잡	www.여행사취업.com	여행사
훈장마을	www.hunjang.com	학원 강사
랜드잡	www.landjob.net	부동산업
워크투게더	www.worktogether.or.kr	장애인 채용
통신굿잡	www.telecomgoodjob.co.kr	이동통신
게임잡	www.gamejob.co.kr	게임업
어카운팅피플	www.accountingpeople.co.kr	일반사무직
사무잡	www.samujob.co.kr	
패션스카우트	www.fashionscout.co.kr	패션. 디자인
패션인	www.fashionin.com	
디자이너잡	www.designerjob.co.kr	웹. 패션, 그래픽, 캐릭터, 출판
한국사회복지사협회	www.welfare.net	사회복지
복지넷	www.bokji.net	
글로벌잡스	www.globaljobs.co.kr	국제기구취업
피플앤잡	www.peoplenjob.com	외국계 회사
월드잡	www.worldjob.or.kr	해외취업
에이스 스카웃	www.acescout.co.kr	무역회사취업
잡투게더	www.jobtogether.net	

3) 지역 일자리센터

지방자치단체 역시 일자리센터를 운영하며 지역민들의 일자리를 돕고 있다. 지역 일자리센터의 장점은 집으로부터 가까운 기업에 다닐 수 있다는 장점이 있지만 규모가 영세한 기업이 많아 기업에 대해 상세히 확인한 후 지원하는 것이 바람직하다.

사이트명	주소	내용
서울일자리플러스센터	job.seoul.go.kr	서울특별시
인투인채용사이트	www.intoin.or.kr	경기도
인천일자리센터(JST)	www.incheonjob.org	인천시
사랑방잡	job.sarangbang.com	광주, 전남
잡부산	www.jobbusan.co.kr	부산, 경남
갬콤	www.gemcom.co.kr	대구, 경북
아이잡강원	www.i-jobgangwon.com	강원
전북취업 또랑	www.ddorang.com	전북
제주잡	www.jejujob.co.kr	제주
대전광역시 일자리지원센터	www.job114.or.kr	대전
대구일자리센터	www.dgplusjob.com	대구
부산청년일자리센터	www.yesbepa.kr	부산
광주일자리 종합센터	www.ilmani.kr	광주
충남일자리 종합센터	www.cnjob.or.kr	충남
충북일자리 지원센터	cbwork.cb21.net	충북
전라남도 일자리종합센터	job.jeonnam.go.kr	전남
전라북도 일자리센터	www.1577-0365.or.kr	전북
경상남도 일자리종합센터	work.gsnd.net	경남
경상북도 일자리종합센터	www.gbjob.or.kr	경북

출처: 이형국 외, 132

4) 채용박람회

　채용박람회에 참여하여 취업을 성공한 사례도 많다. 채용박람회를 통한 취업의 장점은 현장에서 이력서와 자기소개서를 제출하고 바로 면접을 볼 수 있는 곳이 많다는 점이다. 채용박람회를 잘 활용하면 자신이 바라는 기업에 입사하는데 큰 도움이 될 수 있다. 아래 표는 저자가 2015년 3월에서 4월까지 실시한 채용박람회 일정을 네이버, 다음 등의 포털사이트에서 검색창에 '채용박람회'라는 검색어로 찾아낸 것이다. 이를 이용해서 채용박람회를 확인하여 참가해 볼 것을 권한다.

2015 상반기 채용박람회 일정표(3~4월)

날짜	박람회명	주관	장소
3/7–3/7	YBYB 외자기업 취업박람회	중국현지 전시주최협회	상해광대회전(중국)
3/13–3/13	제3탄 콘텐츠 일자리 JOB아라	한국콘텐츠진흥원	콘텐츠코리아
3/13–3/14	영국 유학·취업 박람회	연세대학교	연세대학교 아트리움
3/19–3/19	2015 군포시 채용 박람회	군포시	시청 대회의실
3/19–3/19	성남시 3월 새꿈잡는 취업박람회	성남일자리센터	성남시청
3/19–3/19	2015 남양주 중장년 채용박람회	남양주시	금곡실내체육관
3/19–3/21	2015 제33회 프랜차이즈 산업박람회	한국프랜차이즈산업협회	STEC
3/19–3/19	2015 채용 연계형 일자리 박람회	고양시기업경제인 연합회	고양시청 일자리지원센터
3/20–3/20	참! 좋은 기업 맞춤형 채용박람회	IBK잡월드	서울(미정)
3/23–3/23	2015 중장년 취업토크 콘서트	한국무역협회	코엑스 컨퍼런스룸
3/24–3/24	두군두군 봄! 여성 취업박람회	서부여성발전센터	서부여성발전센터
3/25–3/25	2015 경력직·중장년 일자리박람회	부산시	부산 벡스코 제2전시장
3/25–3/25	2015 지역 맞춤형 일자리박람회	부산시	부산 벡스코 제2전시장
3/25–3/25	2015 현대기아자동차 협력사 채용박람회(서울)	현대기아자동차	코엑스
3/25–3/26	2015 대한민국 고졸인재 JOB CONCERT	한국경제신문	킨텍스
3/25–3/25	2015 산학협력 기술인재 채용박람회	IBK잡월드	한양대학교 체육관
3/25–3/25	양주/의정부/동두천 일자리사랑 채용박람회	양주시/의정부시/동두천시	양주시청
3/26–3/26	2015 구로일자리박람회	구로구 일자리플러스센터	구로구청 대강당
3/27–3/27	2015년 로스엔젤레스 취업박람회	한미경제개발연구소	LA컨벤션센터
4/7–4/7	2015 현대기아자동차 협력사 채용박람회(창원)	현대기아자동차	컨벤션센터

(계속)

날짜	박람회명	주관	장소
4/7-4/7	2015 시흥시 대규모 채용박람회	경기도/시흥시	시흥시종합일자리센터
4/7-4/7	2015 증평군 취업한마당	증평군	증평군 여성회관
4/8-4/9	BIO, MEDICAL, PHARMA, MEDTECH, COSMETIC JOB FAIR 2015	한국보건산업진흥원	코엑스
4/9-4/10	2015 기장군 청장년 일자리박람회	부산일보사	기장 실내체육관
4/10-4/10	2015 서울시 찾아가는 취업박람회	서대문구/은평구	서대문구청 대강당
4/10-4/10	2015년 제1회 안성맞춤 채용박람회	경기도/안성시	한경대학교 체육관
4/12-4/12	제3회 순복음 취업박람회	여의도순복음교회	여의도순복음교회
4/13-4/13	2015 예술인 일자리박람회	예술인복지재단	대학로 마로니에공원
4/14-4/14	중장년희망일터 찾기 채용박람회	평택상공회의소	평택상공회의소
4/15-4/15	2015 부천핸썹 채용박람회	부천시	부천대학교 체육관
4/16-4/16	2015 청년/강소기업 채용박람회	부산지방고용노동청	부산북부고용복지센터
4/16-4/16	2015 현대기아자동차 협력사 채용박람회(광주)	현대기아자동차	김대중 컨벤션센터
4/18-4/18	IBK 잡월드 채용박람회(창원국가산업단지)	한국산업단지공단	창원시
4/21-4/21	2015 청년드림 잡 페스티벌	고양시	고양체육관
4/21-4/21	2015년도 제1차 화성채용박람회	화성시 일자리센터	나래울
4/22-4/22	2015 서울시 찾아가는 취업박람회	성북구/강북구	성북구청 바람마당
4/22-4/22	2015년 제1차 수출입 FTA 구인·구직 연계행사	서울본부세관	종합운동장역(예정)
4/23-4/23	여성 반듯한 일자리박람회	충북지방중소기업청	옥천생활체육관
4/23-4/25	2015 부산창업박람회	선인커뮤니티(주)	부산 벡스코
4/24-4/24	2015 현대기아자동차 협력사 채용박람회(울산)	현대기아자동차	동천체육관
4/25-4/25	2015년 駐中한국기업 채용박람회	한국무역협회 상해대표처	上海市人才服務中心
4/28-4/28	2015 강남구청 구인구직의 만남(미니박람회)	강남구청	강남구청
4/28-4/29	2015 서울장애인 취업박람회	서울시장애인일자리통합지원센터	SETEC
4/29-4/29	2015 인천 일자리 한마당	중부지방고용청/인천시/인천중기청	인천삼산 월드체육관
4/29-4/30	2015 국방부전역예정장교 취업박람회	국방부 전직교육원	킨텍스
4/30-4/30	제주특별자치도 청년 취업박람회	제주대학교	제주대학교 체육관
4/30-4/30	2015년 광주권 일자리박람회	광주지방고용노동청 외	김대중 컨벤션센터

출처: 네이버 카페

8장

이력서 작성

1 이력서 작성의 중요성

　신입이나 경력 누구에게나 취업전쟁에 뛰어들어 원하는 직장에 들어가기 위한 첫 번째 관문이 이력서 즉 입사지원서이다. 이력서는 경력관리의 기본이 되며 자기소개서와 더불어 이력서 심사를 통과해야 면접을 볼 수 있으니 사법시험이나 행정고시 등으로 비유하면 1차 시험이라 할 수 있다. 1차 시험을 합격 못하면 2차 시험은 응시할 자격조차 박탈당한다. 그러나 필자가 지금까지 접한 수 많은 이력서를 보면 대부분의 지원자들이 이력서 하나 제대로 작성하지 못하는 경우가 대부분이었다.

　대학교에 다니면서 학과 공부에만 충실했지 취업을 위한 준비는 거의 하지 않았다는 증거이다. 학교 성적 취득에 몰두한 나머지 학생들은 이력서의 중요성을 피부로 느끼지 못하는 것 같다. 그러나 회사에서는 학교 성적 보다는 오히려 회사에 입사한 후 신입사원의 적응 능력이나 창의력을 요구하고 있다는 것을 알아야 한다. 인사담당자의 입장에서 학력이나 경력을 떠나 지원자의 실무 능력이나 과거 경험이 일목요연하게 정리된 이력서를 선호하는 것은 당연하다.

회사는 개인과의 사적인 만남과 달리 문서로 시작해서 문서로 끝나는 만남이 대부분이다. 입사할 때는 입사지원서를 작성함으로써 회사와 처음 접하게 되고 퇴사할 때는 퇴직서를 쓰고야 마무리 된다. 회사와 입사지원자의 첫 만남에서 이력서 한 장이 지원자의 첫 인상을 결정하게 된다. 대개 사람들 사이에 첫 인상이 좋으면 나중에도 그런 사람들을 선호하는 경향이 있듯, 인사담당자의 입장에서도 첫 인상이 좋은 이력서는 다른 이력서에 비해 좀 더 관심을 갖게 되는 것은 당연한 감정일 것이다.

또한 인사담당자가 이력서를 심사하는데 걸리는 시간은 너무 짧아 평균 3초에서 1분의 시간 내에 당락이 결정된다. 이와 같이 짧은 시간에 자신을 어필하기 위해 이력서를 통해 자신의 실력을 잘 드러내 보이고 긍정적인 첫 인상을 주어야 한다. 이력서는 자신의 가치를 평가 받는 마케팅 도구로써 인사담당자에게 자신의 가치를 충분히 알려주는 도구인 것이다.

그러면 회사의 입장에서 이력서를 중요시하는 실무적인 이유는 무엇일까? 회사의 입장에서 이력서를 통해 해석하고자 하는 내용을 살펴보자.

- 기획력 평가 : 전체적인 윤곽을 제대로 꾸미지 못한 이력서를 보는 기업은 지원자의 20~30년 이상의 인생을 효과적으로 요약하고 꾸미는 기획력이 없다고 평가한다.

- 컴퓨터 활용 능력 평가 : 사진 등이 제대로 첨부되지 않았거나 파일 첨부 등이 잘못되었다면 컴퓨터 활용 능력이 없다고 평가되기 쉽다.

- 문서작성 능력 평가 : 어떤 문서 작성 프로그램이든 세련된 양식과 형식이 아니라면 문서작성 능력이 뒤떨어지는 사람으로 취급받는다.

- 표현력·설득력 평가 : 이야기하고자 하는 포인트를 효과적으로 작성·전달하지 못한다면 표현력이나 설득력이 없는 것으로 간주된다.

- 차별화 전략 : 수많은 경쟁자 속에서 똑같은 서식과 양식으로는 차별화 전략이 없거나 창의력이 없는 사람으로 평가된다.

- 실무 능력 평가 : 이력서라 함은 '자신이 가진 실무 능력이 무엇인가를 보여주는 서류'라 할 수 있는데 실무 능력이 충실히 기재되어 있지 않다면 개인적 사설이라고 비하되기도 한다.

- 논리력 평가 : 객관적으로 자신의 능력을 풀어내지 못한다면 논리성이 부족하다고 추정될 수 있다.

- 작문력 평가 : 글쓰기는 기업에서 가장 중요한 요소 중 하나이다. 이력서에 조차 제대로된 글을 쓸 수 없다고 보면 작문력이 부족하다고 느끼는 것은 당연하다.

- 적극성·성실성 평가 : 오자·탈자·속어 등의 사소한 내용을 실수한다면 꼼꼼하지 못하다고 생각되며 또 입사 지원할 회사에 대한 적극적인 마인드가 적다고 평가하기 쉽다.

- 마케팅 능력 평가 : 적어도 20~30년간의 인생을 한두 장의 문서로 표현하는 것인 만큼 자신을 포장하고 세일즈 할 수 있는 능력이 없다면 마케팅적인 사고나 마인드가 부족한 사람으로 평가되기도 한다.

이와 같이 중요한 입사지원서 작성은 채용전형 단계에서 가장 첫 번째 평가에 속하여 인사담당자들이 지원자의 역량을 평가하는 척도가 되므로 타인과 차별화되도록 어떤 것을 기재할 것인가를 고민하여 정성스럽게 작성해야 한다.

2 이력서의 종류

1) 온라인 지원 회사 규정 양식

온라인 이력서는 대개 중견기업 이상의 기업 규모에서 사용하고 있으며, 기본 신상에 관한 내용, 학력, 경력, 선택사항(주요 사회 활동, 수상내역, 교육 이수 내용, 자격증, 능력 및 보유기술, 해외연수, 어학시험 및 외국어 구사능력 등), 희망근무조건(고용형태, 희망연봉, 희망근무지, 지원분야 등)을 작성한다. 이와 같은 이력서 양식은 오프라인의 이력서가 잘 준비되어 있다면 같은 내용을 온라인상에 옮겨놓기만 하면 된다. 단지 온라인 지원서 작성의 경우 '작성 시 유의 사항'을 반드시 숙지한 후 작성하는 것이 좋다.

구체적으로 글자체는 바탕체 등 보통체로 작성하는 것이 좋으며, 빈칸을 남기지 말고 작성하는 것이 중요하다. 취미·특기, 종교, 군필 사항 등이 자신과 해당되지 않을 때는 '해당 없음'이라고 기록하며 빈칸으로 남기지 않아야 한다. 글자크기는 10~11 point로 작성하며 가급적 가운데 정렬로 하는 것이 좋다.

2) 오프라인 지원 자유형 이력서

오프라인 이력서의 경우는 지정서식과 자유서식 두 가지로 구분된다. 회사에서 지정하는 양식에 이력서를 작성하는 경우에는 지원자 임의로 양식을 변경하거나 수정하면 안 된다. 자유서식의 이력서는 지원 분야에 적합하도록 자신의 스펙을 구체적으로 표기하여 지원자의 강점을 최대한 표현할 수 있도록 만드는 다양한 형태를 가진 나만의 이력서이다. 그러므로 자유형 이력서를 작성할 때는 자신의 개성과 창의력을 최대한 살리고 자신의 전공분야에 알맞게 자유롭게 작성할 수 있으므로 신중을 기하여 타인과 차별화되도록 작성해야 한다.

3 이력서 작성 요령

1) 이력서 작성을 위한 일반적 유의 사항

- 굵은 글씨로 가끔씩 강조한다 : 자신의 경력과 연관된 사항은 굵은 글씨체로 강조하여 이력서 상에서 한 눈에 알아볼 수 있도록 한다.

- 이력서는 한 장으로 한다 : 회사의 요구 사항에 맞추어서 불필요한 부분은 제외하고 자신의 장점을 명확하게 부각하여 이력서를 한 장으로 요약하여 만들 필요가 있다.

- 이력서에 빈칸을 남기지 않도록 한다 : 이력서에 빈칸이 보이면 불성실하게 보이며 경우에 따라서는 작성하다 만 미완성의 이력서로 보이게 할 수 있다.

- 경력사항·특기사항을 강조한다 : 인턴십·공모전·수상경력은 인사담당자들이 중요하게 생각하는 요인이므로 반드시 명확하게 기재하도록 한다.

- 회사의 구인 조건에 맞게 작성한다 : 회사에서 필요한 인재가 누구인지 공고를 꼼꼼하게 살펴보고 요구사항에 초점을 맞춰서 이력서를 작성하도록 한다.

- 오탈자 없이 정확하게 표기한다 : 오타나 오기는 신뢰성과 정확성을 떨어뜨리므로 끝까지 꼼꼼하게 확인해 보고 이력서를 발송하도록 유의해야 한다.

- 이모티콘, 은어 등을 사용하지 않는다 : 채팅 상에서 사용하는 이모티콘, 은어 등의 사용은 친근감을 유발하기보다는 경박한 느낌을 주기 쉽다. 비록 서류전형에서 합격했다 할지라도 면접에서는 적어도 40대 후반 이상의 고위 간부가 면접관이 되므로 이모티콘 등은 장난으로 보이기 쉽다.

- 사진을 포토샵으로 심하게 조작하지 말아야 한다 : 면접 시 사진과 실물이 다르다는 것을 확인하게 될 때, 면접관들에게 반감 작용을 일으키게 된다.

- 영어를 남발하지 말라 : 영어의 잦은 사용이 지적인 면을 부각시키는 요소는 아니며, 영어 사용은 영문 이력서에서만 한다.

- 불필요한 자격증은 적지 말라 : 자격증 란에 '운전면허 2종 보통' 등 직무와 무관한 면허나 자격증을 적으면 왠지 궁핍해 보여 좋지 않다(물론 영업직 등 운전면허가 필요한 경우에는 반드시 적는다).

2) 이력서 작성

　자유이력서의 양식은 대개 다음과 같은 내용이 들어간다. 물론 이외에도 양식은 자유이므로 얼마든지 다른 디자인으로 가능하나 화려하지는 않고 가급적 간결하게 양식을 구성하는 것이 바람직하다.
　다음에는 상세하게 이력서를 작성하는 법을 살펴 보자.

(1) 개요

① 입사지원서, 이력서라는 용어 대신에 자신의 능력이나 장점 등을 한 구절로 드러낼 수 있는 문구를 만들어 보는 것이 좋다. 즉, '입사지원서' 대신 '회사와 함께 비전을 공유하고 싶습니다' 등의 문구가 더 낫지 않을까?

② 지원구분 란에는 신입, 경력의 구분을 적는다.

③ 지원부문 란에는 인사, 사무직, 마케팅직, 영업직 등 지원분야를 적는다. 만일 제1지망, 제2지망, 제3지망 등이 있을 때에는 같은 직무를 반복하면 안 되며, 어느 정도 관련성 있는 직무로 기재한다.

④ 희망연봉 란은 가급적 '회사내규에 따름'이라고 적는다. 취업지원자가 입사지원 시 가장 어려운 점이 '희망연봉 수준'을 결정하는 것이라고 한다. 대부분의 경우는 '회사의 규정에 따른다'로 대답하는 것이 일반적이다. 그러나 구체적으로 희망연봉을 적을 것을 주문 받으면, 우선 미리 지원회사의 연봉수준을 파악한 후 어느 정도 회사 기준에 맞게 자신의 연봉을 제시하는 것이 유리하다. 그리고 고용주에게 직접 연봉에 대한 질문을 하기보다는 다른 직급 사원의 연봉을 물어보는 등 간접적으로 연봉 수준을 파악하는 것이 좋을 것이다.

(2) 인적사항

① 사진

전체 서류합격을 100%라 했을 때 스펙이 70%를 차지하며, 나머지 30% 중 12%는 사진이 차지하고 18%는 이력서가 차지한다고 할 정도로 사진이 중요하다. 그러므로 사진에 대해서 많은 신경을 써야한다.

- 최근 3개월 이내의 사진을 사용하는 것이 좋다.
- 포토샵 처리를 많이 하지 않는 것이 좋다. 사진과 실물이 일치하지 않을 경우 면접관에게 좋지 않은 인상을 줄 수 있다.
- 웃는 모습이 좋으며 취업 전체 과정에 걸쳐서 인사담당자들과 면접관들에게 웃음을 보이며 좋은 이미지를 만들어 가야 할 의무가 있다.
- 옷은 무난한 정장이 좋다. 흰색/회색/검정 등의 보수적인 색상을 선택할 것.
- 배경색은 파란색이 좋다. 사람을 더욱 신뢰할 수 있는 사람으로 만든다.
- 사진은 란의 사방 테두리에서 1~2mm 정도 떼고 넣는 것이 보기에 좋다.

---

② 주소

회사의 입장에서 주소는 이력서 심사에서 대부분 필수적으로 중요하게 생각한다. 왜냐하면 집이 먼 사람에게 급한 야근을 시키기도 껄끄러울 것이며 교통사정 등으로 회사에 지각이 잦을까봐 걱정을 하게 된다. 아무리 스펙 좋고 능력이 출중하다고 해도 서류합격은 어려울 수 있다. 그렇기 때문에 같은 조건이면 회사 근처에 연고지가 있는 사람을 선발하려 한다. 물론 모든 회사가 주소만을 기준으로 필터링하는 것은 아니지만 상당히 많은 수의 회사들이 지원자의 주소를 보고 1차 필터링하는 경우가 많기 때문에 결코 소홀히 넘길 일은 아니다. 또한 너무 좋은 스펙을 갖춘 인재도 언제 회사를 그만두고 다른 회사에 지원할지 모른다. 실제로 회사의 인사팀은 '퇴사 사유 분석'을 통해 스펙이 너무 좋고 연고지가 없는 인재일수록 곧 퇴사한다는 것을 알고 있다. 그러므로 학점이 4.5 만점에 4.4점이라든가 TOEIC 990점이라든가 하는 사람과 연고지가 1시간 이상 걸리는 지역에서 살고 있는 사람은 입사에서 탈락할 가능성이 높다는 것이다.

③ 연락처, 이메일

이메일 주소는 혼란을 주지 않고 읽기 쉬운 것으로 하는 것이 좋다. 예를 들어 I(아이)와 l(엘), 1(일)이 혼동되지 않게 하며, '–' 과 '_' 등은 혼동을 야기 시킴으로 가급적 피해야 할 것이다. 또한 sexyboy@naver.com, yr7szwj@daum.net 등과 같은 이메일은 피하고 믿음직한 사회인으로 볼 수 있는 메일 주소를 사용할 것을 권한다. 보통 학생들은 이메일에 대해 별로 중요하게 생각하지 않는다. 그러나 사소한 것들로 서류를 심사하는 인사담당자들에게 신경을 거스르게 하여 불이익을 받는 것은 피해야 할 것이다.

(3) 학력사항

학교는 스펙을 구성하는 요소 중 가장 중요한 요소이다. 물론 저자도 학교가 가장 중요한 것이 아니라고 말하고 싶지만 감출 수 있는 것은 아니다. 피할 수 없다면 아예 자신의 학교를 자랑스럽게 여기도록 하자. 자신의 학교의 장점을 생각하고 대학시절 동안 그런 장점을 통해 타 학교 학생들이 경험하지 못한 것을 소재로 자기소개서에 녹여낸다면 서류심사자 입장에서 훨씬 만족스러울 것이다. 왜냐하면 자기 학교를 자랑스럽게 생각하는 사람은 분명히 자신의 회사를 자랑스러워할 것으로 생각할 확률이 높다고 보기 때문이다.

또한 학과 역시 자신이 지원하는 직무와 전공이 연계될 때 합격할 확률이 높아진다. 아르바이트 경력이 있는 타 전공자보다는 비록 경력은 없지만 대학교에서 전공을 한 사람을 회사에서는 서류심사에서 훨씬 높이 평가하기 때문이다. 그러므로 가급적 '전공과 유관한 직무'에 적극적으로 지원하면서 합격률을 높일 것을 권한다.

마지막으로 학점은 3.5 이상을 받아두는 것이 좋다. 요즘 서류합격 추세를 보면 학점이 낮은 지원자를 '성실성 부족'이라는 이유로 서류합격에서 배제하는 경우가 많은 것을 볼 수 있다.

학력 란을 작성하는 요령은 다음과 같다.

- 최종학력부터 적는 것이 좋다.
- 입학 년 월 일 ~ 졸업 년 월 일까지 작성한다.
- 고등학교 학력까지만 작성한다.
- 편입의 경우는 최종대학과 입학대학의 중간에 작성한다.
- 휴학의 경우도 휴학기간을 함께 작성한다.
- 학점은 3.5 이상이 좋다.

---

(4) 경력사항

경력사항은 자신이 지원한 분야에 적합한 경력 위주로 작성하되 최근 경력 순으로 작성한다. 지원 분야에 적합한 경력이 없을 경우에는 업적 또는 직무와 관련된 항목을 위주로 작성하되 그나마도 없으면 빈 칸으로 남기지 말고 자신이 경험한 모든 경력사항을 기재한다. 경력사항이 지원분야와 일치할 때에는 관련된 경력을 돋보이도록 하며 소속 부서, 담당업무 등을 기재한다. 직무와 직접 관련된 사회경험은 학점, 토익 점수의 열세를 만회하고도 남을 만한 중요한 경쟁 우위를 점할 수 있다.

또한 직무와 직접 관련이 없는 사회경험이라 할지라도 예를 들어, 직무는 다르지만 대학시절 외국계 회사에서 번역 아르바이트를 했다는 것을 기재하면 어학실력이 높다는 것을 보여줄 수 있는 좋은 스펙이 된다. 봉사활동은 취업에 큰 영향을 미치지는 않지만 면접 시에 면접관이 물어볼 수 있는 좋은 질문거리이다. 또한 어학연수, 인턴사원 경력은 구체적으로 기재하도록 하며, 대학생활 중 특이한 경력도 기록하는 것이 좋다. 해외어학연수는 해외봉사활동이나 해외관광여행과 같은 표현보다 지원자의 해외 관련 업무수행 능력이 우수하다고 느끼게 한다. 또한 해외봉사활동 대신에 해외 '학교재건 참여'와 같은 표현을 사용하게 되면 비즈니스와 관련된 무언가를 느끼게 해줄 수 있다.

경력사항에 들어갈 종류는 다음과 같은 것들이 있다.

• 아르바이트   • 인턴경험   • 봉사활동 경력   • 강사 및 과외경력   • 어학연수 등

---

(5) 자격 및 특기사항

외국어 구사 능력은 1~2년 내의 공인 인증점수를 기록하며, 전공 또는 지원 분야에 관련된 자격증, 컴퓨터 자격증 등을 최근에 취득한 순으로 작성한다. 컴퓨터 능력은 자격증이 없더라도 활용 능력을 기록하는 것이 유리하다. 영업직을 지원하는 경우에는 운전면허증을 반드시 적어야 한다.

• 자격증은 많을수록 유리하므로 최대한 많이 기입할 것
• 최근 취득한 자격증. 면허증 순으로 작성할 것
• 외국어 능력 시험(TOEIC, TOEFL 등)은 만족스럽지 않은 경우 기재하지 말도록
• 한국사 시험 자격증, 한자급수 등도 최대한 기입하여 칸을 늘려갈 것
• 컴퓨터 능력은 자격증이 없더라도 활용 능력을 기입하는 것이 유리

---

(6) 병역

① 구분: 군필, 군별: 육군, 병과: 보병, 계급: 병장, 복무기간: 년 월 – 년 월(개월)
② 여학생의 경우는 본 란을 삭제할 것

(7) 기타 활동사항

기타 활동사항에는 위에서 아직 모두 보여주지 못한 자신의 활동내역에 대해 기재하되 가급적 직무와 관련된 사항이 좋으며 첫 부분에 작성해 준다. 기타 활동내용으로는 창의성, 도전정신 등을 위해 성장과정에서 겪은 경험적 내용을 기입하며, 그러나 직무와 관련된 것이 없으면 수상경력, 공모전, 동아리 활동, 컴퓨터활용능력, 학생회 활동,

교육받은 내용 등을 적도록 한다. 컴퓨터활용능력은 자격증의 유무와 관계없이 자신의 능력을 과시하는 내용을 기재하며, 워드프로세서 1분에 500타 이상, 인터넷, Excel, Powerpoint 능숙 등으로 작성한다.

- 수상 경력
- 동아리 활동
- 사회단체 활동
- 각종 이수한 교육프로그램
- 성적 및 각종 장학금 수상 내역
- 공모전 참가
- 학생회 활동
- 각종 대회 참가
- 컴퓨터 교육. 통계 교육 이수
- 컴퓨터 활용능력 등

---

(8) 가족사항 및 종교, 성격, 취미, 신장 등

자유이력서 양식에서는 가급적 본 란을 삭제하는 것이 좋다. 그러나 반드시 써야 할 경우에는 부모님이 이혼하셨거나 돌아가셨다 할지라도 반드시 채워 넣는다. 또한 취미를 꼭 써야 할 경우에는 가급적 직무와 관련된 취미·특기를 기입한다. 종교는 저자가 함부로 말할 수 없지만 반드시 써야 한다면 가급적 '없음'으로 기재하는 것이 취업에 도움이 된다. 왜냐하면 회사에서 바쁠 경우에는 일요일에도 근무를 해야 할 경우가 있기 때문이다. 그러나 종교는 자신의 양심과 직결된 것이기 때문에 자신의 판단에 따른다.

(9) 서명날인

온라인 접수에서는 서명날인이 생략되는 경우가 많으나 오프라인으로 서류를 제출할 경우에는 날짜와 함께 반드시 자필로 서명을 해야 한다.

4 이력서 작성의 예

다음에는 자유이력서의 예들이다. 다양한 예들 중에서 본인에게 적합한 것을 고르고 나름대로의 이력서를 작성해 보자.

입 사 지 원 서

지원구분	신입	지원부문	사무직	희망연봉	회사내규

	성명	한글) 윤 ○○ 漢子) 尹 ○○ 영문) Yun ○○
	생년월일	0000년 00월 00일 (만 00 세)
	주소	(100-000)
		서울특별시 000구 000로 00길 00
	연락처	휴대폰) 010-0000-0000 집) 02-0000-0000
		E-MAIL) 00000000@naver.com

학력 사항	재학기간	학교명	전공	학점
	0000.03.01~0000.02.28	○○대학교(졸업예정)	행정학부	4.1 / 4.5
	0000.03.01~0000.02.28	○○고등학교(졸업)	–	–

경력 및 기타 활동	활동기간	구분	기관 및 장소	상세내용
	0000.00.00.~0000.00.00	교외활동	○○구청	도서관 보조업무
	0000.00.00.~0000.00.00	교외활동	서울지방노동청 서울남부지청	청년층에 대한 직업지도 프로그램과정 이수

외국어	언어	TEST명	공인점수	수준	자격/면허	자격/면허명	발행기관	취득일
	영어	TOEIC Speaking	Level 4	Basic		컴퓨터활용 능력 1급	대한상공회의소	2014.09
	중국어			HSK3급 수준		2종보통운전 면허	경찰청	2010.06
	일본어			Basic		전산회계 2급	한국세무사협회	2007.05

교육 사항	교육기간	교육명	상세내용	교육기관
	0000.00.00.~0000.00.00	어학연수	중국 북경의 북경어언대학교 어학연수	북경어언대학교
	0000.00.00.~0000.00.00	영어심화캠프	영어심화캠프에 참여하여 교육받음	경기영어마을 파주캠프

수상 내역	수상명	수여기관	수상일자
	우수상	○○대학교 총장	0000.00.00.
	공로상	○○고등학교장	0000.00.00.

상기와 같이 제출하오며 일체 허위 사실이 없음을 확인합니다.

2013년   월   일   지원자 : 윤 ○ ○ (인)

입 사 지 원 서

지원분야	국민연금공단
연락처	010-0000-0000
근무가능일	채용 후 즉시

성명	박○○ 朴○○ Park○○	
생년월일	0000년 00월 00일 (만 00 세)	
주소	(100 - 000) 서울특별시 00구	
연락처	자택) 02-000-0000 핸드폰) 010-0000-0000	
	E-mail: 000000000@naver.com	

학력	기간	학교명	전공	구분	학점
	0000.03.01~0000.02.28	○○대학교	사회복지학 (복수전공: 행정학)	졸업예정	3.9 / 4.5
	0000.03.01~0000.02.28	○○고등학교	–	졸업	–

	기간	프로그램/근무처	교육내용/업무내용	발행기관/직위
교육 수료 사항	0000.00.00~0000.00.00	시립용산 노인종합복지관	노인복지프로그램에 대해, 사회복지실습 (1차)	○○ 노인종합복지관
	0000.00.00~0000.00.00	대방 종합사회복지관	사회복지프로그램에 대해, 사회복지실습(2차)	○○ 종합사회복지관
경력 사항	0000.00.00~0000.00.00	가산동 주민 센터	선거투표안내 아르바이트	○○동 주민 센터
	0000.00.00~0000.00.00	○○대학교 학술정보관	도서관에 대한 교육, 도서 대출 및 반납, 이용자 안내, 서고정리	○○대학교 도서관

자격증	취득일	자격증명	발행기관
	0000.00.00	워드프로세서 1급	○○상공회의소
	0000.00.00	정책분석평가사 2급	(사)한국공공정 책평가협회
	0000.00.00	한국사검정능력 1급	국사편찬위원회

직무 관련 능력 사항	구분	상세능력
	사무업무	워드프로세서 1급 자격증이 있어 문서를 다룰 수 있으며, 프레젠테이션도 다룰 수 안다.
	서비스	아르바이트 경험과 봉사활동 경험으로 사람에게 응대를 잘할 수 있다.

위의 사실이 틀림없음을 서약합니다.

2000년 00월 00 일

지원자: 박00

입 사 지 원 서

성명	(한글) 이 ○ ○		지원부서	사무직
	(영문) Lee ○ ○		희망연봉	회사내규에 따름
생년월일	1900.00.00.(만 세)		건강상태	상
주소				
연락처	집:		H/P:	
	E-Mail:			

학력 사항	기간	학교명	전공	취득학점
	2011.03.01.~2015.02.13.	○○대학교	영어영문학	3.7/4.5
	2007.03.01.~2010.02.28.	서울 ○○고등학교	인문계열	–

경력 / 연수	기간	내용
	0000. 00. 00. ~ 00. 00. 00	○○트레이닝(자기개발 과정)
	0000. 00. 00	○○재단 장학생 선발
	0000. 00. 00	○○ 공제회 장학생 선발
	0000. 00. 00. ~ 00. 00	○○시 차세대 리더십 연수(교육과 체험을 통한 여성리더십 향상)
	0000. 00. 00. ~ 00. 00	○○ 직무역량강화스쿨(직무분석)

외 국 어	언어	시험명	등급/점수	취득일자
	영어	TOEIC	830	0000. 00. 00.
	언어	구사능력	제2외국어	구사능력
	영어	일상회화 의사소통 가능	중국어	상, 중, 하

자격 및 면허	자격 및 면허명	취득일자	발행기관
	운전면허자격증 2종 보통	2009. 02. 16.	○○지방경찰청
	사무자동화산업기사(엑세스, 파워포인트, 엑셀)	2013. 01. 03.	한국산업인력공단

취미	영화/음악 감상, 독서, 편지쓰기, 글쓰기	특기	문서작성, 정보검색

봉사 활동	활동기간	장소	봉사내용
	2008.02.~2013.12.	○○교회	초등학교 저학년 영어교육, 출결관리, 율동
	2010.08.17.~08.19.	○○ ○○○ 지역아동센터	대학생 자원봉사 프로젝트(독서상자 제작)
	2014.12.24.	○○역 앞 광장	낮은 곳에서부터 성탄축제(노숙자 음료 배부)
	2014.12.27.	○○시 함께하는 숲	보육원 아동 배부용 쿠키 제작

위 내용은 사실과 틀림없음을 서약합니다.
0000년 00월 00일

작성자: ○ ○ ○ (인)

입 사 지 원 서

지원분야	사무직 행정
연락처	010-0000-0000
근무가능일	채용 후 즉시

성명	안○○ 安○○ Ahn ○○				
생년월일	0000년 00월 00일		연령	만 00 세	
주소	(00000) 서울 000구 000길 00				
연락처	자택: 02-000-0000		휴대폰: 010-0000-0000		
	E-mail: 000000@naver.com				

학력	재학기간	학교명	전공	구분	학점
	0000.00.00.~0000.00.00	○○대학교	○○학과	졸업예정	4.11/4.50
	0000.00.00.~0000.00.00	○○고등학교		졸업	–

경력 사항	기간	근무처	업무내용	직위
	0000.00.00~현재	○○대학교 교환실	교내·외 전화 교환 및 응대업무	교내근로장학
	0000.00.00~00.00	○○장학재단	지원자 서류 정리 및 전화문의 응대	아르바이트

교육 수료 사항	기간	프로그램	교육내용	발행기관
	0000.00.00.~ 0000.00.00	직무역량강화스쿨	경영지원직무에 대한 특강 및 실습	(주)월드클래스 에듀케이션
	0000.00.00	○○학과 취업캠프	자기이해와 직무에 관한 교육	○○대학교
	0000.00.00	파워포인트 강의	배준오 파워포인트 MVP의 강의	iBrunch

자격증	취득일	자격증명	발행기관
	0000.00.00	워드프로세서 단일등급	대한상공회의소
	0000.00.00	한국사능력검정시험 2급	국사편찬위원회
	0000.00.00	컴퓨터활용능력 2급	대한상공회의소

직무 관련 능력 사항	구분	상세능력
	엑셀	숙련도: 상, 엑셀 툴 내에서 문서 활용 및 데이터 분석
	한글 2010	숙련도: 상, 워드프로세서를 이용한 문서작업 능숙
	파워포인트	숙련도: 상, 파워포인트를 활용하여 발표자료 제작
	SPSS	숙련도: 상, SPSS를 활용하여 데이터 통계 및 분석
어학 능력	영어	TOEIC 795점

위의 사실이 틀림없음을 서약합니다.

0000년 00월 00일

지원자: 안○○(인)

입 사 지 원 서

지원구분		지원부문		희망연봉	

	성 명	한글)	漢子)	영문)	
	생년월일	년 월 일 (만 세)			
	주소	(-)			
	연락처	휴대폰)	집)		
		E-MAIL)			

학력 사항	재학기간	학교명	전공	학점

경력 및 기타 활동	활동기간	기관 및 장소	상세내용

자격 관련	취득년월	자격/외국어	관련내용	발행기관

병역	구분	군별	병과	계급	복무기간

기타 활동 사항	•
	•
	•
	•
	•

상기와 같이 제출하오며 일체 허위 사실이 없음을 확인합니다.

년 월 일

지원자: (인)

9장

자기소개서 작성

1 자기소개서 작성의 중요성

입사지원 서류제출 마감시간에 임박해서야 허겁지겁 자기소개서를 작성하는 사람들이 많다. 심지어는 접수창구에서 즉각적으로 쓰는 사람들도 있다. 결코 바람직한 현상이 못되므로 시간적인 여유를 충분히 가지고 침착하게 작성해야 문장력이나 구성 면에서도 좋은 인상을 주게 된다. 그러므로 시간이 나는 대로 필요한 만큼의 충분한 양을 여유 있게 작성해 두었다가 필요할 때마다 즉각적으로 사용할 수 있는 준비태세를 갖춰 두는 것이 바람직하다. 자기소개서는 곧 자신의 얼굴이다. 자기 자신을 최대한으로 내보일 수 있는 그러한 자기소개서라야 어디서든 설득력을 줄 수 있을 것이다.

자기소개서는 1차 서류전형에서 이력서와 더불어 양대 산맥을 형성하고 있으며, 2차 시험인 면접의 사전단계이다. 이력서가 입사지원자의 객관적인 내용을 담고 있다면 자기소개서는 주관적인 내용을 담고 있다고 할 것이다. 자기소개서의 작성은 형식적인 것을 떠나 합격여부의 결정요건이 될 수 있는 대단히 중요하다는 사실을 직시해야 한다. 학교성적도 우수하고 필기시험도 만족하게 치렀는데도 불구하고 합격하지 못한 응시자들은 자기소개서를 소홀히 하지 않았나 생각해 볼 필요가 있다. 특히 자기소개서는 서류전형을 통해 직원을 채용하는 기업에 있어서는 합격여부의 결정과정에서 상당히 중요한 역할을 하게 된다. 또 필기시험을 통해 직원을 채용하는 기업이라 하더라도 이는 면접과정 등에서 개인에 대한 중요한 평가자료로 활용되고 있다는 것을 잊어서는 안 된다.

1) 기업이 자기소개서를 요구하는 이유

인간은 환경의 지배를 받고 산다. 따라서 어떠한 환경이나 여건 속에서 어떻게 성장해 왔는가 하는 것은 그 사람의 성격형성에 상당한 영향을 미치게 된다. 그러므로 기업은 자기소개서에 나타난 가정환경과 성장과정을 통해 각 개인의 성격 또는 가치관을 파악하고, 학교생활이나 동아리활동 등을 통해 그 사람의 대인관계나 조직에 대한 적응과 성실성, 책임감, 창의성 등을 살펴보고자 하는 것이다. 그 다음으로 기업이 자기소개서를 통해 보고자 하는 것은 그 사람의 장래성이다. 이는 어떠한 동기로 입사를 지원하게 됐고, 또 입사 후에는 어떠한 자세로 일에 임할 것이며, 따라서 그 사람의 장래성은 어떠할 것인가 하는 것을 파악하고자 하는 것이다.

이외에도 문장력과 필체를 보기 위해서 자기소개서를 요구하는 기업들도 많이 있다고 한다. 이는 조직생활에서는 공식적인 의사전달 과정이 주로 글을 통해 이루어지고 있기 때문인데, 자기 자신의 생각이나 사상을 글로 표현하는 능력은 상당히 중요하다. 자기소개서를 통해 각 개인의 문장력은 물론, 나아가서는 사고의 폭까지도 짐작할 수 있을 뿐만 아니라, 필체를 통해서도 어느 정도는 개인의 성격파악 까지도 가능해질 수 있다는 것이다. 이렇듯 자기소개서는 그 중요성으로 인해 직원 채용시 꼭 첨부토록 요구되고 있는 것이다

- 가정환경과 성장과정을 통해 각 개인의 성격 또는 가치관을 파악
- 학교생활이나 동아리활동 등을 통해 그 사람의 대인관계나 조직에 대한 적응과 성실성, 책임감, 창의성 등을 파악
- 입사 후 일에 임하는 자세 및 지원자의 장래성 파악
- 문장력 및 필체, 논리력 파악

2) 자기소개서 작성의 중요성

면접으로 갈 수 있는 유일한 방법은 이력서와 자기소개서 심사에서 인사담당자로부터 통과하는 길이다. 그러므로 이력서와 자기소개서는 최대한 특화시켜야 한다. 지원자의 입장에서는 자신이 선발되도록 PR하는 도구이자 공간이며, 인사담당자 입장에서는 입사지원자가 조직과 업무에 쉽게 적응하며 업무를 해결해 나갈 능력을 갖추었는가를 파악해 볼 수 있는 자료가 된다. 또한 자기소개서는 서류전형에 통과하더라도 면접과 연계되어 면접관이 질문하는 자료로 활용되기 때문에 신중을 기하여 작성해야 한다.

자기소개서 작성의 중요성

① **지원자 입장**
- 작성된 이력서에서 강조할 부분 어필할 기회 획득
- 이력서에는 기재하지 못했으나 입사지원 의사를 어필하고 싶은 기회 획득
- 자신이 회사가 필요로 하는 존재임을 부각시킬 기회
- 자신이 직무수행을 위하여 어떤 경험과 능력이 있는지 알릴 수 있는 기회

② **인사담당자 입장**
- 지원자의 지원동기와 장래성 파악
- 지원자의 성장배경을 통해 인생관, 가치관, 인간됨 파악
- 지원자가 생각하는 것을 글로 표현하는 능력 파악
- 지원자의 자질과 열정 파악
- 이력서와 함께 면접을 위한 기초자료로 활용

---

3) 자기소개서 작성 시 주의할 점

지원하고자 하는 회사의 자기소개서 항목이 별도로 없다면 자기소개서의 구성항목은 성장배경, 성격의 장·단점, 학창시절 경험 및 경력사항, 지원동기, 입사 후 포부 등으로 구성된다. 모든 항목이 중요하지만 인사담당자나 면접관이 가장 중요시하는 부분은 지원동기와 입사 후 포부 항목이므로 작성 시 주의를 하여야 한다.

자기소개서는 참신한 문구로 시작하여 명확한 포부와 비전이 제시되어야 하며, 지원하는 기업의 속성에 맞춰 자신을 포장하여 자신만의 이미지를 만드는 것이 좋다. 또한 자신이 그 기업과 직무에 적임자임을 강조하고 구체적인 경험을 바탕으로 작성하며, 자신의 장점을 최대한 부각시켜야 한다. 그리고 입사 지원동기를 구체적으로 밝히고, 자신의 경력을 강조하며, 강조하고자 하는 내용을 일목요연하게 정리하여 헤드라인으로 강조할 필요가 있다.

자기소개서 작성 시 주의해야 할 사항으로는 다음과 같은 것을 들 수 있다.

첫째, 너무 장황하게 내용을 구성하지 않아야 된다. 개인 역사를 소설처럼 쓰는 자기소개서는 목적을 상실한 자기소개서로서 논리적인 능력이나 분석능력이 떨어지는 사람으로 비춰질 수 있다. 자기 경력이나 경험에 대해서 장황하게 늘어놓는 사람 역시 인사담당자에게 호감을 주기 어렵다.

둘째, 필요한 내용은 포함하되 불필요한 내용은 과감히 버려야 한다. 필요한 내용만 간결하게 작성하고 불필요하다고 생각하는 내용은 과감히 삭제하는 것이 좋다. 우선은 자신의 장점이라고 생각하는 부분, 자신의 경험들을 하나도 빠짐없이 기록한다. 그리고 그러한 내용이 지원하는 분야나 직무에 적합하다고 생각하는 것만을 남겨두는 식으로 수정해 나가는 것이 좋다.

셋째, 초점을 맞춰야 한다. 지원하고자 하는 분야에서 원하는 역량이 무엇인지 예측해 보고 그에 맞도록 자신의 모든 경험, 경력, 가치관을 정리하는 것이 중요하다. 예를 들어, '수출' 분야를 지원하는 사람이라면 수출 분야에서 원하는 역량이 무엇일까 생각해 보아야 한다.

넷째, 자신이 목표달성을 위해 어떤 노력을 기울였는지를 피력해야 한다. 예를 들어 어학능력이 우수한 경우라도 TOEIC 900점, 덜렁 이렇게만 쓰지 말고 그러한 점수를 얻기 위해서 어떠한 노력을 기울였는지를 간략하게 피력하는 것이 좋다. 이 밖에도 주의해야 할 사항으로는 인성부분을 강조하는 것이다. 주요 기업의 인사담당자에 대한 설문결과에 의하면 신입사원 채용에 있어서 능력보다도 인성을 더 중요한 요소로 평가한다고 한다.

- 지원하는 회사정보를 찾아라 : 회사의 성격에 맞는 자기소개서를 작성해야 한다. 회사에 대한 정보를 자기소개서를 작성할 때 활용하면 효과적이다.
- 자신을 명확하게 소개해라 : 자신이 강조하고 싶은 부분을 중점적으로 언급하며, 개

인을 이해하는데 기본적인 최소한의 정보는 반드시 기재한다.

- **강조할 부분을 찾아라** : 표현함에 있어 헤드라인이나 하이라이트를 활용하며, 중요한 부분은 굵게 표시하거나 글자에 색을 입혀 눈에 띄게 한다. 또한 인사담당자의 첫 시선을 유혹하는 소제목을 달도록 한다. 소제목을 잘 달기 위해서는 평소 책이나 영화 등을 볼 때, 좋은 문구들을 메모해 두면 작성 시 잘 활용할 수 있다.

- **간결한 문장을 사용하라** : 수식어가 많은 문장보다는 간결하고 읽기 쉬운 문장이 좋다.

- **솔직하게 기재하라** : 과장되거나 허황된 내용을 사용하기보다는 솔직하게 자신을 소개해야 한다.

- **지원회사 분위기를 파악하라** : 해당기업의 홈페이지와 보도자료 등을 섭렵하여 기업 문화를 파악하고, 그것에 적합한 글을 작성한다.

- **첫 문장을 강하게 어필하라** : 한 줄의 카피로 자신에 대해 가장 잘 표현할 수 있는 문장을 만들어야 한다. 인상적인 문장으로 인사담당자의 시선을 잡아야한다.

- **구인회사가 원하는 사람을 표현하라** : 자신이 하고 싶은 말을 나열하는 것이 아니라 회사에서 원하는 인재로 자신이 준비되어 있음을 보여주어야 한다.

- **공을 들여서 작성하라** : 좋은 샘플을 베껴서 작성하지 마라. 스스로 만들어 보겠다는 의지를 가지고 충분한 시간을 가지고 작성하려는 의지가 가장 중요하다.

- **구체적인 예시와 함께 적어라** : 자신이 리더십을 가지고 있다면, 그것을 설명할 수 있는 사건에 대해서 기록해야 인사담당자가 수긍할 수 있을 것이다.

- **지원회사를 위해서 만들어라** : 동일한 자기소개서를 몇가지 항목만 수정해서 여러 회사에 발송하는 방법은 좋지 않다. 지원회사에 맞는 맞춤형 자기소개서를 수시로 다시 작성할 필요가 있다.

- **지원직무를 분석하라** : 앞으로 자신이 담당하게 될 업무에 대해서 많은 정보와 지식을 가지고 있다는 것을 보여주는 것이 중요하다.

- **추상적이고 불명확한 문구를 버려라** : 자신이 보기에 멋진 문구라고 생각할 수 있지만, 인사담당자의 눈에는 뜬구름 잡는 얘기를 하는 것처럼 보일 수 있다는 사실을 기억하라. 구체적인 사건을 넣어 그 상황을 어떻게 극복하였는지, 극복과정을 함께

넣어주고, 그 결과를 수치적으로 표현하면 더욱 좋다.

- 수십 번 읽어 보고 고쳐라 : 작성 후 오타가 나지 않도록, 꼼꼼히 체크한다. 인터넷 용어나 이모티콘을 사용하지 않도록 하며, 여러 번의 수정을 통해서 보다 좋은 자기소개서를 작성하려는 노력을 해야 한다.

- 다른 사람에게 읽게 하라 : 인사 관련 실무자, 선배, 친구 등에게 자기소개서를 미리 보여 주어 읽어 본 소감이나 바로 잡아야 할 사항에 대해서 들어 보고, 다시 한 번 수정작업을 해야 한다.

- 인터넷에서 다운 받거나, 복사, 붙여넣기를 하지 않도록 하라 : 잘 작성된 자기소개서를 참고는 하되, 내 것인 양 사용하여 인사담당자를 실망시키지 않도록 한다.

2 자기소개서 작성 요령

차별화된 자기소개서를 작성하기 위해서는 각각의 항목에 대해 어떤 내용을 어떻게 구성해야 할 것인가에 대해 많은 생각을 한 후에 작성해야 할 것이다. 자기소개서 작성을 할 때에는 위에서 제시한 주의사항을 읽어본 후 회사의 인사담당자 입장에서 회사에서 요구하는 인재가 어떤 사람인가를 면밀히 검토한 후 적어나가야 한다.

자기소개서 작성의 순서와 과정은 지원분야 및 직무에서 필요한 자질을 파악하여 각 항목마다 핵심 키워드를 파악하고, 문장의 주요 골격을 구성한 후 이력서에 기재한 경력 및 경험, 사회활동, 봉사활동, 동아리 활동, 해외연수 등을 체험하면서 익히게 된 에피소드를 구성하여, 이들 에피소드를 통해 무엇을 느꼈고, 전문인으로서 자신의 성장에 어떤 영향을 미쳤으며, 입사 후 새 직장에 어떤 이익을 가져다 줄 것인가를 설명한다.

핵심키워드 작성 ▶ 문장골격 구성 ▶ 이력서를 기반으로 한 에피소드 작성 ▶

자신의 성장에 미칭 영향 ▶ 입사 후 직장에 도움되는 내용

자 기 소 개 서

| 지원구분 | | 지원부문 | | 지원자 | |

성장 배경	
성격의 장단점	
학교 생활 / 기타 활동	
지원 동기	
입사후 포부	

상기와 같이 제출하오며 일체 허위 사실이 없음을 확인합니다.

년   월   일

지원자: (인)

1) 성장과정

(1) 작성 요령

성장과정은 자기 인생의 기초가 되는 가정환경, 부모님의 교육철학, 가훈, 인생관, 역경 등을 딛고 일어선 의지 등을 기술한다.

어릴 때부터의 성장과정을 기술해 나가는 것이 좋다. 소년기나 중·고교시절 그리고 대학시절(남자의 경우라면 군대생활까지)을 통해 있었던 독특한 체험이나 에피소드를 개성 있게 나타내기도 한다. 이때 가급적 일반적이거나 평범한 이야기보다는 자신의 뚜렷한 개성이나 장점 또는 강한 의지를 내보일 수 있는 내용들을 언급하는 것이 좋다. 이를테면, 남들이 관심을 기울이지 않던 새로운 학문분야에 대한 흥미나 관심, 그리고 그것을 선택한 결단이라든가, 가정형편이 어려워 부모나 형제들을 돌보면서 어렵게 공부해 온 경험이라든가, 설득력 있는 이야기로 읽는 사람의 공감을 불러일으킬 수 있는 내용들이면 좋다.

가족에 대한 강한 애정과 화목을 강조하면 좋다. 회사에 입사해서 그와 같은 행실은 조화와 화합에 동참할 수 있는 여지가 있는 인재로 판단되기 때문이다. 성장과정이라고 해서 꼭 가족이나 부모님과 연관시키려는 습관, 익숙해져버린 매너리즘에서 벗어나 경험을 토대로 일화 형식으로 기술한다. 자기인생 전체에 큰 영향을 준 사건을 중심으로 하되, 감명 깊게 읽은 책, 주변이나 유명인 중 자신의 인생에 크게 영향을 미친 인물에 대해 현재와 미래를 관련지어 작성하는 것이 포인트가 될 것이다. 성장과정이나 가치관은 그 사람의 특징을 가장 잘 나타낸다는 점을 고려할 때, 자신의 평소 가지고 있는 습관이나 생각 등을 중심으로 가치관이 잘 나타나게끔 작성해야 한다. 성장과정을 쓸 때에는 부모님의 교육사항 외에도 직업 선택에 영향을 받은 일이나 인물소개, 형제애와 가족 간의 화목한 이야기, 개인의 인성형성에 결정적 영향을 미친 에피소드를 넣어도 무방하다.

평상적인 어투로 시작하지 말아야 하며 자신만이 느끼는 감정이 들어 있어야 한다. 가령 "음악에 소질이 있어 부모님의 만류에도 계속 음악을 해서..." 라든가, "공부를 계속하고 싶었는데 집안형편이 어려워 집안을 돕기 위해 직업전선에..." 등등 성장과정에서 느꼈던, 즉 상대방에게 공감을 줄 수 있는 자신만의 의견, 감정이 구체적으로 제시되어야 한다.

- 주된 내용 : 좌우명, 가치관, 가훈, 부모님의 교훈들 중에서 하나 선택하여 작성 → 구체적인 사례와 경험, 에피소드 등을 작성 → 느낀 점 → 장래 사회에서의 삶의 방식 서술
- 주의할 점 : 구태의연한 표현을 쓰지 말 것.
  - '저는 OO년도에 태어나 OO에서 O남 O녀 중 둘째로 태어났다.', ' 저는 부유하게 태어나', '저는 가난하게 태어나' 등

다음 자기소개서의 예문들은 모두 학생들이 작성한 글이다. 비록 아직 많이 부족하기는 하지만 학생들이 자신의 위치에서 여러 자기소개서 예문을 읽고 판단하여 본인의 자기소개서를 작성하는 데는 큰 도움이 될 것으로 생각된다. 이력서나 자기소개서는 많이 고민하고 작성한 후 수정에 수정을 거듭해 나가야 할 것이다.

(2) 작성의 예

> **예** | 바다는 가장 낮게 있기에 가장 넓을 수 있다.

인간관계가 인생을 좌우한다고 아버지께서 언제나 강조하셨습니다. 바다 같은 사람은 겸손하게 상대방의 입장에서 배려하고, 협력하여 자기 주변을 살기 좋은 곳으로 만듭니다. 바다 같은 사람이 되기 위해 제가 속한 곳에서 무슨 일을 할 수 있을까 항상 생각하게 되었습니다. ○○○과목에서 ○○기획팀 과제가 주어졌는데 조원들이 의욕을 보이지 않았습니다. 따라서 제가 먼저 자료를 찾아 정리했고 기획초안을 작성해 조원들의 의견을 물었습니다. 조원들과 제 의견을 보완하면서 각 지역의 대학생 자원봉사자와 기업 이벤트를 결부시킨 지역관광 NGO를 기획하게 되었고, 가장 높은 점수와 교수님의 칭찬을 받았습니다. 서로 미루지 말고 '제가 하겠습니다'하고 다가가 주면 상대방의 협력으로 돌아와 좋은 결과를 낳는 것입니다. 겸손한 자세를 통해 선입견 없이 상대방을 이해할 수 있기 때문에 정신없이 변화하는 경영환경 속에서도 직원을 향한 관리자가 될 것 입니다.다양한 역할 맡았습니다.

> **예** | 꿈을 꿔라, 도전하라, 뭐든지 하고자 하면 할 수 있다

'꿈꾸는 다락방'이라는 책을 읽으며 '대학생활을 알차게 제대로 즐겨보자'라는 하나의 꿈을 가지게 되었습니다. 이를 토대로 학과의 '소(小)세(世)지(智)'라는 심리·사회극 소모임에서 한 일원으로써 3년간

그 중 배우역할을 맡았을 때입니다. 갑자기 맡게 된 역할로 인해, 캐릭터 특징도 없고, 특유의 억양으로 발성도 잘 안된 상태였기 때문에 연출 담당한 선배에게 혼이 난 적이 있습니다. 그래도 포기하지 않고 캐릭터의 특성을 갖기 위해 선배들을 쫓아다니며 조언을 구하였고, 입에 펜을 물어가면서 연습하고 또 연습하였습니다. 그 결과 정기공연 당시 관객들에게 확실하게 캐릭터를 어필할 수 있었고, 무대가 끝난 뒤에 극에 대해 환호를 받았습니다. '나도 하면 할 수 있다'라는 것과 언제든지 적응을 잘 하기 위해서는 준비하는 사람이 되어야한다고 느꼈습니다. 또한 어느 조직에서도 각자의 역할이 있고, 맡은 일을 원활히 잘 수행하면 조직이 점점 발전한다는 교훈을 얻었습니다. 이를 통해 항상 꿈을 간직하고, 선택하여 이뤄질 수 있도록 도전하는 사람이 되었습니다. 저에게 입사할 기회가 주어지면 맡은 일에 대해 최선을 다하여 회사가 발전하는데 미력하나마 도움이 되는 사람이 되도록 최선을 다하겠습니다.

예 | 모든 일에 후회 없이 최선을 다해라.

어렸을 때, 게을렀던 저는 일이 닥쳐야 행동에 옮겼습니다. 그렇지만 저의 성격이 꼼꼼했던 탓에 대충하진 않았습니다. 성적도 우수했고 학교대표로 육상 대회에 나가기도 했습니다. 하지만 그럴 때마다 주변에서 나중에 후회하지 말고 미리 공부하라고 하였지만 철이 없던 저의 귀에는 들어오지 않았습니다. 그러다 고3 말에 수시원서를 작성하면서 가고 싶었던 대학에 가지 못했을 때 부모님께 너무 죄송하고 후회가 가득 했습니다.

하지만 부모님께서는 제게 질책보다 '주어진 환경에 최선을 다하라.'라고 위로해 주셨고, 그 말에 힘입어 학생회의 업무를 하며 많은 선·후배·동기들과 친해졌으며, 학업에 있어서도 장학금을 타는 등 후회 없이 대학생활과 학업 모두에 최선을 다 했다고 생각합니다.

또 저는 대학생활을 하면서 작은 조직이지만 학생회의 국장을 맡았습니다. 물론 제가 같이 일하게 될 인원을 직접 면접을 통해 뽑기도 했습니다. 하지만 그 인원들이 한 명의 이탈로 끝까지 가지는 못 했습니다. 제가 잘 관리하지 못한 잘못도 있겠지만, 이를 통해 인원을 뽑고 관리하는 일이 얼마나 중요한 일인지 알게 되었습니다. 이 한 번의 실패를 거울삼아 귀사에 입사하여 또 하나의 성장 과정을 채워나가고 싶습니다.

어려서부터 체력이 약해 친구들과 잘 어울리지 못하고 혼자 지내는 날이 많아져 어머니께서는 저의 손을 붙잡고 동내 태권도장을 데리고 가셨습니다. 처음에는 힘들고 배우기 싫었지만 한달 두달 지나면서 달라지는 제 모습을 느끼게 되었습니다. 체력뿐만 아니라 어떤 일이든 할 수 있다는 자신감이 생겨나기 시작하였고, 친구들에게 먼저 다가서서 어울릴 수 있는 적극적인 모습으로 변해갔습니다. 그러다 보니 어느덧 제 주변에는 친구들도 많아지기 시작하였습니다. 특히 태권도를 배우는 것을 알고 있는 친구들로부터 어려운 일(학급 왕따 등)이 생기면 저에게 논의하고 해결을 부탁하는 일도 많았고 저는 그때마다 원만한 해결을 위하여 노력하였습니다. 그 결과 친구들 사이에서 인기도 많아졌으며 학교 선생님께서도 이런 저의 모습을 보시며 선도부 활동을 권해주셔서 선도부 활동도 하게 되었습니다. 자신감과 존재감 없이 보낼 수 있었던 학창 시절에 태권도는 그 모든 것을 바꿀 수 있던 계기가 되었고 특히 그때 생긴 자신감은 지금까지 지내면서 저의 가장 큰 자산이 되었습니다.

실습 1 | 자기소개서 항목의 성장과정에 대해 작성해 보자 (600자 내외).

【성장과정】 제목:

---

2) 성격의 장·단점

(1) 작성 요령

성격의 장점을 부각시키는 자기소개서는 매우 흔하다. 눈에 띄는 자기소개서를 작성하려면 단점을 장점으로 만드는 형식의 논리적인 표현이 필요하다.

자신의 성격을 장·단점으로 구분해서 분명하게 얘기하기는 어렵다. 그러기 위해서는 무엇보다 자기 자신을 잘 알고 있어야 하기 때문이다. 성격의 장·단점을 작성할 때 가장 중요한 점은 자신의 여러 가지 장·단점 중에 직무에 가장 적합한 장·단점을 작성해야 한다. 즉, 직무 적합도와 직무 중심으로 맞추어 작성해야 한다. 장점은 크게 2가지 정도로만 집약하여 작성하는 것이 좋다. 많은 장점을 나열하다 보면 실제 큰 장점들이 부각되지 못하는 경우가 있으므로 가장 큰 장점을 중심으로 축약하고 강조할 수 있도록 작성하는 것이 좋다.

또한 직무와 관련하여 치명적인 단점을 기술하지 않도록 유의해야 하며, 그것의 개선을 위한 노력의 의지도 보여줄 수 있어야 한다. 자신의 좋은 점이나 특기사항은 자신 있게 밝혀주고, 아울러 단점에 대한 언급과 함께 그것을 고쳐나가기 위한 노력 등도 이야기하는 것이 좋다. 이러한 태도는 자신의 개성과 함께 강렬한 인상을 심어줄 수 있기 때문이다. 자신의 장점이나 특기를 언급할 때는 외국어능력이나 리더십 또는 업무 수행 상 도움이 될 수 있는 능력 등을 자신의 체험과 함께 언급하는 것이 좋다. 이것은 면접 시에도 질문 빈도수가 높으므로, 평소에 나름대로 이에 대한 분석을 철저히 해 두는 것이 좋다.

- 성격의 장점과 장점 사례 작성 ▶ 성격의 단점과 극복 노력
- 단점은 작성하지 않는 것도 한 방법
- 장점만 적거나 단점의 극복 노력을 작성한 후에는 장래 사회에서의 이바지할 것 기록

---

(2) 작성의 예

> **예 | 적극적인 서비스 마인드**
>
> '감사합니다~!' 대학 4년 동안 가장 많이 했던 말입니다. 일을 시작하기 전, 다른 사람과 함께 일할 생각을 하니 긴장되고 떨렸습니다. 전화로 일을 하다 보니 오히려 직원들을 만날 기회가 적은 것을 알고 안심한 적도 있었습니다. 하지만 타 부서 직원들과 서먹함에 제 성격을 극복하기로 결심했습니다. 어색하더라도 만날 기회가 있을 때마다 먼저 인사드리며 간식도 먹었습니다. 2년 넘게 항상 웃으며 인사하고 전화를 받으면서 다양한 사람들을 만나 어떠한 소임을 주더라도 의연하게 대처할 수 있게 되었고 타인을 이해하게 되었습니다. 그리고 저희 과 과장님, 주임님, 타 과 과장님에게 칭찬받는 근로학생이 되었습니다. 단순히 '전화만 받았던 경험'이 아니라 할 수 있는 일부터 성실히 해나가 결국 '적극성과 자신감은 나를 빛낸다는 사실'을 찾을 수 있었습니다. 커뮤니케이션 능력과 미소라는 무기를 가지고 선임 및 동료 직원들의 사랑과 직무 역량에 맞게 일하는 사람이 되겠습니다.

저는 어릴 때부터 책 읽기를 좋아했습니다. 학생인 저에게 있어 경험하기 어려운 것도 책을 통해서 쉽게 만날 수 있고 체험하지 못하는 것들을 경험하고 인생의 여러 단면을 알게 해주었기 때문에 어린 나이임에도 어른스러웠으며 성장하면서 친구들과 달리 인생에 대해 생각하기 시작하면서 어떠한 삶이 의미 있는가를 고민하는 습관을 지니게 되었습니다. 이런 고민을 통해 사물, 현상에 대해 다각적으로 고민하는 습관 덕분에 주위 현상을 한 발짝 물러나서 관찰하는 훈련과 비판적 사고의 밑거름이 되었습니다.

무엇보다 저는 거짓말을 싫어합니다. 그래서 행동보다는 말이 앞서는 것을 싫어해 이를 항상 염두에 두고 철저한 시간 관리로 매 순간 최선을 다하는 삶을 살기 위해 노력하고 내뱉은 말에 책임을 져야 하기 때문에 제 자신이나 남에 대해 함부로 말을 하지 않는 습관이 있습니다. 거짓말을 못하는 성격 탓에 사교적인 말을 못한다는 단점이 있지만 제 자신이 저의 이런 단점을 잘 알고 있기 때문에 모든 상황이나 사람들을 좋게 긍정적으로 바라보기 위해 노력을 하는 편입니다. 저는 이와 같은 정직함을 무기로 입사하게 되면 회사내의 모든 분들로부터 믿음과 사랑을 받아 사무실 분위기를 한층 밝게 할 것입니다.

여러 가지에 관심이 많아 다양한 분야를 알아가는 것을 좋아합니다. 대학에서 사회복지를 전공하다가 행정 쪽으로 관심이 생겨 2학년 때부터 차근차근 관련과목을 알아보는 등 준비를 하여 복수전공으로 선택하였습니다. 행정학은 다양한 학문의 응용과목이어서 다양한 분야를 배울 수 있었기 때문입니다. 행정학 세미나에도 다른 학과 임에도 설명회에 참석하면서 행정에 대해 배웠습니다. 그와 함께 사회복지와도 연관하여 좀 더 큰 틀에서 생각을 할 수 있게 되었습니다. 이 외에도 경영이나 경제처럼 다른 학문이라든가 컴퓨터 등 취미분야에도 관심이 많아 현재 버킷리스트를 작성하여 하나하나 실천해보고 있습니다.

고등학교 때 수학여행 프로그램 중 태백산을 등반하는 시간이 있었습니다. 몇 명은 등반하기 싫어 일부러 열외로 빠졌지만, 친구들과 함께 등산을 시작했습니다. 정상으로 다가갈수록 길이 가파르고 험해서 내딛기가 버거워지기 시작했습니다. '그냥 나도 열외로 빠질 걸'이라는 생각이 들기 시작했습니다. 점점 다리가 후들거리고 숨이 차올랐지만, 좀 쉬었다가 가는 한이 있어도 정상은 꼭 가보자고 마음을 먹었습니다. 그렇게 몇 시간을 가다와 쉬다가를 반복하다 결국 정상에 도착할 수 있었습니다. 산의 정상에서 아래를 내려 볼 때의 그 풍경은 가슴이 트이는 기분을 받았습니다. 이때의 경험으로 정책에 대해 공부하자는 목표를 세우고 있으며 정책분석평가를 공부하고 있습니다.

제가 생각하는 단점, 한꺼번에 여러 가지 일들을 벌여놓는 것입니다. 하고 싶은 공부(작문, 영어 등)를 방학 동안에 하고자 하다가 결국 하나도 제대로 못하지 못한 채 방학을 보냈던 적이 있었습니다. 그래서 이를 반성하여 항상 어떤 일을 하던지 먼저 우선순위를 파악해보고, 목표를 이룬 뒤 하나씩 이뤄나가기로 하였습니다. 또한 한 달간의 일일계획표를 세워 실천하였고, 시간 관리를 하기 위해 타임테이블도 작성하고 있습니다.

예 │ 신뢰와 책임감으로 무장한 인재

성격상 가장 큰 장점은 어떤 일을 해도 믿을 수 있는 신뢰를 주고받는 사람이며 책임감 있는 인재라는 점입니다. 단적인 예로 친구 관계에서 가장 애매한 일인 돈에 대해서 친구들은 저를 믿고 돈을 빌리기도 하고 저 또한 친구들을 믿고 돈을 빌려주기도 합니다. 이러한 모습을 지켜보는 가족이나 주위 사람들은 친구에게 너무 큰돈을 빌려주는 게 아니냐며 걱정을 하곤 하지만 저는 친구를 믿기 때문에 빌려줄 수 있으며, 친구 또한 저의 믿음을 배신하지 않을 것이라 생각하기 때문에 기꺼이 빌려 줄 수 있었습니다. 또 이런 저를 믿어주는 친구들의 모습에서 저는 책임감을 가지고 행동하게 되었고 그 결과 친구들 사이에서 믿음직한 사람으로 통하게 되었습니다. 이러한 모습은 친구사이에서만 가능한 일이란 것이 아니라 ○○사의 영업에서도 신뢰와 책임감을 바탕으로 모든 일을 착실히 해나갈 수 있다는 것을 증명해 보이겠습니다.

반면 제 성격의 단점은 사소한 일들을 쉽게 잊어버린다는 것입니다. 하지만 요즘은 스마트폰의 메모 기능을 활용하여 잊어버리기 쉬운 내용들을 적어두어 틈틈이 메모를 확인하며 문제가 생기기전에 일을 처리하고 있습니다.

실습 2 │ 자기소개서 항목의 성격의 장·단점을 적어 보자(600자 내외).

【성격의 장단점】 제목 :

3) 학교생활 및 경력사항

(1) 작성 요령

학교생활 및 경력사항은 동아리 활동, 교내·외 활동사항, 지원하는 직무와 관련된 아르바이트, 인턴십, 수상경력 등을 중심으로 작성하되, 자신의 장점이나 강점이 잘 나타나도록 작성해야 한다. 자신의 활동사항을 구체적으로 기술하되, 그 결과뿐만 아니라 과정에 대해서도 함께 기술하여 느낀 점이나 교훈들도 함께 넣어주는 것이 좋다. 이 활동 사항들이 입사하였을 때, 어떻게 활용될 수 있을 것인지에 대해서도 함께 기술해 준다면 더 좋을 것이다.

- 대학생활은 관심 있는 분야에 쏟았던 열정 등 표현
- 기타활동은 핵심 경력사항을 작성하고 구체적인 직무내용을 적되, 이로 인한 성과와 배운 점을 기입

---

(2) 작성의 예

예 │ 신뢰의 중요성을 깨달았던 시기

저는 대학수업의 특성상 자신이 원하는 과목을 선택해서 들을 수 있는 점을 활용하여 교양수업 중 제가 좋아하는 영어수업을 많이 수강하였고 복수전공으로 영어영문학을 전공하였습니다. 원어민 강의를 듣기도 했는데 한 외국인 교수님에게 신뢰를 받아서 교수님의 요청으로 본국에 가신 일주일동안 교수님댁의 화분 관리를 했습니다. 빈 집에 가서 화분에 물을 주는 단순한 일이었는데 꽤 큰 수고비를 받아서 이것이 말로만 듣던 외국인 학생들이 일하고 팁을 받는 외국문화라는 것을 배웠습니다. 또한 교수님이 저에게 집을 맡긴다는 점은 저를 전적으로 믿어주셨기에 가능한 일이라 감사했고 이 것이 인간 간의 신뢰라는 것을 깨달았습니다. 어디서든 남에게 신뢰를 받는다는 것이 매우 중요한데 이 일을 통해 스스로에게도 뿌듯함을 느꼈습니다. 또, 이를 바탕으로 외국인교환학생이 홈스테이를 하는 프로그램과 외국인교환학생을 대상으로 한국어수업을 가르치는 봉사활동프로그램에 참여하여 제가 할 수 있는 분야를 통해 적극적으로 자기개발에 힘썼습니다. 저는 입사하게 되면 내 자신이 체득한 신뢰감을 십분 활용하여 누가 보던 보지 않던 간에 제가 할 일을 묵묵히 해 나가고 선배들과 동료로부터 믿음직한 사람으로 소문나도록 하겠습니다.

아르바이트를 하면서 빠른 적응능력을 키웠습니다. 쉬지 않고 전화가 오는데 원하는 부서를 정확하게 찾아 연결해 드리기가 처음엔 쉽지 않았습니다. 첫날 저녁에는 직원 분에게 '처음 일해요?'라는 말을 듣고 집에 와서 어떻게 헤쳐 나갈까 고민하였습니다. 그때부터 모든 전화를 받을 때마다 집중해서 기억하고 빠르게 연결해 드릴 수 있도록 전화번호부를 외웠습니다. 그리고 원어민교수님께서는 편하게 전화 받으실 수 있도록 영어 전화 매뉴얼을 만들고 메모해 가면서 일 해온 결과 1달 뒤에는 '조교님'이라는 호칭으로 불리기 시작했고 이후 보름 뒤에는 어느새 '선생님'으로 불리는 전혀 다른 모습이 되었습니다. 아르바이트를 시작하고 스스로 학비를 해결했지만 일을 하면서 함께 성적을 관리하기란 쉽지 않았습니다. 따라서 틈틈이 공부하고 지하철에서 복습한 결과 성적우수장학금도 받았습니다. 직무에 대한 강한 애착과 집중력은 저만의 차별화된 효율적인 요소로서 이제 새로운 직무를 위해 출발할 준비가 되었습니다.

교내 학술정보관에서 면접을 보고, 열람실에서 근로학생으로 일하면서 종종 불만사항이 들어오게 되었습니다. 특히 이용자들이 찾고자 하는 책이 자리에 없다는 것이 가장 많았습니다. 그래서 어떤 점에서 그러한 문제가 발생했는지 생각해봤습니다. 대체로 크게 두 가지의 이유로 좁혀졌습니다. 이용자가 검색상 서고번호만을 보고 책을 찾는 데, 간혹 신간이 들어와 책의 자리가 뒤로 밀리면서 책 위치가 바뀌어 찾지 못하는 경우와 다른 이용자가 책을 열람을 한 뒤 아무자리에 꽂아 두는 것이라는 것을 알고 조교님께 말씀드렸습니다. 저에게 그 문제를 연구해보라고 하자 저는 이용자에게 검색종이를 통해 서고번호만이 아닌 책을 등록번호로 책을 좀 더 쉽게 찾을 수 있도록 안내하는 것과 서고 옆에 있는 카트마다 좀 더 배치하고 검색대 컴퓨터 마다 '다 본 후, 책은 카트로 :^)'라는 띠지를 붙이는 것이 좋겠다고 건의하였으며 조치가 취해지자 많은 것이 해결됐습니다. 방학 중에는 서고청소를 하는 데, 함께 일하는 학우들과 어떤 부분부터 시작하고 진행할 것인지 의견을 나눈 후, 3주 이상 걸릴 일을 2주여 만에 끝내기도 하였습니다. 이러한 도서관 근로의 경험으로 문제가 발생 시 여러 입장을 생각해보며 해결방안을 찾아야한다는 것과 다함께 협력하면 못할 일이 없다는 교훈을 배웠습니다. 만일 제가 회사에 입사할 기회가 주어지면 문제점이 있을 때는 그 문제를 분석하여 해결책을 찾기 위해 최선을 다해 노력하겠습니다.

예 │ 친절과 배려를 배울 수 있었던 소중한 경험

대학교 2학년을 마치고 군대에 입대하였을 때는 육군에서 전경으로 차출되어 서대문 경찰청 본청 안내실에서 복무를 하게 되었습니다. 그곳에 있으면서 수많은 민원인들을 상대로 업무를 성실히 수행하여, 항상 불만과 불평을 가지고 오신 분들에게 웃으면서 돌아가실 수 있도록 항상 노력하였습니다. 저부터 웃으면서 민원인들을 대하고 사무적으로 대하는 것이 아니라 진심으로 걱정해주고 좋게 처리될 수 있도록 최선을 하여 민원업무에 임했습니다. 이러한 저의 모습은 주변 동료와 부대에서 인정해주기 시작했으며 부대 모범대원으로 선정을 시작으로 꾸준히 민원인들에 대한 배려의 결과로 훗날 5기동단장님의 표창을 받을 수 있었습니다.

복학 후 학교 컴퓨터 실습실 관리를 담당하면서 프로그램 설치, 교수님 프로그램 설치, 수업조정 등을 업무를 진행하였습니다. 그러면서 컴퓨터와 관련하여 학생들과 교수님을 자주 만나게 되면서 그냥 설치나 관리만 해도 될 것을 고장 원인이나 예방책 까지 설명해 주게 되었고, 그러다보니 친절하고 업무처리가 깔끔하다는 칭찬을 많이 듣게 되었습니다. 저도 모르게 누구를 만나든 배려하고 그들의 입장에서 생각하려는 마음을 갖게 되었으며 이러한 점은 그 누구 앞에서도 자신 있게 말할 수 있는 저만의 장점이 되었습니다. 저는 입사 후에도 친절과 배려로 모든 사람들에게 사랑받고 존경받는 사람이 되어 신뢰받는 사람이 될 것입니다.

예 │ 외국어는 문화를 이해하게 한다

제가 살아가면서 가장 크게 얻은 것은 무엇이고 가장 기억에 남는 시간이 언제냐고 묻는다면, 가장 크게 얻은 것은 사람이고 대학이라는 공간에서의 만남이라고 이야기 할 수 있습니다. 대학생활을 통해 읽은 많은 책들은 타인의 생각에 대한 존중과 풍부한 교양을 갖게 했습니다. 복학 후 동아리 연합회 회장을 하면서 다른 사람들이 경험하기 힘든 학내에서의 실무적인 일들과 사업들의 계획, 조직, 판단할 수 있었던 시간들은 제게 있어서 Leadership과 Membership을 고양 시키는데 커다란 도움이 되었습니다.

그리고 중국과 동북아시아에 대한 지적 탐구심으로 국제통상학 전공과목을 많이 듣게 되었고, 복수전공은 하지 않았지만 30학점에 이르는 타 전공과목들을 이수하였습니다. 기숙사 생활을 하면서 알게 된 외국인들과 선교사들과의 정기적인 만남을 통해 미국의 문화에 대한 많은 부분들을 알게 됐습니다. 또한 올해 중국여행을 통해서 본 중국의 문화와 발전적인 모습은 졸업 후 제가 나아가야 할 방향에 대해서 많은 고민을 안겨주었습니다.

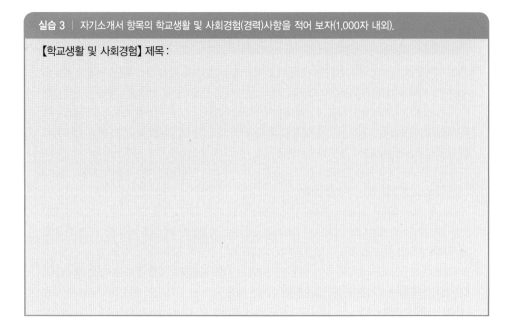

실습 3 | 자기소개서 항목의 학교생활 및 사회경험(경력)사항을 적어 보자(1,000자 내외).

【학교생활 및 사회경험】제목 :

4) 지원 동기

(1) 작성 요령

지원 동기는 취업하고자 하는 기업의 업종, 경영이념, 창업정신 등을 미리 확인하여 그 기업의 업종이나 특성에 맞게 기술한다. 지원 동기는 입사 후 포부와 더불어 인사담당자들이 가장 눈여겨보는 부분이므로 특히 관심을 가지고 적어야 한다.

입사 지원동기를 작성함에 있어서 일반론을 펴는 것보다는 해당 기업과 직접 연관이 있는 내용을 함께 언급하는 것이 좋다. 즉 해당기업의 업종이나 특성 등과 자기의 전공 또는 희망 등을 연관시켜 입사 지원 동기를 언급하도록 한다. 이를 위해서는 평소에 신문이나 해당기업에 대해 어느 정도 연구를 해 두는 것이 바람직하다. 동기가 확실치 않으면 성취의욕도 부족해 결국 좋은 결과를 기대할 수 없다. 이러한 이유 때문에 뚜렷한 지원 동기를 밝혀, 입사 후에도 매사에 의욕적으로 일에 임하게 될 것이라는 인상을 심어줄 필요가 있다

지원 동기는 어떤 목적으로 회사에 지원하는지 그 목적을 작성한다. 또한 지원하는 회사에 대한 동기 유발의 계기나 사건에 대해 작성하면 도움이 된다. 지원 동기는 다음

과 같이 크게 3가지 정도의 소재를 바탕으로 작성 할 수 있다. 첫째, 직업적 자아실현에 도움이 되는 회사의 비전에 대한 공감. 둘째, 회사의 경영과 실적에 대한 정보를 바탕으로 한 관심도. 셋째, 자신이 고객입장에서 경험한 회사의 이미지를 통한 접근 또는 지원할 기업문화와 서비스 정신을 직접 경험한 것을 소재로 활용하는 것이 좋다.

- 지원 동기는 지원 회사가 바뀔 때마다 지원할 회사에 걸맞게 작성할 것
- 지원자의 그동안의 관심 분야, 관련 경험과 지원 회사와의 연계가 이루어지도록 작성

(2) 작성의 예

예 │ ○○○에서 승리하겠습니다.

평소 마케팅 분야와 의약전문 영업인(Medical Representative)에 대하여 관심이 있던 와중에 각종 정보 및 자료를 폭넓게 확보하고 철저한 분석을 통해 고객에게 최상의 정보와 제품을 공급하는 ○○○을 주목하게 되었습니다. 다년간의 풍부한 경험과 지식을 갖춘 인적자원을 바탕으로 고객들을 상대하는 모습과 Contract Commercializing의 개념을 국내 최초로 도입하여 운영해나가는 것에 매력을 느껴 ○○○에서 최고의 상품으로 고객님들을 응대하고 싶습니다. 고객님들과 이익을 공유하며 더불어 성장해나가겠습니다.

예 │ 운동할래요?

'우리 동네 예체능'이라는 예능프로그램을 보면 많은 공감이 갑니다. 운동을 안 하던 사람들은 운동을 힘들게 생각하지만 할수록 개운한 맛이 있는 것이 운동입니다. 평소 눈여겨 보았던 국민체육진흥공단 4개의 전략 방향 중 '국민 눈높이의 경영실천'도 이에 부합합니다. 정보사회로 인한 개인주의 속에서 더욱 강조되는 국민체육이란 당사자들이 몸을 움직이며 서로 협력하는 스포츠 정신을 잃지 않는 것에 의의를 두고 참여를 이끌 수 있어야 합니다. 10월에 있었던 경영지원 직무교육을 받으면서 더욱더 이러한 사업을 이끌 인재를 만드는 국민체육공단 인재경영팀에 함께하고 싶다고 느꼈습니다. 우선순위를 설정하고, 메모하고, 순간순간의 판단력을 기르며 일했던 경험과 행정학도로서 다진 조직 구성원을 위해 헌신하는 정신으로 합리적인 승진과 보상을 통한 인력개발에 힘쓰겠습니다.

부모님과 함께 살고 있어서 보험이나 각종 세금에 대해 무관심 했습니다. 점점 사회 초년생으로써의 준비를 하다 보니 알아둘 필요성을 느끼게 되었습니다. 국민연금은 부모님께서 가입하신 보험 중 하나이며, 후에 사회생활을 하면서 가입하는 보험 중 하나였기 때문에 중요하다는 생각에 관심을 갖게 되었습니다. 국민연금은 우리나라 대표 사회보험 중 하나이며, 국민들의 노후에 대한 미래를 보여주고 있습니다. 또한 국민연금은 NPS(Nice Partner for a Successful life) 경영철학과 연금과 복지서비스로 국민의 행복한 삶에 공헌한다는 미션은 평소 저의 '도움을 받기보다는 도움을 줄 수 있고 곁에 함께 있을 수 있는 사람이 되자'라는 저의 소신과 같으며, 또한 저의 꿈을 이룰 수 있다는 확신을 갖게 하였습니다.

저는 국민연금에서 기초연금파트의 한 일원이 되자는 꿈을 이루기 위해 정책분석능력과 자질을 함양하여 왔습니다. 따라서 이 회사에서 지원업무를 수행하며 회사와 저의 발전에 충분히 기여할 준비가 되어있다고 확신합니다.

인상 깊게 읽은 책 중에 『창조적 계급』이란 책이 있습니다. 앞으로 떠오르는 직업군과 기업의 유형에 대해 설명한 책으로 앞으로 지속적인 성장이 가능한 기업은 연구조직이 활성화 되고 창조적인 업무를 많이 할 수 있는 바이오, 항공우주, IT 등의 분야에 속한 기업이었습니다. 저는 ○○회사가 이러한 부류에 속하는 지속 성장이 가능한 기업이라 판단하였으며, 기업의 지속적인 성장에 필수불가결의 요소인 매출과 매출성장의 최전선이라고 판단되는 영업직에서 저의 발전 가능성과 역량을 펼쳐보고 싶었기에 문을 두드리기에 이르렀습니다.

금융업이란 진취적인 사고를 가진 서비스 정신이 투철한 사람에게 적당하다고 생각합니다. 또한 금융업은 날로 번창하여 점점 그 가치가 급부상하고 있다고 생각합니다. 그리고 제가 특히 귀사에 지원한 까닭은 '능력 위주 및 인간 중시의 인사관리, 미래지향적 인사'와 같은 인사조직 방침과 직원들의 복리후생이 타사와 비교하여 특별하다고 여겼기 때문입니다.

무엇보다도 직원들을 대상으로 한 교육연수의 특전이 가장 매력적이었습니다. 직원들의 자아발전에 투자하는 귀사에서 저와 귀사를 위해 제 능력을 발휘해 보겠습니다.

【지원동기】제목 :

5) 입사 후 포부

(1) 작성 요령

입사 후 포부는 자기가 선택한 업종에 대한 목표 성취나 개발을 위해 가지고 있는 계획을 상세히 기술한다. 자신의 장래희망을 막연하게 '열심히' 또는 '꾸준히' 등의 표현보다는 가급적이면 지원한 회사에 입사를 했다는 가정 하에서 기술하면 보다 더 회사와의 유대감이 형성될 것이다. 이럴 경우 장래희망은 대학의 전공과 입사지원동기 등과 함께 일관성을 유지하여야 하며, 입사 후의 목표와 자기개발을 위해 어떠한 계획이나 각오로 일에 임할 것인지를 구체적으로 적는 것이 좋다.

기업은 이윤을 추구하기 때문에 인재로서 최선을 다해 임할 것을 강하게 어필해야 한다. 회사를 위해 반드시 필요한 존재가 될 것을 어필해야 하며, 어떤 분야에 임할 생각인지 구체적이며 짜임새 있는 서술이 필요하다. 그리고 그 목표를 향한 자신의 감정을 자신감 넘치는 문장으로 마무리하면 입사 후 포부는 남다른 약속과 설득으로 마무리 된다.

- 입사하고자 하는 회사에서 1년, 3년, 5년, 10년 이상 동안 자신이 하고자 하는 계획을 기업의 목표에 적합하도록 작성.
- 입사 후 목표성취와 자기개발을 위한 계획, 각오 등.
- 막연한 회사에 대한 충성심은 금물.
  - '뽑아만 주신다면 최선을 다 하겠다'
- 아주 작지만 정말로 내가 실천할 수 있는 일을 써야 한다.
- 자신의 특기나 성격의 장점을 이용하여 할 수 있는 일을 써도 좋다.
- 작은 실천 약속부터 인생의 최종목표와 비전까지 순서대로 작성하도록 한다.
- 직업적으로 닮고 싶은 사람을 찾아서 그와 비교하여 작성한다.

(2) 작성의 예

예 | 친절한 고객서비스와 자기개발

우체국회사에 국민행복이라는 중책을 담당하여 국민이 어디서나 편리하게 이용할 수 있도록 일조하며 이러한 회사의 우체국지도자로서의 꿈을 이루고 싶어 지원하게 되었고 지금까지 쌓아온 저의 친화적인 역량을 최대로 발휘하여 고객 대민업무를 담당할 때 고객에 대한 친절한 서비스 마인드를 잊지 않으며 사회경험과 전산, 우편금융상식을 공부할 때 배운 전문적인 우편, 금융업무 지식을 바탕으로 회사의 발전에 기여함과 동시에 항상 자기 개발을 하도록 하겠습니다.

우체국 창구에서 영업과의 금융업무 및 우편업무 등을 담당하며 보직을 부여받아 최대 3년 동안 해당 업무를 수행합니다. 그리고 회사의 목표인 수익을 바탕으로 국민이 언제 어디서나 편리하게 이용할 수 있도록 기획을 합니다. 3년 안에 해당업무를 수행하면서 고객을 정중하고 친절하게 맞이하여 최고의 우체국 서비스를 제공하겠습니다. 그리고 내부고객과 외부고객 간의 신뢰할 수 있는 관계를 형성하고 고객의 우편물을 소중히 다루어 고객마당에 칭찬하는 글이 많아지도록 하겠습니다. 5년 안에는 경영지도사 자격증을 취득하여 사회적 책임경영을 강화하고 지역사회 안에서 우체국이 존립할 수 있도록 하겠습니다.

또한 8년 안에 서울지역본부에서 다자녀를 대상으로 방학 때 우체국 체험 등 사회공헌활동을 하여 우체국에 대한 긍정적인 인식을 심어주도록 하고 고객서비스 헌장에 나와 있는 것처럼 고객의 불만이 나올 경우 신속하게 처리하고 잘못 제공된 서비스는 지체 없이 정당하게 재산적 보상을 하겠습니다. 마지막으로 정기적으로 우편금융에 대한 것과 회계를 배움으로써 금융사업을 안정적으로 운영하고 자금운용 효율성을 제고 하도록 노력하여 미래성장 기반을 구축해 모두에게 인정받는 좋은 성과를 내도록 노력하겠습니다. 친절한 고객서비스와 자기개발을 게을리 하지 않으며 선배 직원들의 경험을 공경하여 회사에서 꼭 필요한 인재가 되겠습니다.

예 | self-leader가 되어 회사의 이념에 걸 맞는 인재가 되자

어떤 조직에서 행동하든지 그 사람을 평가하는 기준을 능력발휘를 통한 성과로 판단 할 수 있습니다. 저 또한 어디에서든지 인정받기 위해 노력하고 성실한 모습으로 살아왔습니다. 21세기 글로벌 세대인 저는 저 스스로를 리더하고 통제하며 창조적인 존재로 만들기 위해 self-leader를 지향합니다. 2학년 2학기에 리더십과 커뮤니케이션에 관한 수업을 들으면서 가장 기억나는 단어가 self-leader였습니다. 자신 스스로를 리더하고 통제하는 주체가 된다는 말입니다.

제 신념은 제가 있는 자리를 플러스가 되도록 항상 능동적이며 적극적으로 생활한다는 것입니다. 이러한 신념으로 이 회사의 발전에 기여할 수 있는 작은 일원으로서 항상 배우는 자세로 열심히 노력 할 것입니다. 또한 저의 소질과 능력을 계속해서 개발하고 성장하도록 끊임없는 노력을 할 것입니다. 항상 겸손한 태도로 타인을 먼저 생각하고 부족한 점을 채우기 위하여 열심히 뛰는 사람이 될 것입니다. 발전하는 사회의 이념에 걸맞은 우수한 인력으로 자리매김 할 수 있도록 노력하겠습니다.

예 | 자동차 영업, 중국을 품다

○○자동차 회사에서는 '자동차에서 삶의 동반자로'라는 비전을 통해 고객의 동반자가 되고자 하려합니다. 귀사의 이러한 비전과 저의 좌우명인 '잣대 없이 사람을 남기는 것'을 통해 자동차와 함께 살아가는 모든 이들을 고객이자 동반자로 생각하는 영업인이 되려합니다. 이러한 제 미래의 약속을 통해 회사의 발전에 기여할 수 있는 작은 일원으로서 항상 배우는 자세로 열심히 노력할 것입니다. 최근에 거대한 시장으로 성장한 중국 시장에 대한 관심이 있는데 입사 후 국내 영업을 통해 배운 점과 ○○자동차의 경력개발제도를 이용해 6년 이내에 중국 시장 마케팅부서에서 일하는 것을 꿈꾸는 것도 저의 구체적 목표 중 하나입니다. 사람 냄새나는 영업인으로서 귀사에 그리고 귀사의 고객들에게 남을 기회를 얻고 싶습니다.

예 | 미중에 으뜸은 인간미

'○○코리아'에서 인재를 판단할 때 가장 중요하게 여겨지는 목표가 바로 '커뮤니케이션 아이디어'입니다. 그 목표에 저는 부합된다고 생각합니다. 저는 앞서 쓴 사진동아리에서의 경험으로 커뮤니케이션을 남들보다 잘할 수 있고, 또한 광고회사에서 제일 중요한 '새로움'도 남들과 다른 나만의 사진을 찍으려 고뇌했던 부분이라 남들보다 광고의 특성을 잘 이해하고 있습니다.

그리고 회사에서 태도나 인간미 등 입사 후 기존의 직원들과 융화되는지 또한 창의성만큼 중요합니다. 회사란 전문성보다 인성이 업무성과에 더 많은 영향을 미치기 때문입니다. 제가 ○○코리아에 들어가게 된다면, 적극적인 자세로 기존 직원들에게 인간으로서 존경할 수 있고, 유쾌한 신입사원이 되겠습니다.

3 직무역량 중심 자기소개서

1) 회사별 자기소개서 항목 분석

이력서와 자기소개서를 온라인으로 접수하는 경우에는 자기소개서 질문 양식이 주어지며 ○○○자 내외로 기재하라는 내용이 주어진다. 이 경우의 질문은 상당수가 전술한 내용과 동일하거나 유사하다. 그러나 각 회사는 자기 회사의 필요한 인재를 채용하기 위한 조건을 알아보거나 면접 등을 염두에 두고 질문을 작성하는 경우도 많다. 이 경우는 지금까지 각 회사에서 출제된 각 질문을 유형화하여 대비할 필요가 있다.

역량기반 자기소개서를 작성 할 때는 절대로 '자기소개서 문항'을 문항으로만 여겨서는 안된다. 해당 문항이 평가하고자 하는 역량이 무엇인지를 바로 알고 그 역량에 대한 자신의 경험을 강조해야 한다. 역량기반 자기소개서는 특히, 평가방법이 사전에 결정되어져 있기 때문에 화려한 미사어구로는 적합성 판단을 할 수가 없다. 자기소개서를 평가자료로 활용하는 이유는 역량을 갖춘 지원자, 회사 성과 창출이 가능한 적합한 인재선발에 그 목적이 있다. 그러므로 사전에 기업에서 요구하는 공통역량에 대해 자신의 사례들을 정리하고, 특히 그 역량이 내포하는 세부적인 특성들을 살피는 것이 필요하다.

(1) 성장과정·성격·학창시절을 묻는 자기소개서

- 본인의 약점·강점에 대하여.(LG전자)
- 타인과 함께 일을 할 때 귀하가 지닌 장점과 단점에 대해 상세히 기재하여 주십시오.(현대자동차)
- 성장과정 및 학창시절에 대해서 작성해 주십시오.(GS칼텍스)
- 새로운 환경이나 조직에 들어가서 갈등을 겪었던 경험과 이를 성공적으로 극복했던 사례에 대해서 작성해 주십시오.(GS칼텍스)
- 장점 및 보완점: 지원분야 직무수행과 관련된 본인의 장점과 보완점을 구체적으로 서술하십시오.(KT)
- 자신의 성장과정과 학창시절을 기술하여 주십시오.(효성그룹)

(2) 지원동기·입사 후 포부·직무역량을 묻는 자기소개서

- 본인의 역량에 관하여(Global감각/지원 분야 관련 전문지식.(LG전자)
- SK 입사 후 어떤 일을 하고 싶으며, 이를 위해 본인이 무엇을 어떻게 준비해 왔는지 구체적으로 기술하십시오.(SK텔레콤)
- 본인이 GS칼텍스에 꼭 입사해야 하는 이유와 지원 직무를 위해 했던 노력, 그리고 GS칼텍스에 입사해서 이루고 싶은 목표에 대해 작성해 주십시오.(GS 칼텍스)
- 현대자동차에 지원하게 된 동기 또는 해당직무에 지원하게 된 동기는 무엇입니까?(현대자동차)
- 지원동기 및 입사 후 포부: 해당 내용을 구체적으로 서술하십시오.(KT)
- 지원하는 회사와 분야(직무)에 대한 지원동기를 자유롭게 기술하세요.(두산그룹)
- 지원하게 된 동기와 입사 후 포부에 대하여 기술하여 주십시오.(효성그룹)

(3) 열정·비전을 묻는 자기소개서

- 자신이 가진 열정에 대하여(LG전자)
- 본인의 10년 후 계획에 대하여(LG전자)
- 이제까지 가장 강하게 소속감을 느꼈던 조직은 무엇이었으며, 그 조직의 발전을 위해 헌신적으로 노력했던 것 중 가장 기억에 남는 경험은 무엇입니까? 개인적으로 더 많은 노력을 기울었던 일과 그 해 했던 행동과 생각, 결과에 대해 최대한 구체적으로 작성해 주십시오.(SK텔레콤)

(4) 목표달성 과정 성취감·실패를 묻는 자기소개서

- 본인이 이룬 가장 큰 성취에 대하여.(LG전자)
- 본인의 가장 큰 실패 경험에 대하여.(LG전자)
- 자신에게 주어졌던 일 중 가장 어려웠던 경험은 무엇이었습니까? 그 일을 하게 된 이유와 그때 느꼈던 감정, 진행하면서 가장 어려웠던 점과 그것을 극복하기 위해 했던 행동과 생각, 결과에 대해 최대한 구체적으로 작성해 주십시오.(SK텔레콤)
- 자신에게 요구된 것보다 더 높은 목표를 스스로 세워 시도했던 경험 중 가장 기억에 남는 것은 무엇입니까? 목표달성 과정에서 아쉬웠던 점이나 그때 느꼈던 자신의 한계는 무엇이고, 이를 극복하기 위해 했던 행동과 생각, 결과에 대해 최대한 구체적으로 작성해 주십시오.(SK텔레콤)
- 기존과는 다른 방식을 시도하여 이전에 비해 조금이라도 개선했던 경험 중, 가장 효과적이었던 것은 무엇입니까? 그 방식을 시도했던 이유, 기존 방식과의 차이점, 진행과정에서 했던 행동과 생각, 결과에 대해 최대한 구체적으로 작성해 주십시오.(SK텔레콤)
- 다양한 경험 중 중요하게 생각하는 경험을 한 가지 선택하여 서술하고 그를 통해 이룬 일에 대해 기재하여 주십시오.(현대자동차)
- 지금까지 해오던 방식에서 벗어나 새로운 관점에서 일을 추진했던 경험에 대해서 작성해 주십시오.(GS칼텍스)

2) 역량 중심 자기소개서 작성 준비

위 대기업의 자기소개서 문제 중에는 기존의 자기소개서와 크게 다를 바는 없다. 평상시에 자기소개서 작성에 대해 많은 관심을 가지고 자신의 경험을 정리한 사람이라면 답변하는데 어려운 내용은 아니다. 또한 이와 같은 역량 중심의 자기소개서는 면접문항으로 설정될 가능성이 크다. 그러므로 자신의 경험을 정리하여 자기소개서를 작성하는 것이 좋다.

(1) 주제 관련 경험정리법

위 문제를 유형화하면 다음과 같이 8가지로 분류할 수 있다. 그러므로 이들 8가지에 대해서는 평상시에 준비해야 할 부분이다.

- 창의적이었던 경험
- 리더 경험
- 윤리를 안 지킨 경험
- 실패 경험
- 성취 경험
- 갈등 경험
- 어려웠던 난관
- 조직 경험

위 8가지 경험을 생각한 후에는 각 주제별로 생각나는 대로 기술해 본다. 다음으로 기술된 경험들을 토대로 면접을 준비한다. 면접의 Key Point 5는 계기, 역할, 주변반응, 배운 점, 회사에 적용할 점 등이다.

창의적이었던 경험

- 주요 내용 : 학교 주최 프레젠테이션대회에서 첫 시작 방법에 대해 어려움을 겪던 중 상황극(연극) 아이디어로 프레젠테이션 시작을 하게 되었고, 그 결과 프레젠테이션 시작부터 타인의 시선을 끌었던 경험.
- 역할 : 프레젠테이션의 발표자를 맡았고, PPT제작부터 기획까지 담당했음.
- 계기 : 우승을 위해서는 차별화된 특히, 타인의 관심을 끌 수 있는 방법이 필요하다고 생각하게 되었음.
- 했던 일 : 단순발표가 아닌 리포터와 인터뷰의 역할을 구분, 대화를 주고 받는 식으로 프레젠테이션 첫 시작을 진행함.
- 주변 반응 : 발표를 지루해하지 않고 관심을 가짐. 내용이 더욱 잘 들어왔다고 함. 특히, 프레젠테이션 평가자는 차별화된 시작에 좋은 점수를 부여함.
- 배운 것 : 창의란 갑자기 떠오르는 것이 아닌, 목적 달성을 위해 가장 빠른 길을 찾는 능력임을 깨달았음.
- 회사에 적용할 점 : 업무를 하면서도 항상 같은 일을 반복하는 것이 아닌 가장 효과적인 결과를 창출하기 위해 생각.

Tip 각 경험에 대해 정리한 후, 반드시 '소리 내서' 말로써 얘기해보자.
　　　중요한 것은 머리 속의 생각이 아니라, 스피치로 자신의 경험을 전달하는 능력이다.

(2) 자신의 경험 돌아보기

지금까지 자신이 살아온 인생에 대해서 정리하고 아래 기준에 따라 스스로를 돌아보자.

- 특별한 경험: 자신의 인생 중에서 일상적이지 않고, 기억에 많이 남아있는 경험.
  예) 대학동아리활동, 여행, 봉사활동, 방송 출연 경험, 학교 축제 기획 경험
- 꾸준한 경험: 특별하거나, 독특하지는 않지만 오랜 기간 동안 습관이 된 경험
  예) 정해진 시간에 기상 또는 취침, 독서 습관, 꾸준한 봉사 활동, 꾸준한 취미
- 리더십 경험: 크고 작은 집단에서 '리더'로서 활동했던 경험들
- 변화 경험: 기존의 생활 패턴에서 벗어나거나, 목표를 수정해서 새로운 길을 가게 된 경험들
  예) 전공 전향(편입, 전과, 수능 재응시 등), 어학연수, 장기 여행 등
- Relationship 경험: 속해있는 집단에서 인간관계와 관련된 모든 경험들
  예) 갈등 경험, 화해 경험, 상대방을 즐겁게 했던 경험, 인정받았던 경험 등
- 성공 경험: 자신의 인생에서 성공이라고 부를 수 있는 경험들
  예) 대입합격, 공모전 수상, 자격증 취득, 연애경험, 다양한 공헌 활동 등
- 실패 경험: 자신의 인생에서 실패라고 부를 수 있는 경험들
  예) 재수 경험, 공모전 실패, 시험 낙방, 연애실패, 친구들과의 불신 등
- 사회 경험: 교육의 울타리에서 벗어나 돈을 받고, 돈에 상응하는 대가를 치루었던 모든 경험들
  예) 인턴 경험, 아르바이트 경험, 육체노동 경험, 장사 경험, 창업 경험 등
- 책임 경험: 자신이 특정 책임을 지고 수행했던 모든 경험들
  예) 반 총무로 우유값을 매달 걷어서 지불했다. 친구들 사이 모임 회비를 관리한다 등

---

(3) 지원 기업, 직무 특성 이해

산업 / 기업 / 직무 Check List

- 목표 산업의 특성 / 최근 이슈 / 산업 내 주요 기업 리스트
- 회사 개요(인재상, 비전, 조직구조, 설립일자, 본사소재지, 대표자 등) / 주요 재무정보 / 시장 점유율 / 주요 제품 현황 / 주요 사업 전략(영업 / 판매전략 등)
- 직업에서 우수한 성과를 창출하기 위하여 본인만이 가지고 있는 재능, 지식, 기술, 강점
  - 재능: 무의식적으로 반복되는 사고, 감정, 또는 행동
  - 전문지식: 학습을 통해 얻은 내용으로 구성
  - 기술: 실제 발현되는 활동의 단계
  - 강점: 재능, 지식, 기술, 이 세 가지의 조합으로 만들어진 것

---

3) 자기소개서 사례

(1) 역량 강조 자기소개서

> **예** | 식품 연구 개발 직무 자기소개서: 학창시절
>
> 저는 우선 실무에 필요한 농산식품가공기능사, 위생사 자격증을 갖추었습니다. 또한 학부시절 교내
> 학술행사에 김치에 관한 연구논문을 게재하기도 하였으며, 김치에 대한 관심으로 인해 학내에 있는
> 김치연구소에서 1년 동안 교수님과 박사님들의 "김치의 항암, 항비만 기능 활성"에 대한 프로젝트 실
> 험에 직접 참가하였습니다. 김치의 암세포 활성저지 실험과 김치를 담을 때 사용되는 재료들이 실제
> 항비만 효과가 있는지 알아보기 위하여 항비만 실험을 해보기도 하였습니다.

(2) Character(성격) 강조 자기소개서

> **예** | 유통업무 직무 자기소개서: 사회활동
>
> '고맙다' 가장 좋아하는 말이면서, 가장 많이 들었던 말입니다. 대학시절 음반판매 쇼핑몰을 운영하였
> 습니다. 몇 날 밤을 새워 쇼핑몰사이트를 만들고, 음반 소매점들을 돌아다니면서 거래처를 만들어 계
> 약을 맺고 사업자등록까지 마치게 되었습니다. 이때 '끈기'와 '도전정신'은 물론이고 사람을 대하는 진
> 심이 중요함을 알게 되었습니다. 약속시간은 무조건 준수하고 공과 사는 구분하되 진심이 아니면 사
> 람을 대하지 않았습니다. 어느 날 거래처사장님들이 모여 제 생일을 축하해주며 '함께 일해서 고맙다'
> 란 말을 했는데 제 평생 잊지 못하는 말이 되었습니다. '고맙다' 그 진심어린 말의 의미를 바로 아는
> 직원이 되겠습니다.

(3) 헌신 강조 자기소개서 1

> **예** | 인사 직무 자기소개서: 지원 동기
>
> 매주 566킬로미터를 달리는 열정. HR이란 제 꿈을 위해 매주 스터디와 단체 활동을 위하여 대구에
> 서 서울까지 왕복 566킬로미터를 이동했습니다. 꿈을 실현하기 위해 남들보다 앞서 달렸습니다. 이러
> 한 열정이 씨앗이 되어 프로그램기획과 조직 형성을 통해 보다 실무적인 HR에 대한 지식을 체험하
> 였고, 많은 인사실무자를 직접 만나면서 제 꿈을 더욱 키워갔습니다.

(4) 헌신 강조 자기소개서 2

> **예** | L전자 연구개발 자소서 중: 지원동기

그 이후부터 L전자를 만날 수 있는 곳이라면 시간을 쪼개서 찾아갔습니다. 대한민국전자전에 갔을 때, 직원이 아닌 저였지만 고객 입장에서 충분히 L전자에 자부심을 느끼게 되었습니다. 그 외 신 제품 출시 이벤트가 있을 때, 동호회원들과 연계된 마케팅 행사 등 L전자에 관심이 높아서 그런지 신문의 작은 귀퉁이에서도 L전자 관련된 사항은 한 눈에 보였고, 한 걸음에 달려갔습니다. 스스로 신기했던 것은 경험하면 경험할수록 더욱 더 함께 일을 하고 싶다는 생각이 커진 것이었습니다.

(5) 헌신 강조 자기소개서 3

> **예** | S조선 해외 영업 자소서중: 지원동기

군 제대할 무렵 내게 적합한 일터는 어디일까? 고민이 많았습니다. 인터넷만 뒤져서는 답이 안 나온다는 생각에 동문회, 동아리, 교회 등 어떤 인맥을 통해서건 직장에서 일하는 선배들을 찾아뵙고, 하는 일에 대해 그리고 사회생활에 대해 여러 이야기를 들었습니다. S조선 선배님을 만났을 때 순간을 잊지 못합니다. 회사에 대한 자부심은 물론이고, 애사심이 남달랐습니다. 그 선배님만 그런지 살펴보았는데 다른 선배님들도 회사의 미래에 대해 확신하고, 일을 한 만큼 더 큰 보상을 주는 좋은 일터란 말로 저를 이끌어주셨습니다. 그 때부터 다른 회사는 크게 눈에 들어오지 않았습니다.

4) 자기소개서 작성 실습

지금까지 학습한 내용을 바탕으로 나만의 자기소개서를 작성해 보자. 다시 한 번 강조하고 싶은 말은 자기소개서는 서류 합격 후 면접의 기초가 된다는 점에서 경쟁자들과 차별화되어야 하며, 따라서 신중하게 작성하여 수정에 수정을 거듭해야 한다는 점이다.

실습 1 한국거래소(KRX)가 자신을 채용해야 하는 이유를 자신의 능력, 경력, 장점을 포함하여 구체적으로 작성해 주십시오.(2000자 이내)

〈한국거래소. 2016〉

실습 2 '고객만족'을 이끌어 낼 수 있는 본인의 역량은 무엇이며, 그러한 역량을 발휘한 경험을 서술해 주십시오.(1,300자 이내)

〈IBK 기업은행. 2016〉

실습 3 최근 5년 동안에 귀하가 성취한 일 중에서 가장 자랑할 만한 것은 무엇입니까? 그것을 성취하기 위해 귀하는 어떠한 일을 했습니까? (200자 이상 600자 이내)

〈한전KPS. 2016〉

실습 4 | 우리 공단에 지원한 동기 및 지원 분야의 직무수행과 관련하여 자신의 전문성 향상을 위해 어떤 노력을 했는지 구체적으로 기술하시오. (500~700자)

〈2016. 국민연금공단〉

실습 5 | 우리 공단에 입사 지원한 동기 및 입사 후 실천하고자 하는 목표를 다른 사람과 차별화된 본인의 역량과 결부시켜 작성해 주십시오.(200자 이상 300자 이내)

〈2016. 한국산업인력공단〉

10장

인·적성검사 대비

대기업의 채용공고를 살펴보면 인·적성검사와 NCS직업기초능력을 병행해서 사용하는 경우가 많다. 채용전형에서 NCS를 도입하는 단계이기 때문에 아직 인·적성검사를 버리고 NCS 직업기초능력만 준비하는 것은 무리가 있다. 기존의 인·적성검사와 NCS 직업기초능력의 차이점은 인·적성검사는 '모든 부분'에 대해서 필기시험으로 보았다면 NCS는 '직무에 필요한 직업기초능력'만 시험으로 본다는 점이다. 따라서 NCS의 직업기초능력시험의 범위는 더 좁아지지만 그만큼 더 깊어진다고 해석할 수 있다.

인·적성검사는 말 그대로 인성(구성원으로서의 화합력 등의 잣대)과 적성이다. 대기업에 입사하기 위해서는 인·적성검사단계를 통과해야 한다. 서류전형으로 평가하기 어려운 항목인 개인의 잠재능력, 자질 및 특성 등을 인·적성검사로 측정하게 된다. 인·적성검사도 준비를 통해서 달라질 수 있으니 어떤 검사인지 미리 알아보고 준비해야 한다.

인·적성검사는 학벌이나 성적, 어학능력 등 각종 스펙들과 별개로 해당기업의 문화와 특성에 잘 적응할 수 있는 성향이 있는지 담당업무를 수행하는데 어려움이 없는지 등을 검증하기 위한 검사이다. 인·적성검사에서 합격하기 위한 가장 쉬운 방법은 먼저 자신의 성향을 파악하는 것이다. 자신이 어떤 사람인지 정확하게 파악하고 그에 맞는 목표를 세워서 지원하는 것이 중요하다.

인·적성검사를 아무런 대책도 없이 준비도 하지 않고 시험장에 가게 되면 낭패하기 쉽다. 그러므로 자신이 지원하고자 하는 기업의 인·적성검사 문제집을 서점에서 구입한 후 반드시 풀어 보기 바란다. 문제를 풀 때 다음과 같은 사항을 주의해야 한다.

첫째, 일관성을 유지해야 한다. 일관성을 지키기 위해서는 솔직하게 답변하는 것이 중요하다. 만일 '이 문항을 고르면 기업이 더 좋아할 것 같다' 이런 식으로 답변하게 되면 일관성이 없고 인사담당자에게 신뢰도가 떨어질 수 있다.

둘째, 시간배분에 유의해야 한다. 인·적성검사 시험을 보고난 후 취업준비생들이 한결같이 '시간이 부족했다'라고 말한다. 또한 인·적성검사를 처음 응시한 지원자들은 문제가 생소하고 시간배분을 어떻게 해야 할지 많은 사람이 혼란을 겪었다.

인·적성검사는 말 그대로 '인성'과 '적성'을 평가하는 검사이다. 공부를 많이 한다고 해서 인성이나 적성이 바뀌는 것이 아니기 때문에 너무 긴 시간을 준비하는 것보다는 그 시간에 해당기업의 자기소개서나 면접을 대비하는 것에 중점을 둘 것을 권한다.

1 인성검사

인성검사란 단순한 능력이나 지식을 테스트하는 것이 아니라 지원자가 어떤 성격, 어떤 인간성을 지닌 사람인지를 검사하는 것이다. 기업에서는 조직에 잘 적응하고 남을 배려할 줄 아는 따뜻한 인성의 소유자를 선호하기 때문에 인성검사를 중요하게 여긴다.

1) 인성검사의 구성

구성 요소	평가 내용	평가 목적
정서적 측면	감정의 안정 상태	직장에서 적응력
성격유형 측면	성격과 지원 분야의 일치도	흥미와 관심 방향의 일치도
행동적 측면	대인관계 및 사물탐구경향과 신체활동성	지원자의 성격 중 행동경향
의욕적 측면	일을 하는데 있어서 달성의욕과 활동의욕	일하고자 하는 의지
진실 탐지	응답의 진실성 및 거짓 정도 판단	정직성

2) 인성검사 시 유의사항

- 솔직하게 답하라 : 합격을 위해 거짓으로 작성했을 경우에 거짓말 정도를 측정하는 항목의 수치가 높아져서 오히려 악영향을 미칠 수 있다.

- 일관성 있게 답하라 : 인성검사 질문 중에서 비슷한 질문이 여러 개가 있으므로 각 항목마다 일관성 있게 답변해야 한다.

- 시간을 관리하라 : 문항 수에 비해 주어진 시간이 짧은 편이다. 문제를 읽은 후 너무 많은 생각을 하지 말고 즉시 답을 체크할 수 있도록 한다.

- 거짓말 정도에 주의하라 : 긍정적인 항목에만 체크하다 보면, 거짓말 탐지를 통해서 걸릴 위험이 있다. 자신의 인성을 변조하는 것은 오히려 해가 된다는 사실을 기억하자.

2 직무적성검사

직무적성검사란 기업의 인재선발에 있어 개인이 가지고 있는 학업적인 지능, 사회적인 지능, 창의적인 지능, 도덕적인 지능 등을 수치로 나타낸 검사를 말한다.

1) 직무적성검사 평가 요소

평가 요소	평가 내용
추리능력	정확한 추리와 예견, 판단 능력의 소유 정도
창의력	기획력, 창의력, 상상력, 업무개선능력 등의 수준 평가
수리능력	필수적인 수리 계산 및 통계 처리 능력을 평가
언어능력	정확한 단어 선택과 문장의 이해를 측정

(계속)

평가 요소	평가 내용
공간지각능력	입체적 공간관계를 분석
계산능력	정확하고 신속한 계산능력을 측정
척도해독능력	척도나 그래프 등을 정확히 읽는 정도
기각능력	복잡한 자료나 분류 상징 기호를 이해하는 것
사무지각능력	문자나 기호를 식별하는 것
형태지각능력	식물이나 도해를 비교·판별할 수 있는 것

2) 직무적성검사 시 유의사항

- 인·적성검사를 미리 알아보자 : 직무적성검사에 대한 서적을 구입하여 미리 풀어본 후 검사한다면, 문제를 이해하는데 도움을 받을 수 있다.

- 마음의 여유를 가지자 : 처음 문제지를 받고 당황해서 평정심을 잃게 되면, 초조함 으로 집중력이 떨어질 수 있다. 차분한 마음을 유지하며 문제를 풀어 보자.

- 시간 관리를 잘하자 : 준비단계에서 시간을 너무 허비하지 말고 주어진 시간 내에 풀도록 한다. 어려운 문제가 있다면 다음 문제로 건너뛰어서 풀어야 한다.

- 쉬운 문제부터 풀어라 : 쉬운 문제부터 해답을 찾고, 어려운 문제는 체크해 두었다 가 시간이 남을 경우 다시 풀도록 한다.

- 오답을 찍느니 아예 풀지 말자 : 전혀 모르는 문제가 있다면 그냥 넘어가는 것이 낫 다. 오답율을 계산해서 수치가 높을 경우, 시험에 임하는 자세에 문제가 있다고 판 단될 수 있다.

온라인 인·적성검사 사이트

- 한국사회적성개발원(www.qtest.co.kr)
- 사람인 기업서비스(www.saramin.co.kr/zf_user/memcom/service-guide/siat)
- 인쿠르트 취업학교(school.incruit.com/curriculum/jat_test.asp)
- 아우란트(www.auland.org/type01.php)

3 대기업 인·적성검사 경향

국내 주요 기업들이 지원자의 성격을 파악하는 인성검사와 직장 내에서 발생 하는 상황에 대처하는 능력을 알아보는 직무적성검사를 도입하고 있다. 기업마다 문제유형이 다소 차이가 있으니, 자신이 원하는 기업의 인·적성검사를 중심으로 어떤 문제가 출제되는지 알아야 한다. 시중에 기업별 인·적성검사 문제집이 출간되어 있으니 미리 풀어두도록 하자.

1) 삼성그룹

삼성 직무적성검사(SSAT : Sam Sung Aptitude Test)는 삼성그룹이 외부 전문가들과 함께 2년여에 걸쳐 연구 및 사전검증을 거쳐 개발한 것이다. 이 검사는 단편적 지식보다는 직군별로 요구되는 일반능력과 지각능력, 사고의 유연성, 상황판단력, 창의성 등을 측정함으로써 입사 후 발휘될 직무수행능력 및 직무적응력 등을 측정하는데 주안점을 둔 시험이다. 이 시험에 출제 되는 문제들은 크게 두 가지 영역으로 나뉜다.

한 영역은 언어력, 수리력, 추리력, 지각력 등의 항목에 대한 검사를 통해 삼성이 지향하는 인재가 갖추어야 하는 기초적인 능력을 종합적으로 파악하는 기초능력검사(AI : Academic Intelligence)이다. 또 다른 영역은 직무능력검사(PI : Practical Intelligence)로 기업이라는 조직 내에서 실제 발생할 수 있는 상황에 대처하는 능력을 측정할 수 있도록 업무능력, 대인관계능력 및 사회생활을 하는데 필요한 상식능력을 중점적으로 파악한다.

SSAT는 응시자가 검사결과를 좋게 나오도록 의도적으로 응답할 수 없고 각각의 문항들은 정상적인 고등학교 졸업수준의 사람이라면 누구나 풀 수 있는 정도의 수준이다. 하지만 기존에 경험하지 못한 생소한 문항들로 구성되어 있어 단기간 집중적인 암기식 사전준비가 소용없다.

특히 직무능력검사인 PI의 경우는 기업조직 내에서 빈번히 일어날 수 있는 일련의 업무와 관련된 시나리오와 각 상황에서의 여러 가지 행동 대안들이 제시 되어 응답자는 제시된 상황을 읽고 빠르고 정확하게 판단하여 각 대안에 답하는 형식의 문항들로 구성된다.

시중에 판매되고 있는 책자를 바탕으로 미리 준비한다면 효과적으로 대응할 수 있다. 보다 자세한 정보가 필요하다면 디어삼성 홈페이지(www.dearsamsung.co.kr)에 접속하면 된다. 총 300여개 문항(기초능력 검사 200문항 + 직무능력검사 100문항) 소요시간은 3시간 30분이다.

삼성 직무적성검사 평가

구성		내용
기초능력 검사(AI)	언어능력	어휘, 동의어, 반대어, 고사성어 등 테스트
	수리능력	단순계산, 응용계산, 방정식, 기하 등 테스트
	추리능력	언어, 수열, 도형, 데이터분석 등 테스트
	공간지각능력	형태지각 / 공간지각력 등을 테스트
	시사상식능력	최신시사상식, 과학상식 등을 테스트
	상황파악능력	업무와 관련된 시나리오와 각 상황에서의 여러 가지 행동 대안 선택을 테스트
직무능력검사(PI)		업무능력, 대인관계능력, 사회생활에 필요한 상식능력을 중심으로 실제 기업 조직 내에서 발생할 수 있는 상황에 대처하는 능력을 평가

2) LG그룹

LG는 각 계열사별로 인·적성검사의 유형이 다르다. 가장 대표적인 LG전자에서 실시하고 있는 인·적성검사는 RPST(Right People Selection Test)이다. LG전자 인재상과 잘 맞아 떨어지는 인재인가를 평가하는 테스트로 임상검사와 인성검사로 나뉘며, 주로 지원자의 개인성향이나 인성에 관한 질문으로 구성된다. 예를 들면, '나는 다른 사람들에게 관심이 많다', '나는 여러 사람이 모인 자리에서 분위기를 주도 한다' 등의 예문에 자신의 정도를 표기하는 방식이다.

LG 인·적성검사 평가

구성	내용
인성검사	승부의욕, 대인관계, 커뮤니케이션 능력, 기계에 대한 흥미도 등 총 8개 항목에 대한 평가가 이루어진다.
언어추론	언어분야는 주어진 지문을 읽고 보기에 해당하는 문장에 '그렇다/아니다/알 수 없다'를 고르는 문제유형이다. 자신의 상식보다는 지문을 통해서 추론할 수 있는 내용인지 판단하는 것이 중요하다.
수리추론	수리분야는 표와 그래프를 이용해서 문제를 푸는 방식으로 자료를 해석하는 능력을 측정하기 위한 것이다. 응시할 때 계산기와 연습용지를 제공한다.
도식추론	문제 유형이 생소하여 까다롭다는 의견이 많으므로 모의 테스트를 통해서 문제에 익숙해지는 것이 중요하다.

3) CJ 그룹

CJ는 비즈니스 상황에서의 가치판단(BJI Test)과 인지능력평가 외에 직무성향검사를 추가했다. BJI Test는 업무에서 일어날 수 있는 상황을 제시하고 어떤 행동을 취할지에 대해 선택하는 방식으로 20분간 25문항이 제시되고, 인지능력평가는 IQ테스트와 유사한 형태의 50문항이 13분 30초간 주어진다. 직무성향검사는 지원한 직무와 지원자의 성향이 일치하는지를 알아보기 위한 평가로 '나는 맡은 일을 끝까지 한다' 등의 예시문 21개 가운데 자신에게 부합된다고 생각되는 것을 순서대로 15개를 선택하는 방식으로 10분간 실시된다.

4) 한화그룹

서류전형 합격자를 대상으로 실시되는 한화의 인·적성검사(HAT : Hanwha Attitude Test)는 인성검사, 상황판단검사, 적성검사로 나뉜다. 인성검사와 상황판단검사는 각각 40분간 60문항을 푸는 방식이다. 언어, 수리 등의 기본 인지능력을 평가하는 적성검사는 인문계, 이공계로 구분해 평가한다. 인문계는 65문항 60분, 이공계는 95문항에 85분이 주어진다.

한화 인·적성검사 평가

구성	내용
적성검사	기초 어휘력, 언어 추리력, 지각능력, 판단력 검사, 응용 계산력, 창의력 검사
인성검사	기본적 인간성, 사회적응력, 사교성, 대인관계 등을 주로 평가하고 한화그룹이 가장 내세우는 패기와 경영지식, 스트레스 저항력 등을 평가

5) 금호아시아나

금호아시아나의 인·적성검사는 다른 기업과 달리 본사 채용홈페이지를 통해 온라인으로 실시되는 것이 특징이다. '나는 화를 주체할 수 없을 만큼 분노할 때가 있다' 등의 개인의 성향에 대한 질문이 200~300여 문항 정도 출제된다. 조직생활이나 업무에 적합한 인성 및 적성을 가지고 있는지 판별하기 위한 테스트로, 부적합 하다고 판단되는 지원자를 제외하고 1차 면접의 기회가 주어진다.

6) SK그룹

SK그룹은 1981년 국내 최초로 SK종합적성검사를 개발하여 신입사원 채용에 적용해 왔다. 이 검사지는 한국행동과학연구소와 공동으로 개발한 것으로 인간위주의 경영원칙과 패기, 경영지식, 사교성, 가정관리 등 실무능력을 평가하는데 그 초점이 맞춰져 있다. SK종합적성검사는 어휘력, 판단력, 창의력 등의 8개 영역에 걸쳐 종합적인 문제해결 능력을 평가하는 적성검사 150문항과 대인관계, 사회성 등의 조직적응력을 평가하기 위해 제시되는 인성검사 345문항으로 구분된다.

7) 효성그룹

효성그룹은 최근에 인성검사와 적성검사를 도입했다. 인성검사에서는 '나는 계획적으로 일처리를 한다' 등의 예시문이 주어지고 자신의 성향과 비교해 Yes/No 또는 무응답으로 답하는 방식이다. 40여 분간 300여 문항이 제시된다. 직무적성검사는 언어유추력·응용계산력·지각정확성 등의 8개 영역으로 구분되며, 각 영역별로 10~15분간 총 1시간 30분 정도가 소요되는 평가이다. 효성의 인·적성검사는 합격이나 탈락 여부가 결정되지 않고, 면접전형에 참고자료로 활용된다.

8) 두산그룹

두산종합적성검사(DCAT : Doosan Comprehensive Aptitude)는 인성검사, 기초적성검사, 정서역량검사로 이뤄진다. 특히 지적능력을 측정하기 위한 기초적성검사에서는 이공계의 경우 전공지식에 대한 질문도 나올 수 있으므로 유의해야 한다. 인문계는 대체로 IQ테스트에서 볼 수 있는 문항과 유사한 유형으로 출제된다. 인문계는 총 2시간 20분, 이공계는 2시간 35분간 실시되고, 지원자의 일정배수를 선발하게 된다.

두산종합적성검사 평가

구성	계열		내용
기초적성검사	공통	언어	수학능력시험과 유사하여 문장 간의 관계를 묻는 문제 유형이다.
	상경계	언어 2	
		수리	그래프와 표 위주의 문제로 계산기는 사용할 수 없다
	이공계	공간	사면체, 육면체 전개도 문제유형으로 상당히 난해하다고 알려져 있으며, 시험지를 돌리거나 종이를 접는 것은 부정행위로 간주한다.
		기계	간단한 기어, 물리문제로 이루어져 있다.
한자능력검증			토익점수와 학점을 보지 않는 대신, 인·적성검사에서의 한자테스트의 비중이 높다. 문제유형은 상공회의소 한자시험과 유사하다.
인성검사			두산의 가치 및 조직문화 적합도를 검증한다.
정서역량검사			타인, 개인 정서를 조절하고 활용하는 능력을 검증한다.

9) 포스코그룹

포스코그룹의 PAT(Posco Total Aptitude Test)검사는 업무처리능력검사에 컴퓨터에 대한 기초지식 및 정보화시대에 필요한 기본 소양을 판단하는 정보처리능력을 검사한다. 특히, 컴퓨터활용능력을 평가하는 문제가 상대적으로 높은 비중을 차지하고 있다.

4 인·적성검사의 예

1) 인성검사 샘플

다음 문제를 잘 읽어 본 후 '그렇다'라고 생각되면 ①, '아니다'라고 생각되면 ②에 검게 칠하고 '잘 모르겠다'의 경우는 응답지에 표시하지 않아도 됩니다. (1~184)

번호	문제
1	업무를 수행할 때 혼자 하는 것 보다 동료와 같이 하는 것을 좋아한다.
2	모임에서 장기자랑 순서가 돌아오면 긴장이 되면서 가슴이 두근거린다.
3	정보를 수집하고 분석하는 것을 좋아하며 나의 생각을 글이나 말로 표현하는 편이다.
4	주관이 강하여 모든 일을 스스로 계획하고 결정한다.
5	저항이나 불신보다는 순응하고 신뢰하는 마음을 갖고 있다.
6	특별한 이유 없이 누군가를 시기할 때가 있다.
7	주위환경 및 사물에 대한 애정과 관심이 부족하다.
8	매사에 능동적이며 나에게 주어진 일에 대해 마무리를 잘하는 편이다.
9	신경계통의 기능이 원활하여 사물의 감지상태가 좋다.
10	동료나 친구들이 집에 놀러오면 부담이 된다.
11	상대방의 의견을 먼저 듣고 나의 의견을 말하는 편이다.
12	남들 앞에서 내가 가진 지식을 전달하는 일이 어떤 일보다 보람 있다고 생각한다.
13	시키는 일은 잘하지만 스스로 하는 일 처리는 다소 부족하다.
14	내 주변에 주어진 상황들을 어떤 경우에도 있는 그대로 신뢰하는 편이다.
15	나에게 원한을 품고 있는 사람이 있다고 생각한다.
16	쉽게 피로해지며 만사가 귀찮아 질 때가 많다.
17	고민거리가 있으면 계속해서 잊혀 지지 않고 그 일이 맘에 걸린다.
18	앞장서서 해 나가는 것은 좋아하지만 뒤처리는 좋아하지 않는다.
19	기분이나 감정이 얼굴에 쉽게 나타난다.
20	여러 사람과 협력해서 일하기보다는 혼자서 하는 것이 좋다.
21	회의나 토론장에서 옳다고 생각되는 의견을 끝까지 말한다.
22	교육시간에 장난하거나 조는 동료를 보면 괜히 강사에게 미안한 생각이 든다.
23	목표에 대한 집착력이 강하다.
24	지금까지 약속을 어긴 적은 거의 없다.

2) 직무능력검사 샘플

다음 문제를 잘 읽어 본 후 응답지의 해당번호에 마킹하시오. (1∼70)

번호	문제
1	다음 문장들 중에서 가장 자연스러운 것은? ① 과학의 발달은 새로운 사실을 발견하고 지식을 쌓게 하였다. ② 글에는 전달하고자 하는 내용이 있는데, 그 내용은 아무렇게나 흩어져 있는 것이 아니라, 일정한 구조를 이루고 있다. ③ 성인세대가 가지고 있는 가치와 청소년 세대가 가지고 있는 가치의 종류가 다른 것은 아니다. ④ 여러 가지 악기의 독특한 소리들이 조화를 이루며 모아질 때, 훌륭한 연주가 가능하다.
2	다음에서 A와 B의 관계처럼 C와 관계가 있는 그림은 어느 것입니까?
3	〈보기〉와 같이 도형이 변화하였을 때 안에 올 도형은?
4	다음에 열거한 경제 주체들의 활동으로 보아 공통적으로 추구하는 행동 법칙은? ㄱ. 가계는 일정한 소득으로 효용을 극대화하기 위해 한계 효용균등의 법칙에 따라 소비 활동을 전개한다. ㄴ. 기업은 최소의 비용으로 이윤을 극대화하기 위해 한계 생산균등의 법칙에 따라 행동한다. ㄷ. 정부는 국민 복지의 극대화를 꾀하기 위해 각종 재정 활동을 전개한다. ① 수지균형의 원리　　　　　② 형평성의 원리 ③ 희소성의 원리　　　　　　④ 효율성의 원리
5	XTPH 다음에 올 문자는 D이다. XTPLH MKIGJM 다음에 올 문자는? ① K　　　　② O　　　　③ M　　　　④ P

11장

면접 준비

    인재채용은 기업의 가장 중요한 투자 중의 하나이며, 유능한 인재의 확보는 기업의 생사와 직결된다. 과거의 경영에서는 설비나 자금 등이 주요 관심사였으나, 최근에는 인재의 확보에 많은 노력을 기울일 정도로 인재의 중요성을 깊이 인식하고 있다. 이러한 경향은 대규모 채용을 벗어나 소수의 인원만을 채용하는 시대로 접어들면서 더욱 강화되고 있다. 소규모 채용은 능력 있는 인재의 필요성을 강화시키고, 따라서 채용에 있어서 보다 많은 노력을 기울이도록 하는 촉진제가 되고 있다.

    회사입장에서의 유능한 인재란 서류나 필기시험에서 높은 점수를 획득한 사람이 아니라, 내부의 잠재력과 가능성을 지닌 사람을 말한다. 면접의 중요성은 다음의 몇 가지 요인으로부터 강조되고 있다.

    첫째, 서류나 필기시험을 참고로 2~3회의 면접을 실시하여 수험생의 자질과 사람됨을 관찰하고 채용을 결정하는 기업이 늘어나고 있다.

    둘째, 기업들이 암기 위주의 지식보다는 잠재력과 의욕을 더욱 중시하고 있다는 것이다. 이에 따라 면접시험도 1회가 아닌 몇 차례에 걸쳐 시행하며, 수험생의 자질을 알 수 있는 다양한 면접기법을 도입하고 있다는 것이다.

셋째, 자신의 특성과 기업의 문화, 분위기, 특성을 조화시킬 수 있는 사람을 원하는 기업의 요구 때문이다. 면접시험에서의 합격 여부는 수험생의 모든 능력을 평가하고, 그것이 기업의 성장에 도움이 될 수 있는지에 달려 있다. 또한 기업들은 세계화, 국제화 시대에 적응할 수 있는 창의적인 인재를 원한다. 면접시험은 서류나 필기시험을 통해 알아낼 수 없는 이러한 능력들을 발견할 수 있다.

- 지원자의 사람됨을 충분히 관찰해서 채용을 결정할 필요성이 커짐
- 인간의 기계적인 능력보다 잠재적 능력과 의욕을 가진 인물을 선발하기 위함
- 다양한 질문과 답변을 통해서 기본적인 자질과 응용력, 대응력 파악

---

1 면접 유형

1) 면접자, 피면접자의 수에 따른 분류

① 개별 면접

여러 명의 면접관이 한 명의 지원자에게 질문을 하는 방식이다. 주로 최종 면접 시에 활용되거나, 소수의 인원을 선발할 때 사용되는 형태다. 지원자에 대한 정보를 자세하게 알아내는데 유리하다.

② 집단 면접

다수의 면접자와 다수의 지원자를 평가하는 방식이다. 주로 많은 인원을 선발할 때 채택되는 방식으로 지원자 간의 비교평가가 쉽다. 지원자들이 답변하는 순서에 따라서 불이익을 당할 수 있다는 단점이 있다.

2) 면접 방식에 의한 분류

① 집단토론 면접

주어진 주제에 대해 지원자들이 30~40분간 토론하는 방식이다. 지원자들의 토론하는 모습을 통해 판단력·설득력·협동성 등이 평가된다. 개인의 능력을 어떻게 발휘하는가, 어떤 일에 적합한가 등을 판정할 수 있다.

집단토론 면접은 크게 시사형(찬반 토론), 과제형(문제해결, 아이디어 제시)토론으로 구분할 수 있다. 대개 6~8명이 면접한다. 전자의 경우 평소 신문을 통해 시사적인 내용에 대한 숙독이 필요하며, 후자의 경우 해당 기업에 대한 다양한 정보들을 수집하면서 본인의 직무와 관련하여 해석해 보는 연습을 하는 것이 필요하다. 주로 적극성, 팀워크, 의사소통, 문제해결능력 등을 평가한다.

② 동료평가 면접

응시자들이 다른 응시자들을 평가하는 방식으로, 자기소개와 토론을 통해서 서로에 대해서 알고 난 후에 진행된다. 자신을 제외하고 자기가 함께 근무하고 싶은 응시자들에 대해 순위를 정하여 제출하게 된다.

③ 프레젠테이션(PT) 면접

대부분의 기업이 채택하고 있는 방식으로 대기실에서 3~5개의 질문지가 제시되면, 그 중 응시자가 한 가지를 선택해서 발표 내용과 자료를 준비한다. 이 후 면접관들 앞에서 5~7분 가량 정해진 시간에 맞춰 준비한 내용을 프레젠테이션하고, 발표가 끝나면 면접관의 질문이 이어진다. 질문의 내용은 대개 지원한 직군별 전문지식이나 최신 시사가 주류를 이루기 때문에 미리 취업준비생들과 예상 질문 리스트를 뽑아보는 것이 좋다.

PT 면접은 설명형과 과제형으로 구분할 수 있다. 설명형은 주로 직무지식에 대한 설명을 요구하며, 과제형은 아이디어 제시나 문제해결을 요구한다. 전자는 지식을 기반으로 설명을 논리적으로 하는 것이 중요하며, 후자는 지식과 사고를 기반으로 창의성을 부각하는 것이 중요하다.

④ 블라인드 면접

일명 무자료 면접이라고도 하며, 면접관은 지원자의 학연, 지연, 혈연 등을 알지 못하는 상태에서 지원자를 평가함으로써 선입관을 배제한다는 장점을 가진다. 블라인드 면접은 면접관에게 지원자의 기본정보를 제공하지 않고 면접을 진행한다.

⑤ 다차원 면접

응시자와 면접관이 함께 회사밖에서 레저, 스포츠, 술자리, 합숙 행사 등을 하며 어울리는 과정에서 면접이 이루어진다. 인재를 여러 각도에서 확인하기 적합하며, 지원자는 자연스럽게 직원들과 어울리면서 자신의 장점을 최대한 보여주어야 한다.

⑥ 압박 면접

면접관은 지원자의 약점을 들추어내기도 하고, 말꼬리를 잡고 물고 늘어지기도 한다. 또 엉뚱한 질문을 함으로써 응시자를 당황스럽게 만든다. 이런 스트레스를 유발하는 상황을 침착하고 여유 있게 대처하는 모습을 보여야한다.

⑦ 상황 면접(롤플레잉: Role Playing)

지원자들의 순발력, 재치 등을 평가하기 위해서 다양한 상황을 만들어 놓고 역할 연기를 진행하도록 한다. 상황을 대처해 나가는 요령이나 방법을 통해 위기대처 능력 등을 평가한다.

2 면접 트랜드

최근 4~5년을 기점으로 면접 전형은 매우 다양화 되었으나, 아직 많은 기업이 인성 면접, 토론 면접, PT 면접, 역량 면접(BEI/CBI)을 많이 시행하고 있다.

1) 인성 면접

인성 면접은 이력서와 자기소개서를 중심으로 지원자의 기본 인성을 파악하는 것을 말하며, 흔히 임원 면접이라고 한다. 다 대 다 형태를 많이 띠나, 1 대 다 형태도 존재한다. 인성면접은 지원서를 중심으로 면접을 준비하며 직무와 기업에 대한 정보수집 및 분석이 필요하다.

2) 역량 면접

Behavior Event Interview 또는 Competency Based Interview라고 불리며, 지원자의 조직 및 직무역량을 파악하는 면접이다. 지원자의 경험을 토대로 꼬리에 꼬리를 무는 질문을 통해 행동의 유무와 수준을 파악하여 역량을 평가한다. 역량면접은 직무별로 각기 다른 면접을 진행하며 주로 직무 역량에 주안을 둔 면접이므로 직무와 관련된 지식, 기술, 경험 등을 쌓는 것이 중요하다.

3) 합숙 면접

1박 2일 동안 다양한 과제(역할극, 팀빌딩, PT, 토론 등)를 통해 지원자의 인성과 역량을 파악하고 있다. 사전에 지원 기업의 합숙 면접 유형을 파악한 뒤 준비해야 할 것이다.

4) 특이한 면접

기업의 특징이나 직무의 특성이 드러나는 면접이며 평가의 핵심을 파악하는 것이 중요하다. 예로써 SK건설 레고로 팀별 작품 제작, 샘표의 요리경연대회, SPC미각테스트 등을 들 수 있다.

3 면접 준비

면접시험은 서류전형(이력서, 자기소개서)을 통과한 사람들에게 주어지는 2차 시험이다. 물론 서류전형과 면접시험 중간에 인·적성시험 내지 필기시험을 치르기도 한다. 서류전형은 반드시 면접시험을 대비하여 신중하게 작성해야하며, 평상시에 이력서, 자기소개서, 면접대비는 패키지로 생각하여 작성한 후 검토와 수정을 거듭해야 한다.

입사지원자들은 면접별 대비 요령 및 실제 출제된 질문을 살펴보고 연습하면 어느새 자신감이 생기게 될 것으로 확신한다. 또한 취업준비생들은 스스로 각 회사마다 공통될 수 있는 예상 면접질문 10개와 각 질문에 대한 답변 10개를 미리 충실하게 준비하는 방법도 좋을 것이다.

1) 인성 면접

(1) 인성 면접 답변 시 필요한 요소

① 도전정신

리더로서 성공할 수 있었던 사람들의 공통점은 현상유지에 만족하지 않고 필요하다면 행동하기를 주저하지 않는다. 성공하기 위해서는 이처럼 지난 것을 버리고 새로운 것을 선택할 때 생길 수 있는 두려움을 극복하는 도전정신이 필요하다. 사회에 첫발을 내딛는 신입사원에게는 실패를 두려워하지 않고 자발성과 창의성을 갖춘 도전정신이 필요하다.

② 배우려는 자세

배우려는 열망과 일에 대한 헌신은 매우 중요한 것으로 특히 배우려는 자세를 중요하게 평가하게 된다. 이런 배움에 대한 열망이 있다면 나머지 부족한 것은 언제든 배움으로써 극복할 수 있기 때문에 타인에게 호감을 주게 된다.

③ 책임감

어떤 비전을 제시하고 그 목표를 이루기 위해서는 무엇보다 책임감을 가지고 실행해야만 하고 그 결과의 성공유무를 떠나서 반드시 그 결과에 대한 책임을 질 수 있어야 한다. 이것이 결여되면 서로 협력하고 도와야하는 조직이 와해되기 쉽기 때문에 책임감은 조직에서 필수적인 요소이다.

④ 실천력과 솔선수범

조직의 비전을 실행하기 위해서는 리더와 조직이 하나의 비전을 위해서 매진하는 것이 매우 중요한데 이렇기 위해서는 반드시 실천력과 솔선수범이 필요하다. 특히, 솔선수범을 실천하는 리더는 조직에 신뢰감을 주게 되고, 조직원의 솔선수범은 조직을 결속시키는데 큰 역할을 하게 된다.

(2) 인성 면접 기출문제

① 개인적인 질문

- 리더로서 가장 필요한 역량은 무엇인가?
- 살아오면서 가장 열심히 한 경험에 대해서 말해보시오.
- 주변 사람들이 자신에 대해서 무엇이라 하는가?
- 삶에 있어서 중요한 것이 무엇인가?
- 본인의 가장 큰 장점은 무엇인가? 그렇다면 단점은 무엇인가?
- 싫어하는 사람의 유형은?
- 가장 실패한 경험이 있으면 무엇인가? 어떻게 극복했는가?
- 개인적으로 영향을 받은 인물이 누구인가?
- 자신은 도전적인가? 어떤 일을 도전 하였는가?
- 팀워크를 발휘한 경험이 있는가? 본인의 위치는 무엇이었는가?
- 다른 사람의 반대를 무릅쓰고 한 일이 있는가?
- 자신이 살아오면서 잘못된 관행들이나 문제점들을 바로 잡은 경험을 말해보라.
- 자신의 꿈에 대해 이야기해 보라.
- 자신만이 가지고 있는 차별성이나 특별함에 대해 말해보라.
- 살면서 가장 힘들었던 일에 대해서 이야기해 보라.
- 취미나 특기 등 업무 외적으로 잘할 수 있는 것은 무엇인가?

② 학교생활과 관련된 질문

- 대학생활 동안 얻은 가장 큰 것은 무엇인가?
- 학점과 어학점수가 낮은 이유가 무엇인가?
- 직무 관련 자격증이 없는데 그 이유가 무엇인가?
- 동아리 활동은 무엇을 했는가? 맡은 직책이 있으면 말해 보라.
- 전공 중 관심 있게 들었던 과목과 지원한 부서에서 어떻게 활용할지 설명하라.
- 팀 프로젝트를 수행할 때 어떤 부분을 맡아서 했는가?
- 봉사활동 시 문제점이나 해결방법에 대한 경험을 말해 보시오.
- 전공 이외에 관심있던 과목은 무엇이었는가?
- 좋아하는 과목이 무엇인가?
- 어학연수와 워킹홀리데이 경험에 대해 말해보라.
- 공백 기간(휴학, 졸업 후)동안 무엇을 하였는가?
- 학교를 10년이나 다녔는데 그 동안 무엇을 했는가?

③ 업무·직무에 관련된 질문

- 지원 부서에서 목표가 무엇인가?
- 우리 회사에 ○○사업부도 있는데 왜 XXX사업부를 지망합니까?
- 순환보직이라서 지원부서가 아닌 다른 부서나 직군으로 가게 된다면 어떻게 할 것인가?
- 우리 상품을 쓰면서 불편했던 점이 있으면 말해보라.
- 최종적으로 일할 직장을 선택하는 기준은 무엇인가?
- 관리자로써 갖춰야 될 점이 무엇이라고 생각하는가?
- 우리 회사와 본인이 맞다고 생각하는 이유에 대해 말해보아라.
- 회사에서 이루고 싶은 것은 무엇인가?
- 자신만의 직무강점은 무엇인가?
- 인재상을 알고 있는가? 인재상에 맞게 자신을 표현해 보라.

④ 기타

- 면접을 위해서 준비한 것을 말해보라.
- 싫어하는 사람과 무인도에 단 둘이 있게 되었다면 어떻게 행동하겠는가?
- 업무를 분담해서 하는데 동료보다 빨리 끝낼 경우, (혹은 동료보다 늦게 끝낼 경우) 어떻게 할 것인가?
- 만일 선발되지 못한다면 어떻게 하겠는가?
- 자신이 읽은 책 중에서 가장 기억에 남는 구절은?
- 요즘 사회 이슈에 대해서 말해보라.
- 본인이 인사담당자라면 어떻게 사람을 뽑겠는가?

2) 토론 면접

(1) 토론 면접 시 주의사항

- 상대방의 말을 중단시키고 자신의 주장만 내세우면 안된다.
- 상대방의 의견을 무조건 반박하기보다 구체적으로 어떤 부분에 동의를 할 수 없는지 제시한다.
- 같은 말이라도 자연스럽고 간곡한 부드러운 화법으로 의견을 제시한다.
- 토론은 어디까지나 한 가지 결론을 내려야 하는 것이므로 지나치게 의견을 제시하는데 소극적이어서는 안된다.

(2) 토론 면접 기출문제

① 찬반 토론

- 한국형 토플 도입에 대한 찬반토론
- 10시 이후 사교육 금지 법안에 대한 찬반토론
- 상속세 폐지에 대한 찬반토른
- 휴대전화를 통한 감청을 할 수 있는 '통신비밀보호법개정안'에 대한 찬반토론
- 서울시 교육청의 체벌금지법에 대한 찬반토론

- 국내 모든 공장을 폐쇄하고 중국과 같은 외국으로 이전하는 것이 좋은지에 관한 찬반토론
- 교통법 위반에 대한 범칙금을 소득수준에 따라 다르게 부과하는 것에 대한 찬반토론
- 교원평가제 찬반토론
- 3불 정책에 대한 찬반토론
- 보험사기 신고포상제도에 대한 찬반토론

② 문제해결 토론

- 출산율 저하문제를 해결하기 위한 방안에 대해 토의하시오.
- 4대 샌드위치론과 우리 조선업이 나아가야 할 방향
- 3개월간 CCTV 시범 설치를 할 지역을 선정해야 한다. 어떤 지역이 좋을지 토의를 통해 선정하라.
- 창의적인 인재는 어떤 사람이라고 생각하는가?
- 정부 예산을 비만아동 감소를 위해 써야 할 것인가? 아니면 결식아동 돕기에 써야 할 것인가?
- 정부가 유통구조를 개편하고 시장개입을 하려는 정책들과 이 정책의 실효성에 대해 논하라.
- 현재의 금융위기에서 성장이 답인가, 아니면 현재를 보완하는 것이 답인가?
- 무상급식에 대해서 어떻게 생각하는가?
- 환경개발과 환경보전에 대한 토의

3) PT 면접

　프레젠테이션 면접은 기업별로 차이는 있지만 대개 전문지식과 시사성 있는 주제를 많이 낸다. 평소 지원하는 업계 동향이나 지원 직무에 대한 전문지식을 쌓아두는 것이 도움이 된다.

　대기시간 중에 몇 개의 주제를 주고 그 중 하나를 응시자 본인이 선택해 일정시간이 지난 후 해당 주제에 대한 견해를 서론·본론·결론으로 나누어 자신의 논리를 전개한다. 이때 자신의 의견·지식·경험 등을 동원하여 설득력 있는 근거를 제시해야 한다. 지나치게 긴장하거나, 당황해서 말을 흐리거나, 자신 없는 태도를 보여서는 안된다. 부적절한 용어 사용이나, 무리한 주장은 하지 말아야 하며 자신의 논리를 면접관이 수긍할

수 있도록 일목요연하게 진술한다.

지원 회사에 아는 사람이 있다면 연락해 예상문제를 함께 뽑아본 뒤 리허설을 갖는 것도 좋은 방법이다. 깔끔한 복장은 기본이고 시선처리·손동작·목소리 톤 등에 유의 해야 한다. 입사 후에도 프레젠테이션 능력은 필요하기 때문에, 입사 전 프레젠테이션 능력을 갖춘 지원자에게 후한 점수를 주게 되는 것이다.

(1) 프레젠테이션 면접 성공하는 비법

- 예상 질문을 만들어라 : 자신이 가진 정보가 많아야 발표도 가능한 법이다. 면접 2~3개월 전부터 신문 톱기사, 경제면과 방송 뉴스를 세심하게 살펴본다. 더욱 좋 은 준비방법은 기사를 읽고 느낀 점을 글로 옮긴 후, 거울을 보며 프레젠테이션 사 전연습을 하는 것이다.

- 첫 인상을 준비하라 : 첫 인상은 무엇보다도 중요하다. 표정, 옷차림, 자세 등을 반듯 하게 갖추고 임한다면 보는 이로 하여금 안정감과 기대심을 유발할 수 있다. 부드 럽게 위로 치켜 올린 입모양, 단색의 심플한 슈트, 어깨를 곧게 편 바른 자세 등으 로 좋은 이미지를 만들어야 한다. 그러나 지나치게 외모에 치중하여 화려한 의상 이나 액세서리를 착용한다면 듣는 이의 집중도를 분산시킬 우려가 있으니 단정한 모습을 유지하는 것이 좋다.

- 눈을 맞춰라 : 사람들 앞에 서면 누구나 긴장하기 마련이다. 그 긴장을 풀어줄 수 있는 방법 중의 하나가 자신에게 호감을 가지고 있는 사람에게 눈을 맞추면서 편 안하게 이야기를 풀어가는 것이다. 그 후 천천히 시선을 돌려 여러 사람을 보면서 진행하면 된다. 한 사람만 향해서 프레젠테이션을 하는 것은 지양할 필요가 있다.

- 간략하게 구성하라 : 슬라이드는 가장 핵심이 되는 문장들을 보기 편하게 구성하 는 것이 좋다. 자신이 하고자 하는 말들을 구구절절 나열해 놓는다면 보는 이에게 산만함을 줄 수 있다. 비주얼한 구성이 되도록 최대한 간략하게 중요한 부분만 짚 어 주고 부가설명은 발표하면서 말로하면 된다.

- 발표 태도에 유의하라 : 프레젠테이션 평가 시에는 발표내용과 더불어 태도와 어투,

시선처리, 손동작, 목소리 톤 등 다양한 요소들을 고려해야 한다. 질문을 받을 때도 묻는 사람의 의도와 성격을 정확히 파악해서 답변해야 한다.

- **모의면접으로 점검하라** : 자신이 발표하는 프레젠테이션 과정을 제3자에게 보여주며 피드백을 받는다면 더욱 좋은 결과를 가져올 수 있다. 혼자서 연습을 하다 보면 객관적으로 평가하기 어렵다. 다른 사람들 앞에서 리허설을 해본다면 실제 프레젠테이션 면접에서 개선된 모습을 보여줄 수 있는 기회를 갖게 된다.

- **자료를 철저히 준비하라** : 프레젠테이션을 하기 위해서는 자료 준비가 기본이다. 잘 만들어진 자료가 프레젠테이션의 성패를 좌우한다고 해도 과언이 아니다. 단순히 내용을 나열하는 것에 그치지 말고 머릿속에 있는 아이디어를 핵심적이고 체계적으로 축약해야 한다. 자신이 말하고자 하는 분량보다 대여섯배 많은 자료를 머릿속에 가지고 있어야 프레젠테이션을 할 때 당당할 수 있다.

- **시간을 엄수하라** : 대부분 프레젠테이션 면접은 시간 제한이 있다. 기업에 따라 차이가 있지만 5~7분이 일반적이다. 간단하고 명료하게 표현하되, 앞뒤 말을 논리정연하게 연결시키는 언어 구사력이 필수다. 평상시 시간을 재면서 발표량을 조절하는 연습을 하면서 시간감각을 길러야 한다.

- **자신의 의견을 담아라** : 아무리 분량이 적당하고, 자료를 눈에 띄게 꾸미고, 시간에 맞추어서 발표해도 자신의 생각이 포함되지 않으면 속 빈 강정에 불과하다. 전문용어 설명 등에 지나치게 의존하기보다 당장 현장에 적용할만한 마케팅전략을 자신의 의견과 함께 제시하는 것이 더욱 높은 점수를 받을 수 있는 방법이다.

- **도표와 그래프로 튀어라** : 수십 명의 지원자들 속에서 눈에 띄기 위해서 적절히 도표와 그래프를 이용해야 한다. 깨알 같은 글씨로 내용을 꾹꾹 눌러 담는 것보다 우선 목차를 통해 프레젠테이션의 밑그림을 보여주고 자신의 의견을 도표로 정리하거나 그래프화 하는 것이 시선을 사로잡고 설득력을 주는 비결이다.

(2) 프레젠테이션 면접 기출문제

- 현재 시장환경과 향후 시장을 고려해 투자자들에게 어떻게 투자할 것을 권할 것인가? 그리고 그 이유는 무엇인가?〈LG그룹〉
- 기업경영에 CRM(고객관계관리)프로그램을 적용하는 방안을 검토하라.〈삼성전자〉
- 기업분식회계와 관련 기업의 윤리의식에 대한 의견을 말하라.〈교보생명〉
- 신용불량자 해결방안.〈교보증권〉
- 원자재 및 원유값이 상승하여 수입업계는 물론 수출업계까지 큰 타격을 받고 있다. 이에 대한 대응방안에 대하여 발표하시오.〈동부메탈〉
- SK C&C가 현재 사업 다각화를 통해 더 많은 수익을 창출하려고 하고 있다. 당신이 SK C&C 의사결정자라면 어떤 분야로 다각화를 진출하는 것이 가장 이익이 될 것인지 설명하시오.〈SK C&C〉
- 온라인 시장이 확대되고 있는 추세에서 보험사를 상·중·하로 구분하여 수익성을 분석하라.〈LIG손해보험〉
- TFT-LCD에서 신사업화 분야가 무엇이 있을지 창의적인 생각을 바탕으로 구상하라.〈LG디스플레이 R&D〉
- 후쿠시마 원전사고 이후, 세계의 부정적 시각에 대한 자료를 보고 향후 에너지 정책방향을 결정하라.〈호남석유화학〉
- 상품이 복잡해져서 노인들이 상품을 이해하는데 어려움이 있다. 이들의 CS를 높이기 위해 어떻게할 것인가?〈신한은행〉
- 캐비테이션 현상을 설명하고 방지할 수 있는 방법을 제시하여라.〈STX 조선해양〉
- 물가는 상승하고 경기는 하강하는 상황에서 정부는 물가, 경기정책 중 어떤 전략을 취해야 하는지발표하라.〈우리은행〉

4) 역량 면접

일반적으로 면접의 유형은 면접기준에 따라 크게 '인성 면접'과 '역량 면접'으로 분류된다. 역량 면접은 실제 업무수행에 필요한 능력, 즉 직무역량을 갖추었는지를 평가하는 면접이다. 주로 신입사원에게 공통적으로 요구되는 기본적인 업무능력 및 지원한 특정 직무를 수행하는데 필요한 능력을 평가한다. 이와 같은 역량 면접은 회사마다 쓰는 표현이 조금씩 다르며 구조화 면접, 심층면접, 역량 구조화 면접 등으로도 부른다.

기업 입장에서는 역량 면접이 왜 필요할까? 다시 말해 역량 면접을 통해 기업이 궁극적으로 얻고자 하는 것이 무엇일까? 첫째, 역량 면접은 지원자들 개개인의 과거 경험이나 행동을 통해서 미래를 예측한다. 둘째, 역량 면접은 지원자들의 직무적합성을 판단하기 위해서 실시한다. 기업들이 고비용에도 불구하고 역량 면접을 실시하는 이유는 그만큼 직무역량이 중요하기 때문이다.

또한 인성 면접과 관련하여 역량 면접을 실시하는 이유는 첫째, 인성은 회사생활 하는데 문제가 없는 정도 이상이면 충분하고 일하는 능력이 높을수록 좋기 때문이다. 둘째, 인성 면접에서의 답변은 지원자들 간의 수준차이가 크지 않으나 역량 면접은 지원자에 따라 수준차이가 크게 나타나기 때문이다. 즉, 인성 면접에서의 답변은 지원자들 대부분이 보편적으로 타당하다고 생각되는 방향으로 답변을 하지만 역량 면접의 경우에는 논리적 사고능력, 창의력, 문제해결 능력 등에 있어서 사람마다 모두 달라 변별력을 높일 수 있다는 점이다. 셋째, 인성 면접의 질문은 비교적 예측 가능하고 나올수 있는 문제가 한정적인데 비해 역량 면접의 질문 내용은 단기간에 정답을 외운다고 100% 해결되는 게 아니고 문제해결에 필요한 사고의 틀을 학습하고 꾸준히 연습해야하기 때문이다.

이와 같이 여러 가지 이유로 회사는 입사지원자의 역량과 자질을 더 면밀하게 평가하여 능력있는 인재를 선발하기 위해 역량 면접을 실시한다고 볼 수 있다. 역량 면접은 지원자의 이미지보다는 지원자가 가지고 있는 경험을 기반으로 면접을 진행한다. 전문적인 측면에서 질문할 수도 있지만 그보다는 해당직무에서 일하는데 필요한 자질을 묻는 면접이라 할 수 있다. 따라서 역량 면접은 해당지원자의 경험을 통해 평가하는 면접이라는 것을 알아야 한다. 그렇다면 경험을 토대로 하는 질문은 어떤 것일까?, '가장 힘들었던 경험', '리더십을 발휘했던 경험', '도전정신이 있었던 경험', '창의력을 발휘한 경험', '본인의 해외연수 경험' 등이 일반적인 경험을 묻는 질문이라고 할 수 있다.

(1) 역량 면접 성공하는 방법

역량 면접에서 성공하기 위해서는 일단 지원기업의 인재상과 해당직무에서 필요한 역량이 무엇인지 사전에 파악해야 한다. 그 다음에 해당 역량에 대한 경험에 대해 깊이 고민할 필요가 있다. 역량에 맞는 경험 정리만 제대로 해도 역량 면접은 의외로 쉬울 수 있다. 그렇다면 역량 면접의 질문에는 어떻게 답하는 것이 좋을까? 극복사례의 경우는 당시상황→극복노력→행동→결과의 순으로 풀어나가면 된다. 다음에 면접관들은 꼬리에 꼬리를 무는 질문을 하므로 지원자들은 대답을 좀더 구체화 시켜야 한다. 또한 면접관들은 빠르게 질문하여 지원자의 진실여부를 확인하는 경우가 많다.

- 거짓없이 솔직하게 대답하라.
- 직무 선택 후 면접을 보기 전에 자신의 인생을 되돌아보며 정리하는 시간을 갖는다.
- 모의 면접을 통해 실전연습을 하라.

역량 면접시 극복사례 답변 방식

당시상황 ▶ 극복노력 ▶ 행동 ▶ 결과

(2) 역량 면접 기출문제

① 지원동기를 묻는 문제

- 우리 회사에 지원한 동기는? 대기업이라서 지원했는가?
  - 우리 회사 말고 다른 회사 어디에 지원했는가?
  - 우리 회사에 대해 아는 대로 말해보아라(주력사업은?, 최근 개발기술은 무엇인가?)
  - 우리 회사가 나아가야 할 비전에 대해 말해보아라
  - 우리 회사에 입사하기 위한 준비는 무엇인가?
  - 우리 회사의 단점은 무엇인가?
  - 반드시 입사해야 할 이유는 무엇인가?
- 해당직무에 지원한 이유는 무엇인가?
  - 전공과 관련성은 무엇인가?
  - 당신을 뽑아야 할 이유 3가지를 말해보아라
- 입사하면 어떤 일을 하고 싶고 지원한 이유는?(희망분야·부서, 희망직무, 지원동기)
  - 어떤 부서에서 어떤 일을 하고 싶은가?
  - 자신의 적성을 볼 때 입사 후 어떤 일이 적합하다고 생각하는가?
  - 지원한 분야 중 구체적으로 어느 분야에 관심이 있나?
  - 지원한 직무에 관심을 가지게 된 이유는?
  - 희망한 분야업무를 하는데 자신이 잘 맞다고 생각하는가? 그 이유는?
  - 직무에 대해 아는 대로 말해보라. 자신이 지원한 분야가 무엇인지 아는가?

② 경험을 묻는 문제

- 봉사활동 경험이 있는가? 귀하의 봉사활동에 대해 말해보라.
  - 봉사 유경험자: 왜 하게 되었는가? / 해당기관을 선택한 이유는? / 어려웠던 점은? / 무엇을 느꼈는가?
  - 봉사 무경험자: 봉사활동을 한 번도 하지 않은 이유는?
- 아르바이트 경험이 있는가? 어떤 일을 하였는가?
  - 아르바이트 중 가장 보람된 일은 무엇인가?
  - (판매 아르바이트인 경우) 매출이 어떠했나?
  - 아르바이트를 하면서 느낀 점, 배운 점은 무엇인가?
- 동아리활동에 대해 말해보라(활동했던 학회에 대해 말해보라)
  - 어떤 동아리이며 가입한 이유는? 자신의 역할은?
  - 동아리활동에서 힘들었던 점은?
- 다른 사람과 협동했던 프로젝트 경험은?
  - 다른 사람들과 협동해서 무언가 성과를 낸 적이 있는가?
  - 어떤 업무였고 당신이 맡은 업무는?
  - 그 업무의 결과는?
- 살면서 가장 힘들었던 경험은? / 가장 후회하는 경험은?
- 아르바이트를 통해 무엇을 배웠나?
- 가장 성취감을 느꼈던 경험은?
- 팀 내에서 갈등을 해결해 본 경험에 대해 말해 보라.
- 리더가 되어 일해 본 적이 있는가? 가장 힘들었던 점은 무엇인가?

③ 성격의 장·단점을 묻는 문제

- 성격의 장·단점에 대해 말해보라
- 주위 사람들이 자신을 어떻게 평가하는가?
- 자신의 성격 중 가장 버리고 싶은 성격은?
- 남들이 모르는 자신만의 약점, 핸디캡, 콤플렉스가 있다면?
- 당사가 자신을 뽑았을 때 후회할 것 같은 점은?
- 친구나 지인들이 지적하는 단점이나 고쳤으면 하는 점은?
- 성격의 단점을 어떻게 극복할 것인가? 극복하기 위해 어떤 노력을 하였는가?
- 불합격된다면 무엇 때문이라고 생각하는가?

④ 입사 후 포부를 묻는 문제

- 입사 후 포부에 대해 말해 보아라.
- 인턴십에서 무엇을 배우고 싶은가?
- 사장이 된다면 어떤 일을 해보고 싶은가?
- 꿈(자신의 비전, 미래상, 인생의 목표)은 무엇인가?
- 자신의 인생계획을 말해보라. / 궁극적으로 되고 싶은 것은?
- 장차 어떤 사람이 되고 싶나? / 장래 희망은 무엇이고 그 이유는?
  - 그 꿈을 위해 무엇을 준비하고 있으며 우리 회사와 어떻게 연결되는지 설명해보라.

⑤ 취미 및 특기를 묻는 문제

- 자신만의 특기(장기)를 설명해봐라.
- 이력서에 특이한 특기를 기재했는데 설명해봐라.
- 자신의 특기가 지원한 분야에 어떻게 도움이 되는가?
- 전공과 관련된 특기를 말해보라.
- 그 특기를 어떻게 배웠나? 그 분야에 어느 정도 되면 특기라 할 수 있는가?

⑥ 존경하는 인물을 묻는 문제

- 자신이 가장 존경하는 인물은 누군가? 그 이유는?
- 롤 모델이 되었던 사람은? 가장 닮고 싶은 사람은?(살면서 기준이 되었던 사람은?)
- 지원분야와 관련하여 존경하는 사람은?
- 존경하는 기업인 또는 역사적인 인물은?

⑦ 민감한 이슈를 묻는 문제

- 노조(노동조합)에 대해 어떻게 생각하는가? 노조의 장·단점은?
- 노조파업에 대해 어떻게 생각하는가?
- 바람직한 노사관계는 어때야 하는지 앞으로의 방향을 말해보라.

- 노사관계에서 어떤 역할을 하겠는가?
- 경제민주화에 대해 어떻게 생각하는가?
- 비윤리적이나 회사의 이익과 관련되어 있다면 어떻게 할 것인가?
- 오너 경영에 대해 어떻게 생각하는가?
- 최근 발생하는 사회이슈에 대한 질문(남양유업, 갑을관계, 남북문제 등)

5) 영어 면접

영어 면접은 인성 면접과 다르다. 지원자의 영어실력을 평가하는 것이다. 질문에 대한 답변의 내용 수준을 가지고 상대를 평가하는 면접이 아니라는 것이다. 그리고 물어볼 만한 질문이 정해져 있다. 물론 예상 질문을 벗어나는 경우가 있지만 대부분 예상질문의 답변 내용을 조금만 수정하면 대충 얼버무릴 수 있는 답변을 쉽게 만들 수 있다. 따라서 영어 면접에 대응하기 위해서는 면접 예상 질문 10개에 대한 답을 만들어라.

- Tell me about yourself.
- What do you know about this company?
- Why did you apply for this position?
- What is yours strength and weakness?
- Could you tell me the most compelling story in your school life?
- Tell me about your hobby.
- Could you tell me the book which you've read recently?
- Have you been abroad?
- So far, what did you do to increase your English Proficiency?
- How will you study English after you get a job?

이 질문들에 대한 대답만 만들어도 영어 면접 준비는 충분하다. 솔직히 그렇게 충분하진 않지만 영어를 잘 못하는 지원자들에겐 이것만 준비해도 만족할 만한 점수를 받을 수 있다.

6) 1분 자기소개

1분 자기소개는 면접에서 단골로 나오는 질문이다. 짧은 시간에 자신을 함축적으로 소개해야 하므로 평상시에 준비해 놓고 있어야 한다. 대개 1분 자기소개는 비록 짧은 말이지만 나름대로 서론, 본론, 결론으로 나누어 준비하는 것이 좋다. 서론은 첫 인사와 첫 시작 문장으로 하며, 본론은 핵심적인 자신의 중점 PR 내용을 준비한다. 결론에서는 마무리와 끝 인사로 하면 된다. 특히 key word를 기억하여 친구에게 말하듯 부드럽게 발표해야 할 것이다.

1분 자기소개서의 예

1분 자기소개	key word
안녕하십니까 OO전자 인사직무에 지원한 OOO입니다. 저는 멀리 보는 시야와 관찰력을 위한 '돌출된 안구'를 가지고 있습니다.	인사직무 시야, 관찰력, 돌출된 안구
회사의 전략적 목표 달성을 위해 멀리 보는 통찰력과 구성원들의 고충을 세밀하게 살피고 지원하는 인사담당자가 되겠습니다.	전략, 통찰력 구성원 세밀하게 살핌
대학에서 법학을 전공하면서, 법의 전반적인 지식과 합리적인 사고능력을 키웠으며 공군 인사장교로서 3년간 근무하였습니다. 부대의 인사관리, 근무평정, 급여 및 복지후생, 멘토링제도 운영 및 부대행사 기획 등을 통해 인사관리에 필요한 기본적인 경험과 소양을 쌓았습니다.	법학, 합리적 사고 능력 인사장교 인사관리 업무수행
입사 후, 현장에서 사람들을 만나고, 사업, 조직 그리고 문화를 익히면서 이를 바탕으로 회사의 사업과 사람을 이해하는 인사전문가로 기여하겠습니다.	사람, 조직, 문화이해 사업과 사람-인사전문가
OO전자에서, 멀리 보고, 가까이 살필 수 있는 인사전문가, OOO를 주목해 주시기 바랍니다. 감사합니다.	멀리보고 가까이 살피는

7) 면접 및 답변의 예

Q1 | (자기소개서) 먼저 자기소개해 보세요, 1분 동안 자기소개해 보세요, 자기 PR 해보세요, 자신을 한글자로 표현해 보세요 등 기본적으로 질문하는 것은 자기소개이다.

A1 안녕하십니까. [회사명]의 [○○부서]에 지원하게 된 00번 ○○○입니다. 저는 '간절히 원하는 꿈은 반드시 이루어질 것이다'라는 말처럼, 꿈을 위해서 모든 일에 책임을 가지고 최선을 다해 성실히 임했고 제 역량을 끊임없이 높이려 노력했습니다. 따라서 [지원부서]에 적합한 인재가 되기 위해 대학교에서 경영학을 복수전공하면서 국제경영이나 회계에 관련한 필수공부들을 해두었습니다. 앞으로 [회사명]에 걸 맞는 인재가 되기 위해 끊임없이 회사와 함께 성장하고 발전하는 인재가 되겠습니다. 감사합니다.

Q2 | (자신의 장단점) 자신의 장점이 무엇인지 구체적인 사례를 통해 설명해 주세요, 자신의 단점에 대해 이야기해 보세요. 자신의 단점은 무엇이며, 이를 어떻게 극복해 나가는 편입니까? 등의 질문에는 단점이 있되 그것을 고쳐나가고 있다는 것을 설명해야 한다.

A2 저는 아무리 두렵고 힘든 관문일지라도 포기하지 않고 일단 도전해 봅니다. 고등학교 시절 제가 수많은 도전 끝에 따낸 자격증들을 통해 배웠습니다. 처음 도전하기까지는 쉬운 일도 아니고 염려도 되었지만 일단 도전과 노력을 기울이니 어떤 것이든지 제게 돌아온다는 것을 알고 힘들어 보이는 것도 뭐든지 도전하면서 그 순간만큼은 최선을 다하고 열심히 하는 습관을 지니게 되어 대학시절에는 어학연수나 캠프 같은 기회가 제게 주어졌습니다. 이런 성격으로 바뀐 덕분에 저는 많이 배우고 싶습니다. 매번 새로운 것에 도전하고 성취하며 거기서 보람을 느끼고 싶습니다.

저는 무엇보다 남과 제 자신에게 거짓말하는 것을 싫어합니다. 그래서 행동보다는 말이 앞서는 것을 싫어해 이를 항상 염두에 두고 철저한 시간관리로 매 순간 최선을 다하는 삶을 살기 위해 노력하고 내뱉은 말에 책임을 져야 하기 때문에 제 자신이나 남에 대해 함부로 말을 하지 않는 습관이 있습니다. 거짓말을 못하는 성격 탓에 사교적인 말을 못한다는 단점이 있지만 제 자신이 저의 이런 단점을 잘 알고 있기 때문에 모든 상황이나 사람들을 좋게 긍정적으로 바라보려고 노력합니다.

(지원 동기) 왜 이곳에 지원하셨습니까?, 지원동기가 무엇인가요? 등 이렇게 자기소개서에 쓰는 내용을 다시 질문하는 경우가 있는데 그것은 자기소개서와 실제의 내가 일치하는지를 알아보기 위한 것이다.

A3 [회사명]은 물류 부분에 있어 인간존중의 가치경영과 윤리경영을 실현하여 고객가치를 최대로 하여 지속적으로 끊임없이 노력, 발전하여 북아메리카, 아시아, 유럽 등 다양한 국가에서 고객에게 친밀하게 다가가는 감동서비스뿐만 아니라 여러 가지 사회환원활동들을 통해서 폭넓은 인정을 받고 있는 기업입니다. 특히 [회사명]은 아름다운 가게와 함께 나눔 보따리 행사에 지속적으로 참여하고 있는데 제가 아름다운 가게에서 학창시절 봉사활동을 한 적이 있는데 그때 [회사명]에서 이런 행사에 같이 참여하고 있음을 알았고 [회사명]의 이런 경영이념이 제가 생각하던 바가 일치할 뿐만 아니라 [회사명]을 이끌고 있는 리더들과 함께 곁에서 배우고 습득하며, 지속적으로 노력하여 계속 성장하기에 매우 적합한 회사라는 점에서 지원하게 되었습니다.

(일에 비해 자신의 한계가 더 낮은 경우와 같은 조직, 직무 적응능력에 관한 질문) 상사의 비합리적 행동, 낯선 이벤트 상황이 발생했을 때 어떻게 대처할 것인가?, 의견 불일치 시 해결법을 말해보라, 본인은 리더에 가까운지 따라가는 것에 가까운지 등 미래 행동에 대한 질문들로 회사생활에서 발생하게 되는 돌발상황에 어떻게 대처할 것인지를 질문 한다.

A4 저 혼자 하면 그 일을 다 마무리할 수 없고 한다고 해도 맞는 성과를 내기 힘들 것이므로 주변 동료들의 도움이 매우 중요하다고 봅니다. 회사의 모든 일은 저 혼자 하는 것보다 같이 일하는 동료들이나 선배들의 도움과 협력이 절실하고 그렇게 협동하며 일을 마치는 것이 보다 더 좋은 성과를 낼 수 있다고 생각하기에 주변 사람들의 도움과 협동이 있다면 충분히 목표달성이 가능할 것이라고 생각합니다.

같은 부서 동료들이나 선배들 간의 의견마찰과 같은 충돌이 있을 경우 그들을 먼저 이해하고 포용하며, 왜 그런 의견이 나왔는지 서로 의견에 대한 이유를 설명하면서 합의점을 찾아간다면 충분히 의견충돌에 대해서 극복할 수 있다고 생각합니다. [회사명]의 경영이념에도 나와 있듯 저는 인간존중, 인간성이 가장 중요하다고 생각합니다. 따라서 의견마찰이나 관계의 문제가 생겼을 때는 고정관념이나 편견을 버리고, 열린 생각과 마음으로 먼저 존중하고 이해해 줌으로써 갈등을 해소시키려고 할 것이며, 그것만으로도 갈등 해소가 시작될 것이라고 생각합니다.

Q5 | (힘들었던 경험) 가장 힘들었던 경험과 그것을 어떻게 극복하였는지를 말해보라. 학교생활에서 어려웠던 점은 무엇이었고, 어떻게 극복했는지 등 과거행동에 대해 질문함으로써 나에 대해 알고자 하기 때문에 질문을 한다.

A5 지금까지 가장 힘들었던 경험은 20살 때 집안형편과 제 잘못된 선택으로 인해 대학진학을 포기했던 것입니다. 그러나 저는 그때의 좌절과 실패를 더 나은 미래를 위해 미리 겪은 것으로 보고 그것을 디딤돌 삼아 제 미래를 위해 많은 것을 배우고 습득하려고 했습니다. 또한 이때의 실패로 인해 선택에 대한 오류가 생기지 않도록 모든 선택에 대해 쉽게 판단하고 결정짓는 것이 아닌 진중하고 신중하게 생각하여 결정 내리는 습관을 가지게 되었기 때문에 저는 오히려 20살 때의 실패가 지금의 더 나은 저를 만들었다고 생각합니다.

Q6 | (경험) 가장 기억에 남는 경험과 그 이유는, 어학연수를 통해 무엇을 느꼈는가? 등 학교생활이나 대외활동 경험에 관해 질문하여 그 사람의 인성과 성향, 특징을 파악할 수 있다.

A6 학교에서 주선하는 어학연수 제도를 이용해 중국 ○○○○대학에서 방학기간 5주 동안 수업을 들으면서 중국어를 익혔습니다. 그것으로 만족하지 않고 다양한 외국인 친구들을 사귀며 그들만의 새로운 문화를 체험하고 그런 다양한 문화에 대해서 이해하는 것도 놓치지 않았습니다. 중국을 돌아보고 넓은 세계를 경험하고 다양한 인종을 만나면서 내가 얼마나 좁은 세상에서 좁은 생각을 가지고 있었는지 깨달았습니다. 짧은 한 달 동안 다른 나라에서의 생활을 바탕으로 제 자신에 대해 새로운 발견을 하게 됐고 한국에서는 느낄 수 없었던 새롭고 신기한 체험들을 할 수 있게 되었습니다. 이때의 체험은 짧았지만 저에게 많은 감정과 영향을 주었던 시간으로 지금은 그 어떤 것과도 바꿀 수 없는 소중한 경험이 되었습니다.

Q7 | (직무에 관한 지식과 경험) 이 직무에 지원한 이유는? 회사가 당신을 뽑아야 하는 이유는 무엇인가? 등 질문에 대처하기 위해서 회사에 대한 정보와 직무에 대해 정확히 파악하고 있어야 한다.

A7 제가 지원한 직무는 경영지원 부문입니다. [회사명]의 경영지원 부문에는 업무지원, 영업지원, 고객지원, 총무, 인사, 교육, 회계, 물류지원, 구매가 속해 있습니다. 저는 대학 전공이 상경계와 가깝고 개근을 놓치지 않았을 정도로 제 성격이 성실성과 책임감이 강할 뿐 아니라 꼼꼼함까지 갖추고 있어 회계부문에 적합한 사람이라고 생각합니다. 회계에 흥미가 있어 자격증 취득뿐만 아니라 대학시절에는 경영학을 복수전공하여 회계과목을 많이 접하려고 노력했습니다.

Q8 │ 취미나 특기가 무엇인지?

A8 제 취미는 소설, 영화감상입니다. 소설이나 영화를 보게 되면 내가 아닌 다른 타인의 삶을 간접적으로 겪어볼 수 있고 극에 나오는 모든 인물들을 살펴보면서 세상에는 다양한 사람들이 있고 그들을 이해할 수 있는 포용력도 생기고, 인물들을 통해 제가 배워야 할 점, 고쳐야 할 부분들을 깨닫기도 합니다. 책은 스승이라는 말이 있는데 바로 이런 부분 때문에 그렇게 말하는 게 아닌가 싶습니다. 제 특기는 컴퓨터 활용능력이라고 할 수 있는데 어렸을 때부터 워드프로세서나 액셀, 파워포인트 등 다양한 프로그램을 다루는 것을 좋아했고 고등학교 시절 회계 더존 프로그램까지 접하게 되면서 흥미를 가졌습니다. 따라서 워드프로세서 1급, 컴퓨터활용능력 1급, 전산회계 2급 등 다양한 자격증을 취득하게 되었습니다.

Q9 │ 앞으로의 포부는 무엇입니까?

A9 저는 직장을 단순히 월급을 주는 생계수단이 아닌, 자아실현의 장이라고 생각합니다. [회사명]에 채용되게 된다면, 오늘보다 내일이 더 기대되는 사람이 되겠습니다. 입사 후에는 제가 담당한 분야의 전문가가 되겠다는 꿈을 이루겠습니다. 말보다는 행동으로 인정받고, 행동에 책임질 수 있는 사람이 되도록 하겠습니다. 분명 사회 초년생으로서 미숙한 부분도 있고 실수도 있을 것입니다. 하지만 미숙한 부분은 배우고 실수는 줄이고 만회하기 위해 노력할 것입니다. 1년 안에는 실무에 최대한 익숙해지려고 할 뿐만 아니라 모든 면에 있어서 선배님들이나 동료들에게 모든 걸 배우고 습득하려고 노력할 것이며, 3년 안에는 실무에 완전히 익숙해져 능숙한 업무처리가 가능하게 할 것이며 선배와 동료들 간 끊임없이 소통하고 협력하기 위해 노력하겠습니다. 꾸준히 이렇게 노력하여 [회사명]과 제 자신을 책임지고 성장시키겠습니다.

Q10 │ (마지막으로 하고 싶은 말이나 질문이 있는가?) 회사에 대한 관심이나 포부를 보여줄 수 있는 마지막 기회로 꼭 준비를 해가야 한다. 내가 이 회사를 가기 위해 준비해 왔던 것들을 말하거나, 이 회사를 선택하기 위해 마지막으로 고려할 것을 꼭 질문하기.

A10 긍정적인 사고와 끈기 있는 추진력과 책임감, 성장을 위한 꾸준한 노력, 또한 사람을 사랑하는 마인드를 가진 저에게 [회사명]은 저와 맞는 부분이 많아 같이 상호발전하고 성장할 수 있다고 확신합니다. 따라서 세계를 향해 뻗어 나가는 전문적이고 다각화된 사업으로 성장해가는 귀사를 본보기 삼아 같이 저의 능력을 펼치기 위해 지속적으로 어학능력과 실무능력에 관해 전문성있게 끊임없이 성장해가는 모습을 보여드리겠습니다.

8) 면접 실습

　지금까지 학습한 것을 바탕으로 자신이 회사에 지원한다고 가정하고 자신이 지원하고자 하는 직무에 걸맞게 예상 질문 10문제를 만들고 각각의 질문에 대해 답변을 작성해 보자. 계속해서 A4용지에 면접 예상질문과 답변을 써 보고 여러 번 검토한 후 몇 번이고 소리 내어 읽는 습관을 갖게 되면 면접에 대한 두려움이 많이 사라질 것이다.

실습 1

실습 2

3부

NCS 기반
채용 대비

12장

NCS 기반 채용공고 및 입사지원서

1 NCS 기반 채용의 의의

1) NCS의 개념

국가능력표준 즉, NCS(National Competency Standard)란 산업현장에서 직무를 수행할 때 요구되는 지식·기술·태도 등의 내용을 국가에서 산업부문별·수준별로 체계화한 것이며, 산업현장에서 직무를 성공적으로 수행하기 위해 필요한 능력을 국가적 차원에서 표준화한 것을 말한다. 다시 말해서 특정한 일자리의 '직무명세서'이자 산업현장에 꼭 필요한 능력을 갖춘 인재를 양성하기 위한 '인재양성 지침서'라고 할 수 있다.

여기에서 직무를 성공적으로 수행하기 위한 능력을 직무능력이라고 하는데 직무능력이란 다시 말해서 직장인이 특정 직무를 수행할 때 요구되는 능력을 말한다. NCS에서 직무능력은 직업기초능력과 직무수행능력으로 구분된다. 여기에서 직업기초능력이란 일반적으로 모든 직무를 수행할 때 공통적으로 필요한 능력을 의미하며, 직무수행능력이란 각 직무별로 특별하게 요구되는 전문능력을 의미한다. 다시 말해서 직무능력은 직업인으로서 기본적으로 갖추어야 할 공통능력인 직업기초능력과 해당 직무를 수행하는데 필요한 역량(지식, 기술, 태도 등)을 의미한다.

> • 직무능력이란 직장인이 특정 직무를 수행할 때 요구되는 능력이다
> • 직무능력 = 직업기초능력+ 직무수행능력

2) NCS의 도입배경

정부가 NCS를 개발하게 된 가장 큰 이유는 능력중심사회로의 전환을 위해서이다. NCS가 개발되기 전에는 학교와 기업의 가교역할을 수행하는 기능이 없었다. 학교에서는 기업이 원하는 인재를 육성하기 위해 어떻게 교육해야 할지를 모르고 기업은 어떤 교육을 학교에 요구해야 할지를 잘 모르고 있었다. 그러다 보니 기업은 토익성적 700점 이상 정도, 학점은 B학점 이상이면 직무를 수행하는데 충분하다고 여기는데 반해, 취업을 준비하는 학생들은 토익을 만점에 가깝게 받아야 취업이 가능하다고 생각하여 여기에 대한 준비로 너무나 많은 시간과 비용을 할애하고 있다.

그동안 학생들은 취업하기 위해 과도한 스펙 쌓기에 몰두해 왔다. 학점, 토익, 어학연수, 봉사활동, 동아리활동 등을 무분별하게 실시하여 취업에 불필요한 스펙 쌓기에 과도한 시간과 비용을 소비해 온 것이 사실이다.

이와 같은 사회적 배경에 의해 구직자 입장에서는 무분별한 스펙 쌓기에 들어가고 있는 시간과 비용을 절약하고, 자신의 적성에 맞는 직무를 사전에 학습할 수 있으며, 고용주 입장에서는 실무에 적합한 능력을 구비한 인재를 채용할 수 있어서 훈련기간을 단축하고, 교육비용을 절감시킬 수 있고 업무의 효율성을 높일 수 있을 것이라는 기대 속에서 NCS가 도입되었다.

NSC는 지금까지 채용의 기준으로 삼았던 학점, 외국어 성적은 물론 불필요한 스펙을 배제하고 오로지 직무능력에 의해서만 직원을 채용하는 방식이다. 그러므로 기업이 채용절차를 진행할 때 지원자가 직무수행에 필요한 지식, 기술, 경험, 경력 등을 가지고 있는지를 평가하게 된다.

> NCS는 지금까지 채용의 기준으로 삼았던 학점, 외국어 성적은 물론 불필요한 스펙을 배제하고 오로지 직무능력에 의해서만 직원을 채용하는 방식

3) NCS 기반 능력중심채용과 기존 채용방식의 차이

① 해당직무에 적합한 스펙(On Spec)

NCS 기반 능력중심채용이란 채용대상 직무를 NCS 기반으로 분석하고, 그 결과를 바탕으로 해당직무의 상세내용 및 직무능력평가기준을 정하여 사전에 명확하게 공지하며, 해당 평가기준을 토대로 인재를 선발하는 채용방식을 의미한다.

NCS 능력중심채용이라 해서 스펙이 필요 없는 것은 아니다. NCS 역시 당연히 스펙이 필요하며 기존의 과도하거나 불필요한 스펙(Over Spec)이 아니라 해당직무에 적합한 스펙(On Spec)을 필요로 한다. 그러므로 능력중심채용이란 불필요한 스펙이 아니라 해당 직무에 맞는 스펙(On-Spec)을 갖춘 인재를 NCS 기반의 평가도구를 활용하여 선발하는 채용 방식을 말한다.

이와 같은 취지를 가진 능력중심채용의 목적은 기관 및 기업의 입장에서는 적합한 인재(Right Person)를 선발할 수 있고 입사지원자 입장에서는 불필요한 스펙이 아닌 적합한 능력을 개발할 수 있으며, 사회 전체로서는 '스펙초월 능력중심사회'를 구현할 수 있게 된다는 것이다.

② 평가요소 및 평가선발도구

먼저 평가요소 면에서 기존의 채용 방식은 각 회사의 인재상, 공유가치 등에서 도출한 채용선발평가 요소 및 기준을 적용하였으나 NCS 기반 능력중심채용 방식에서는 지원자의 기초직업능력과 직무수행능력만을 그 요소로 한다. 또한 채용선발도구 면에서는 NCS 기반 능력중심채용 방식의 경우 능력 중심의 입사지원서를 요구하며, 기존의 인·적성검사 대신에 직업기초능력을 평가하고, 전공시험 대신에 직무수행능력을 평가한다.

③ 채용절차

채용절차 면에서 NCS 기반 능력중심채용에서는 채용공고시에 채용분야별로 필요한 직무명세를 사전에 공개하며, 직무와 무관한 인적사항은 최소화하고 필기전형은 직업기초능력과 직무수행능력을 평가하고, 면접은 직무능력평가 중심의 구조화된 면접을 실시한다는 점에서 기존 채용방식과 차이가 있다.

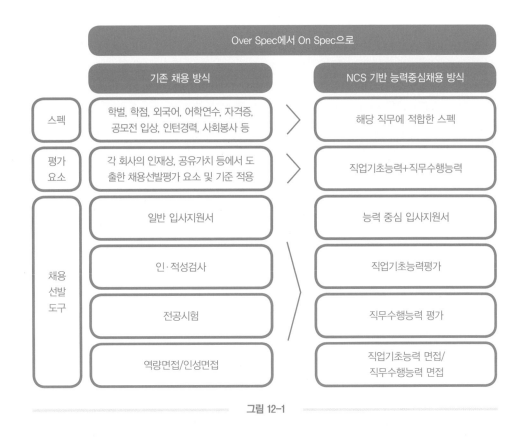

그림 12-1

4) NCS 기반 능력중심채용 방식을 채택하는 기관·기업

정부는 NCS에 의한 능력중심채용을 노동시장에 확산시키고 정착하기 위해 정부, 공공기관, 대기업을 중심으로 진행하고 있다. 정부는 '직무능력중심채용 양해각서 체결식'을 통해 총 302개 공공기관의 신규채용 1만 7,000명에 대해 NCS 채용방식 도입을 공식적으로 발표했다. 또한 롯데, IBK 기업은행, KT 등의 대기업들도 능력 중심 채용으로 바뀌었으며 계속해서 그 수가 늘어날 전망이다.

황교안 국무총리는 7일 "내년부터 모든 공공기관이 국가직무능력표준(NCS)에 기반한 능력중심채용 시스템을 운영하도록 하겠다"고 밝혔다. 황 총리는 이날 대전시 유성구에 있는 한국지질자원연구원에서 능력중심채용 관련 현장 간담회를 열고 "지난해 130개 공공기관이 능력중심채용 제도를 도입한 데 이어 올해 100곳을 추가할 것"이라며 "능력중심채용은 청년과 기업은 물론 국가 전체적으로 모두에게 이익이 되는 상생의 채용 시스템"이라고 강조했다.

정부가 핵심개혁과제로 추진하고 있는 능력중심채용은 기존 스펙 중심의 채용을 지양하고, 직무능력의 평가 기준을 만들어 인재를 선발하는 제도다. 그는 능력중심채용에 대해 "구직 청년들 입장에서 과도한 스펙 경쟁으로 인한 부담을 덜고 능력을 공정하게 평가받을 수 있는 방법"이라며 "기업은 직무에 적합한 인재를 채용해 생산성을 높일 수 있다"고 말했다. 그러면서 "최근 우리 사회가 당면한 청년실업의 주요 원인인 인력 미스매치 문제도 해소할 수 있는 중요한 해법"이라고 주장했다.

황 총리는 "대기업이 능력중심채용에 참여할 수 있도록 권장하고, 중소기업을 위한 채용컨설팅도 적극 지원하겠다"면서 "취업준비생을 위해서는 능력중심채용과 관련된 정보제공과 지역별 설명회도 확대해 나가겠다"고 전했다. 이와 함께 "능력 중심의 문화를 확산하려면 반드시 노동개혁이 뒷받침돼야 한다"며 "정부는 연공서열이 아닌 역량과 기여도에 따른 임금체계 개편, 능력에 따른 공정인사 같은 노동개혁 과제가 현장에서 정착될 수 있도록 노력하겠다"고 알렸다.

이날 간담회에는 정부출연연구기관 중에서 최초로 능력중심채용을 도입한 한국지질자원연구원 관계자와 민간기업에서 능력중심채용을 실현하고 있는 롯데, 한화 등 기업 관계자 등이 참석했다.

아시아경제신문(2016.3.7)

2 NCS 기반 능력중심채용의 단계 및 평가 핵심

NCS 기반 능력중심채용은 채용공고 → NCS 기반 서류전형 → NCS 기반 필기전형 → NCS 기반 면접전형 순으로 이루어진다. 물론 기관이나 기업에 따라 필요에 의해 조금씩 다를 수는 있지만, 기본적으로는 다음과 같은 절차에 따라 진행된다.

1) 채용공고

기업이나 공공기관은 직무에 필요한 능력을 채용공고를 통해 사전에 공고한다. 이때 NCS 기반 채용을 도입하고자 하는 기업이나 공공기관은 6개월~1년 전에 해당 내용을 기관이나 기업의 홈페이지 등에 미리 게시하게 되어 있다. 취업을 준비하는 학생들은 자신이 지원하고자 하는 직무의 상세자료를 NCS에서 다운받아 학습하면 된다.

채용공고 ▶ NCS 기반 서류전형 ▶ NCS 기반 필기전형 ▶ NCS 기반 면접전형

※ 기관의 특성·채용관행 등에 따라 절차 및 세부내용이 상이하게 운영될 수 있음

---

2) NCS 기반 서류전형

기존의 입사지원서에서는 신장, 체중 등 다양한 개인 신상을 기술해야 했던 반면, 능력 중심 입사지원서의 경우에는 반드시 직무수행과 관련된 능력만을 적을 수 있도록 항목이 간소화되었다. NCS 기반 서류전형은 직무기반 입사지원서, 직무능력소개서, 자기소개서 등의 작성이다.

직무기반 입사지원서는 해당 직무를 성공적으로 수행할 가능성이 높은 지원자를 선별하기 위한 것으로, 해당 기업·기관의 모집분야별 직무수행에 필요한 교육, 경력, 경험, 성과, 자격 등의 필요한 스펙을 기재할 수 있도록 구성되어 있다.

직무능력소개서는 지원자가 입사지원서에 작성한 경력 및 경험 사항에 대해 더 자세하게 기술(담당 역할, 주요 수행업무, 수행성과 등)하도록 구성되어 있으며, 면접 시 지원자를 파악하는 자료로 활용한다.

NCS 기반 자기소개서는 지원자의 일대기를 기술하는 방식이 아닌 지원동기, 조직적 합성(핵심가치/인재상 등) 등으로 구성되어 있으며 면접 시 지원자를 파악하는 자료로 활용한다.

3) NCS 기반 필기전형

NCS 기반 필기전형은 대부분의 산업 분야에서 공통으로 요구하는 능력인 직업기초능력 검사와 업무를 수행하는데 있어서 필요한 지원자의 지식·기술·태도를 평가하는 직무수행능력 검사로 구성된다. NCS 기반 필기전형을 준비하는 방법으로는 시중에 나와 있는 NCS 기출문제집을 풀어 보는 것도 바람직하다.

직업기초능력 검사는 기존의 인·적성평가문항이 아닌 여러 가지 직업기초능력을 단일 혹은 복합적으로 출제하여 실무에서 필요한 기초능력을 측정할 수 있는 문항이 출제된다. 그리고 직무수행능력 검사는 전공 관련 지식이나 실무 수행 중에 나타날 수 있는 내용을 중심으로 평가하는 문제가 출제된다.

4) NCS 기반 면접전형

NCS 기반 면접평가는 직업기초능력 면접과 직무수행능력 면접으로 구분된다. 직업기초능력 면접은 제한된 시간 안에 지원자의 능력을 객관적·합리적으로 평가하기 위해 다양한 평가방법을 구조화하여 활용하며 각 기업의 특성, 현황, 핵심역량 등을 접목하여 출제한다. 질문은 직업인이 공통으로 갖추어야 할 10개 영역의 기초직업능력과 기업·기관이 보유하고 있는 인재상 및 핵심역량을 기반으로 질문을 구성한다.

또한 직무수행능력 면접은 NCS의 세분류(직무)별 능력단위와 기업의 환경 및 실제 직무여건을 분석하여 개발되며 실제 직무수행과 관련한 지식·기술·태도를 객관적으로 평가할 수 있는 문항으로 구성된다.

3 NCS 기반 역량 중심 입사지원서 작성

NCS 기반 입사지원서는 직무와 관련하여 필요한 최소한의 개인정보, 그리고 직무 관련 능력을 파악할 수 있는 사항들로 이루어져 있다. NCS 기반 입사지원서는 인적사항, 교육사항, 자격사항, 경력 혹은 경험사항 등 크게 네 가지로 구성되어 있다. 또한 기존의 이력서 양식과는 달리 NCS 기반 직무능력 소개서를 추가로 작성해야 한다.

아래의 입사지원서 양식은 경영관리직군의 인사조직에 입사하는 취업준비생들을 대상으로 한 내용이므로 타 직군에 응시하고자 하는 사람은 NCS 사이트의 대분류→중분류→소분류→세분류→능력단위의 분류단계를 검색하여 작성할 것을 권한다.

1) 인적사항

기관의 특성에 따라 필기전형, 면접전형, 혹은 입사 시 지원자를 구별하기 위해 필요한 최소한의 정보만을 요구한다. 성명, 주소, 연락처, 지원 분야 등을 작성하며, 입사지원서 평가에는 평가하지 않는다.

1. 인적 사항

* 인적 사항은 필수항목으로 반드시 모든 항목을 기입해 주십시오.

지원구분	신입( ) 경력( )		지원분야		접수번호	
성명	(한글)		생년월일	(월/일)		
현주소						
연락처	(본인휴대폰)		전자우편			
	(비상연락처)					

2) 교육사항

직무와 관련된 학교교육이나 직업교육 혹은 기타교육 등 직무에 대한 지원자의 관심 등을 평가하기 위한 항목이다. NCS 기반 입사지원서는 지원하고자 하는 분야의 학교 전공교육 이외에 직업교육, 기타교육(학교 이외의 기관에서 개인이 이수한 교육과정 중 지원직무와 관련이 있다고 생각되는 교육내용) 등을 기입할 수 있기 때문에 전공의 제한 없이 직업교육과 기타교육을 이수하여 지원이 가능 하도록 기회를 제공하고 있다.

그러므로 지원 직무와 전공이 직접적인 관련이 있으면 좋겠지만 그렇지 않을 때에는 지원직무와 관련된 교과목이나 관련 직업 교육을 미리 수강할 필요가 있다. 이를 통해 지원자는 직무에 대한 관심과 노력을 보여줄 수 있기 때문이다. 교육사항은 크게 학교교육과 직업교육으로 구성되어있다.

* 학교교육은 제도화된 학교 내에서 이루어지는 고등교육과정을 의미합니다. 아래의 질문에 대하여 해당되는 내용을 기입해 주십시오.

학교교육		
[경영/경제/회계/무역] 관련 학교 교육 과목을 이수한 경험이 있습니까?	예 ( )	아니오( )
[통계] 관련 학교교육 과목을 이수한 경험이 있습니까?	예 ( )	아니오( )
[경영 전략/평가/성과 관리] 관련 학교 교육과목을 이수한 경험이 있습니까?	예 ( )	아니오( )
[인사/조직관리] 관련 학교 교육 과목을 이수한경험이 있습니까?	예 ( )	아니오( )
[광고/홍보/매스컴] 관련 학교 교육 과목을 이수한 경험이 있습니까?	예 ( )	아니오( )

* '예'라고 응답한 항목에 해당하는 내용을 아래에 기입해 주십시오.

과목명	주요내용

* 직업교육은 학교 이외의 기관에서 실업교육, 기능 교육, 직업훈련 등을 이수한 교육과정을 의미합니다. 아래의 질문에 대하여 해당되는 내용을 기입해 주십시오.

직업교육		
[경영/경제/회계/무역] 관련 직업교육 과목을 이수한 경험이 있습니까?	예 ( )	아니오( )
[통계] 관련 직업교육 과목을 이수한 경험이 있습니까?	예 ( )	아니오( )
[경영 전략/평가/성과 관리] 관련 직업교육 과목을 이수한 경험이 있습니까?	예 ( )	아니오( )
[인사/조직관리] 관련 직업교육 과목을 이수한 경험이 있습니까?	예 ( )	아니오( )
[광고/홍보/매스컴] 관련 직업교육 과목을 이수한 경험이 있습니까?	예 ( )	아니오( )

* '예'라고 응답한 항목에 해당하는 내용을 아래에 기입해 주십시오.

교육과목명	주요 내용	기관명	교육기관

3) 자격사항

　　채용공고문 및 '직무 설명자료'에 제시되어 있는 자격 현황을 토대로 지원자가 해당 직무를 수행하는데 필요한 능력을 가지고 있는지를 판단하기 위한 항목이다. 여기에는 반드시 해당 직무와 관련 있는 자격만 명시할 수 있다. 그러므로 지원자는 입사 전에 자신이 어떤 직무에 지원할 것인가를 미리 결정하여 해당 직무에 관련된 자격을 확보하는 것이 필요하다. NCS 세분류별로 제시되어 있는 자격현황을 참고할 것을 권한다.

* 자격은 직무와 관련된 자격을 의미합니다. 코드를 확인하여 해당 자격증을 정확히 기입해 주십시오.

A. 국가 기술자격	B. 개별법에 의한 전문자격
C. 국가 공인 민간 자격	D. 기타 자격

* 위의 자격 목록에 제시된 자격증 중에서 보유하고 있는 자격증을 아래에 기입해 주십시오.

자격증명	발급기관	취득일자	자격증명	발급기관	취득일자

* 그 외, [직무 혹은 직무관련 지식]에 관련된 자격증은 아래에 기입해 주십시오.

자격증명	발급기관	취득일자	자격증명	발급기관	취득일자

출처: NCS내 환경분석내 자격 현황 참고

4) 경력사항과 경험사항

　　자기소개서 혹은 경험기술서를 통해서 직무와 관련된 경력이나 경험 여부를 표현하도록 하여 직무와 관련한 능력을 갖추었는지를 평가하는 부분이다. 경력은 금전적 보

● 경력사항

* 경력은 금전적 보수를 받고 일정기간동안 일했던 이력을 의미합니다. 아래의 질문에 대하여 해당되는 내용을 기입해 주십시오.

기업 조직에 소속되어 [경영 기획 (능력단위 ①)] 관련 업무를 수행한 경험이 있습니까?	예 ( )	아니오( )
기업 조직에 소속되어 [경영 평가 (능력단위 ②)] 관련 업무를 수행한 경험이 있습니까?	예 ( )	아니오( )
기업 조직에 소속되어 [홍보 (능력단위 ③)] 관련 업무를 수행한 경험이 있습니까?	예 ( )	아니오( )

* 그 외, 경력사항은 아래에 기입해 주십시오.

근무 기간	기관명	직위/역할	담당 업무

* 자세한 경력 사항은 경력기술서에 작성해 주시기 바랍니다.

● 직무 관련 기타 활동(경험사항)

* 직무 관련 기타 활동은 직업 외적인(금전적보수를 받지 않고 수행한) 활동을 의미하며, 산학, 팀 프로젝트, 연구회, 동아리/동호회, 온라인 커뮤니티, 재능기부 활동 등이 포함될 수 있습니다. 아래의 질문에 대하여 해당되는 내용을 기입해 주십시오.

[경영 기획 (능력단위 ①)] 관련 활동들을 수행한 경험이 있습니까?	예 ( )	아니오( )
[경영 평가 (능력단위 ②)] 관련 활동들을 수행한 경험이 있습니까?	예 ( )	아니오( )
[홍보 (능력단위 ③)] 관련 활동들을 수행한 경험이 있습니까?	예 ( )	아니오( )

* '예'라고 응답한 항목에 해당하는 내용을 아래에 기입해 주십시오.

활동 기간	소속 조직	주요역할	주요활동업무

* 자세한 직무 관련 기타 활동 사항은 경험기술서에 작성해 주시기 바랍니다.

위 사항은 사실과 다름이 없음을 확인합니다.

지원 날짜:

지 원 자: (인)

수를 받고 일정기간 동안 일했던 경우를 의미하고, 경험은 금전적 보수를 받지 않고 수행한 활동을 의미한다. 입사지원서 내에서의 경력사항과 직무관련 기타활동은 각각 직무능력 소개서의 경력 및 경험 기술서 항목에 구체적으로 작성하게 될 뿐 아니라 면접에서 구체적인 질문이 이루어지므로 신중하게 작성해야한다.

실습 1 | 위 이력서 양식을 습득한 후에 NCS 기반으로 본인의 입사지원서를 작성해 보자.

4 NCS 기반 직무능력 소개서

NCS 기반 입사지원서에서 적시하도록 되어있는 경력 혹은 경험사항에 대한 보다 구체적이고 자세한 설명을 통해 직무와 관련된 능력을 표현하도록 하고 있다. 직무능력 소개서는 경력기술서와 경험기술서의 두 가지 종류로 구분할 수 있으며, 고용노동부는 경력기술서와 경험기술서의 의미를 다음과 같이 설명하고 있다.

경력기술서	경험기술서
일정한 대가를 받고 일한 경우 그 경력을 상세히 기록하여 정리함	대가를 받지 않고 일한 경우 그 경험을 상세히 기록하여 정리함

1) 경력기술서 작성

● 경력기술서

• 입사지원서에 기술한 경력 사항에 대해 상세히 기술해 주시기 바랍니다.

• 구체적으로 직무영역, 활동/경험/수행 내용, 본인의 역할 및 구체적 행동, 주요 성과에 대해 작성해 주시기 바랍니다.

● 경력기술서 작성 예시

지원분야: 총무·인사	활동기간: 2014.2.1~2015.1.31	지원자: ○○○
구분	**경험 내용**	
직무분야	대형 행사 진행을 위한 구매 대행 업무 지원	
기관소개	○○○○재단 경영 지원팀 : 장애인 인권 및 복지 증진을 목적으로 활동하는 비영리 기관	
역할 및 활동내용	1) 역할: 업무 담당자 지원 업무 담당 2) 활동 내용: 500명 규모의 장애인 지식포럼 및 단합 대회 준비 관련 비품 구매를 위한 구매 대행사 선정 및 진행 과정의 지원 업무 수행 • 구매 대행사 정보 수집 • 구매 대행을 위한 자격 요건 구성회의 준비 및 참여 • 구매 대행사 선정을 위한 입찰 공고문 작성 및 공지 • 입찰 업무 지원 • 구매 대행사 선정 후 업무 진행 보조	
교훈 및 업무관련성	1) 교훈 • 구매 대행 업무와 관련된 절차와 사업 관리 방법 체득 • 조직 내 총무 업무의 필요성 인식의 기회 2) 업무 관련성 • 전 추진 과정 참여 경험을 통해 총무 업무 수행에 대한 높은 이 해도^^ • 구매와 관련된 연관 업무에 대한 자료 및 지식 바로 활용 가능	

출처: 한국표준협회(2015).

2) 경험기술서 작성

● 경험기술서

• 입사지원서에 기술한 직무관련 기타 활동에 대해 상세히 기술해 주시기 바랍니다.

• 구체적으로 본인이 수행한 활동 내용, 소속 조직이나 활동에서의 역할, 활동 결과에 대해 작성해주시기 바랍니다.

● 경험기술서 작성 예시

지원분야: 총무·인사	활동기간: 2014.7.1~2014.8.31	지원자: ○○○
구분	경험 내용	
활동 분야	총무 업무 연관	
기관소개	○○도서관 : 구립 도서관으로 지역 구민 및 주변 타 구민을 위한 공공시설	
역할 및 활동내용	• 2개월간 도서 대출 및 반납 업무 지원 • 지역 주민의 도서관 관련 민원 접수 및 정리 후 해당 팀에 이메일 • 도서관 내부 시설 점검 보조 업무	
교훈	• 지원 업무에 대한 이해도를 높일 수 있었음 • 조직 내 지원 업무의 역할이 주요 업무 수행에 매우 필요한 것임을 인식	

출처: 한국표준협회(2015).

실습 2 | 위 요령을 습득한 후에 경력기술서를 작성해 보자.

실습 3 | 위 요령을 습득한 후에 경험기술서를 작성해 보자.

13장

NCS 기반 자기소개서

1 NCS 기반 자기소개서 작성의 의의

  기존의 자기소개서는 지원자의 일대기나 관심 분야, 성격의 장단점 등 개괄적인 사항을 묻는 질문으로 구성되어 있는 경우가 많아 지원자가 자신의 직무능력을 제대로 표출하지 못하였으나 NCS 기반 자기소개서는 채용공고 단계의 '직무 설명자료'에서 제시되는 직업기초능력과 직무수행능력을 측정하기 위해 필요한 질문들로 구성되어 있다. NCS 기반 자기소개서는 9장 자기소개서 작성에서 설명한 것과 중복되므로 자세한 것은 전술한 내용을 참고하면 된다.

  NCS 기반 자기소개서 문항은 특별한 것이 아니며 대기업이 오래전부터 인재상 및 자사에서 필요한 인재의 역량을 중심으로 채용한 것과 거의 유사하다. NCS 자기소개서는 경험 또는 경력을 토대로 자신의 장점을 부각시키는 내용을 기재하는 대기업과 거의 유사하므로 대기업 지원용 자기소개서를 조금만 수정하면 된다.

  자기소개서는 입사지원서, 경력소개서 및 경험소개서와 더불어 면접시험 대비를 위한 기초자료가 되므로 무조건 취업하겠다는 생각으로 거짓된 내용을 작성해서는 안 되며, 반드시 자신의 경험과 경력을 바탕으로 자신의 역량을 최대한 표출하는 내용으로 작성해야 한다.

NCS 직무능력 기반 자기소개서의 요구 사항은 다음 세 가지로 분류할 수 있다.

1) 지원동기(조직과 직무)

지원동기는 지원하고자 하는 기업 또는 공공기관의 홈페이지에서 찾아볼 수 있다. 홈페이지에서 산업, 직무 등을 참고하여 지원동기를 작성하는 것이 가장 일반적이지만 만일 홈페이지에 이와 같은 내용이 없을 때에는 지원하고자 하는 기업과 유사한 기업의 홈페이지를 찾아 작성한다. 일반적으로 지원동기와 관련된 내용은 대개 조직과 직무에 대한 내용이므로 아래의 질문내용을 면접시험을 치르는 마음으로 작성할 필요가 있다.

> • 지원자는 수많은 기업 중에서 왜 우리 기업에 지원했을까?
> • 지원자는 다양한 직무 중에서 왜 해당 직무에 지원했는가?

2) 조직 적합성(핵심 가치, 인재상)

조직 적합성과 관련된 내용은 지원하고자 하는 기업이 추구하는 핵심가치와 인재상에서 요구되는 능력을 말한다. 핵심가치와 직무역량은 기업의 홈페이지에 공개되어 있으므로 이들을 충분히 숙지한 후에 학교생활, 사회경험, 취미활동, 아르바이트, 봉사활동 등 자신이 경험했거나 자신의 경력을 토대로 작성하는 것이 중요하다.

> • 지원자는 우리 기업의 핵심 가치를 이해하고 그만한 가치를 보유하고 있는가?
> • 지원자는 우리 기업이 추구하는 인재상에 부합하는 능력을 보유하고 있는가?

3) 직무 적합성(직무 역량)

직무 적합성은 직무와 관련하여 기업이 요구하는 능력을 이해하고 보유하고 있는가, 그리고 직장인으로서 필요한 직업기초능력을 보유하고 있는가 등을 묻는 질문이 많다.

- 지원자는 지원한 직무에서 요구하는 능력을 이해하고 있는가?
- 지원자는 지원한 직무에서 요구하는 능력을 어떻게 개발하고 보유하고 있는가?
- 직장인으로 필요한 직업기초능력은 보유하고 있는가?

이와 같은 직무 적합성은 채용공고를 낸 기업의 직무설명서를 통해 확인할 수 있다. 아래 표는 한국인터넷진흥원 공개채용 내용 중 일부를 발췌한 것이다. 요구되는 능력단위는 NCS 홈페이지의 능력단위를 검색하여 확인하면 되고, 직무수행 내용, 필요한 지식, 기술, 태도 및 해당직무에 필요한 직업기초능력이 공개되어 있어 이를 토대로 자기소개서의 직무 적합성과 관련된 질문에 답을 작성하면 된다.

한국인터넷진흥원 2016년 상반기 직원 공개채용

NCS 기반 채용 직무 설명자료: 경영분야

채용 분야	경영	분류 체계	대분류	02. 경영·회계·사무	
			중분류	01. 기획사무	03. 재무·회계
			소분류	01. 경영계획	01. 재무
			세분류	경영기획	예산/자금

	능력단위	직무코드	능력단위	직무코드
요구 능력 단위	예산관리	0201010106	예산 편성지침 수립	0203010101
	경영실적 분석	0201010107	연간종합예산수립	0203010103
	경영 리스크 관리	0201010108	확정 예산 운영	0203010105
	이해관리자 관리	0201010109	예산 실적 관리	0203010106
	참고 사이트 www.ncs.go.kr 홈페이지→NCS 학습모듈 검색→관련 능력단위 직무코드 검색			

(계속)

직무 수행 능력	• 경영목표에 따른 예산편성 지침 수립, 예산 소요를 파악, 조정 편성, 계획대비 실적 분석, 경영실적 점검 계획 수립, 경영 실적 측정, 분석, 피드백 수행, 리스크 파악, 리스크 위험도 측정, 리스크 사전 대응계획 수립, 리스크 사전대응활동 점검, 리스크 대응 활동 수행, 기관 목표 달성에 영향을 미치는 개인 또는 단체를 파악하고 이들의 특성과 기대사항을 분석, 체계적 대응
필요 지식	• 예산계획 수립원칙, 예산회계법, 재정회계법, 예산 편성 지침, 예산 계획, 재무·관리회계 지식, 기업 경영상의 리스크에 대한 개념, 계정과목 분류와 정의, 사업단위별 업무내용, 예산관리규정에 관한 지식, 예산편성지침에 관한 지식, 예산관리규정, 예산지침서 작성능력, 현업담당자와 업무협의를 할 수 있는 협상능력, 계정과목 정의와 분류, 대내·외 사업 환경 변화에 관한 이해
필요 기술	• 변경되는 예산안에 대한 민감도 분석 능력, 세부예산수립기준을 발표할 수 있는 능력, 스프레드시트 활용능력, 예산안 보고서 작성 능력, 예산프로그램 활용능력, 현업담당자에 세부예산수립기준을 교육할 수 있는 기술, 기획서 작성 기술, 회계 계정·세목 분류 기술, 부서별 소요예산 분류 기술, 부서별 소요예산 우선순위 설정 기술, 항목별 금액 설정 기술, 전자예산계획 편성 기술, 예산 집행금액 산출 기법, 예산 관리 적용 기술, 차년도 예산관리 산출 기법, 회의 기획·진행 기술, 비즈니스 문서 작성 기술, 경영리스크 분류 방법론, 경영리스크 관리 프로세스, 회의체 구성·운용 기법, 회의록 작성 기법, 경영이슈별 주요 트렌드, 관련기관단체 특성, 정부정책법규 동향, 유관기관 문제별 해결 사례, 유관기관 관리방안, 예산운영지침 작성 기술, 예산별 조정안 도출능력, 예산조정결과 부서별 협상 능력
직무 수행 태도	• 저극적 의사소통 자세, 목표지향적 사고, 예산 편성 운선순위에 대한 전략적 사고, 주의이식과 책임감 있는 자세, 수리적 정화도를 기하려는 자세, 원활한 의사소통을 하려는 자세, 예산 편성기준을 준수하려는 자세, 합리적 사고, 계획대비 실행율을 정확히 점검하려는 자세, 선행적 업무 처리 자세, 주도적 자세, 성과측정 기준 수립을 위한 체계적 사고, 실적 측정에 필요한 다양한 자료의 수집 능력, 점검 목적에 따른 분석적 사고, 원인 분석을 위한 가설 지향적 사고, 개선방안 도출에 필요한 논리적 사고 자세, 개선 의지, 의견 조율과 합의도출을 위한 의사소통 노력, 경영리스크를 감소시키고 개선
직무 수행 태도	하려는 의지, 유관조직과의 협력적 관계를 유지하려는 태도, 전사적 관점의 유지, 계획수립의 치밀성, 회의 기획·진행 기술, 관련기관단체 담당자와의 협상 기술, 편중되지 않고 데이터에 입각하여 업무를 수행하려는 의지, 현업담당자와의 태도, 현업의 목소리를 들으려는 경청 의지, 지침과 규정에 의거하여 업무를 처리하는 노력, 타부서와의 이견을 조율할 수 있는 설득적 자세, 공정한 기준에 따라 예산을 운영하는 합리적 자세
직업 기초 능력	• 문제해결능력, 의사소통능력, 조직이해능력, 자원관리능력, 정보능력, 수리능력

※ 필요지식/필요기술/직무수행태도 및 직업기초능력은 한국산업인력공단에서 공개한 NCS(국가직무능력표준)에 따라 분류한 것임

2 NCS 기반 직업기초능력에 따른 자기소개서 작성

NCS 기반 직업기초능력에 따른 자기소개서를 작성할 때는 자신이 하고 싶은 일이 무엇이며, 이 일이 직무와 어떤 관련이 있는가? 그 직무에서 필요한 지식, 기술, 태도는 무엇이며, 왜 그 기업을 선택했으며, 지원하고자 하는 기업의 비전과 미션, 핵심가치, 인재상은 무엇인지 등을 기업의 홈페이지와 NCS 홈페이지(www.ncs.go.kr)의 NCS 및 학습모듈검색의 분야별 검색을 통해 자신의 경험, 경력과 관련하여 작성한다.

그리고 자기소개서를 작성할 때는 자신의 경험이나 경력, 능력(지식, 기술, 태도) 등과 관련하여 자신만의 독특한 내용을 그려 넣는다. 그러나 막상 자기소개서를 작성하려면 어디에서 소재를 구하고 어느 시점을 떠올려야 할지 막막할 때가 많다. 이럴 경우에는 인터넷 사이트나 책을 통해 합격 자기소개서를 많이 읽는 것이 좋다. 또한 자기소개서를 작성할 때는 두괄식으로 작성하는 습관을 길러야 한다.

NCS 기반 자기소개서는 대기업 자기소개서와 더불어 작성 요령 및 기출질문, 합격자들의 자소서 등이 공취사(http://cafe.naver.com), 독취사(http://cafe.naver.com) 등의 사이트에서 상세히 제공하고 있으므로 이들 사이트를 통한 연습이 필요하다고 본다.

다음은 산업인력공단의 직업기초능력에 따른 자기소개서 질문 예시이다. 각각의 내용에 대해 아래의 자기소개서를 작성해 보자.

> **자기개발능력** | 최근 5년 동안 귀하가 성취한 일 중에서 가장 자랑할 만한 것은 무엇입니까? 그것을 성취하기 위해 귀하는 어떤 일을 했습니까?

문제해결능력 | 예상치 못했던 문제로 인해 계획대로 일이 진행되지 않았을 때, 책임감을 가지고 적극적으로 끝까지 업무를 수행해내어 성공적으로 마무리했던 경험이 있으면 서술해 주십시오.

자기개발능력 | 현재 자신의 위치에 오기 위해 수행해온 노력과 지원한 직무분야에서 성공을 위한 노력 및 계획을 기술해 주십시오.

대인관계능력 | 약속과 원칙을 지켜 신뢰를 형성·유지했던 경험에 대해 기술해 주십시오.

조직이해능력 | 우리 회사에 입사 지원한 동기 및 입사 후 실천하고자 하는 목표를 다른 사람과 차별화 된 본인의 역량과 결부시켜 작성해 주십시오.

조직이해능력 | 지금까지 학교생활 및 여러 조직에서 생활해 오면서 조직의 중요성 및 경험을 설명하여 주시고, 또한 우리 공단 조직의 역할이 무엇인지 설명하십시오.

의사소통능력 | "K라는 직원이 업무관련으로 고객과 대화를 나누고 있다. 그런데 고객은 이해가 되지 않는다고 반문을 했다." 대화 중 무엇이 문제이고 어떻게 하면 해결할 수 있는지 설명하십시오.

3 NCS 기반 능력중심채용에 따른 자기소개서 작성

2016 하반기 한국공항공사 문항 예시

- 본인이 알고 있는 한국공항공사에 관한내용(국내외 환경변화, 조직특성, 추진업무 등)은 무엇이며 그 정보를 어떻게 얻게 되었는지 기술해 주시기 바랍니다. 또한 그중 어떠한 면에 이끌려 우리 공사에 지원하게 되었는지 기술하여주시기 바랍니다. (200자 이상 400자 이내)
- 우리 공사 인재상에 맞는 직원이 되기 위해 당신은 어떤 면에서 준비가 되어 있으며, 최근 3년 이내에 해당 능력을 개발하기 위해 어떠한 노력을 하였는지 구체적인 사례로 기술해 주시기 바랍니다. (200자 이상 400자 이내)
- 새로운 문제에 대해 기존에 없던 혹은 이전과 다른 방식으로 문제를 해결했던 경험을 구체적인 사례로 기술해 주시기 바랍니다. (200자 이상 400자 이내)
- 본인이 어떤 단체(조직, 동아리 등)에 소속되어 공동과업을 달성하는 과정에서 구성원들과 관계에서 발생했던 어려움은 무엇이었으며, 그 어려움을 극복하기 위해 어떠한 노력을 했는지 구체적인 사례로 기술해 주시기 바랍니다. (200자 이상 400자 이내)
- 본인이 현실과 타협하거나 편법을 사용하지 않고, 원칙대로 일을 처리해서 좋은 결과를 이끌어 냈던 구체적인 사례를 기술해 주시기 바랍니다. (200자 이상 400자 이내)

- 한국농어촌공사에 지원하게 된 동기와 입사 후 공사에서 어떤 업무를 왜 해보고 싶은지에 대해 기술하시오.
- 자신이 왜 한국농어촌공사의 인재상에 부합되는 인물이라고 생각하는지를 기술하시오.
- 자신의 전문성을 통해 어떤 성과를 이루었는지 기술하시오.
- 높은 수준의 목표를 설정하고 이를 달성하기 위해서 노력했던 경험에 대해 기술하시오.

* 각 항목당 글자수 공백 포함 500자 이내입력

- 본인이 지원한 분야의 필요 지식을 습득하기 위해 받은 학교 교육 또는 직업 교육 내용을 기술하고 현업에서의 활용 방안에 대한 생각을 기술하십시오. (띄어쓰기 포함 800자 이내)
  1. 과정명:
  2. 과정 내용:
  3. 활용 방안:
- 1의 필요지식 이외에 귀하가 한전에 입사하여 효과적인 업무 수행을 하기 위해 필요 하다고 생각하는 능력은 무엇입니까? 귀하는 최근 3년 이내에 해당 능력을 개발하기 위해서 어떤 노력을 하였습니까? 관련 능력을 발휘했던 경험이 있다면 기술하여 주십시오. (띄어쓰기포함 400자 이내)
- 귀하가 우리 사회 또는 한전에 대해 변화가 필요하다고 느끼는 사항은 무엇입니까? 그 문제에 대해 창의적인 방법을 통해 개선을 이루어낼 수 있는 아이디어가 있다면 구체적으로 기술하여 주십시오. (띄어쓰기포함 400자 이내)
- 귀하가 최근 3년 이내에 가장 도전적인 목표를 세우고 성취해낸 구체적인 경험이 있다면 구체적으로 그 과정과 결과에 대하여 기술하여 주십시오. (띄어쓰기 포함 400자 이내)
- 귀하가 최근 3년 이내에 공동(조직) 또는 타인의 이익을 위하여 나에게 예상되는 손해(피해)를 감수하고 일을 수행한 경험이 있다면 구체적으로 그 과정과 결과에 대하여 기술하여 주십시오. (띄어쓰기 포함 400자 이내)

- 지금까지 학교생활 및 여러 조직에서 생활해 오면서 조직의 중요성 및 경험을 설명하여 주시고, 또한 우리공단 조직의 역할이 무엇인지 설명하십시오. (300~400자 이내)
- 만약 당신의 업무가 회계 담당자일 때, 계산착오로 비용처리에 문제가 발생하였다면 어떻게 문제를 해결할 것인지 그 방법과 이유를 설명하십시오.(400~500자 이내)
- "K라는 직원이 업무 관련으로 고객과 대화를 나누고 있다. 그런데 고객은 이해가 되지 않는다고 반문을 했다." 대화 중 무엇이 문제이고 어떻게 하면 해결할 수 있는지 설명하십시오. (400~500자 이내)
- 직장인으로서 직업윤리가 왜 중요한지 본인의 가치관을 중심으로 설명하십시오. (300~400자 이내)

- KOGAS에 지원하게 된 동기와 희망직무를 선택한 이유를 입사 후 목표 및 포부를 포함하여 기술해 주십시오. (1000 Bytes 이내)
- 과제 및 업무 수행 상황에서 구성원들 간의 갈등을 중재하거나 효율적으로 과제 및 업무가 진행될 수 있도록 의사 발언을 한 경험이 있습니까? 상황을 설명해 주시고 본인이 생각하는 업무 효율성 또는 업무 성과를 높이기 위한 효과적인 의사소통방법을 기술해 주십시오. (1000 Bytes 이내)
- 과거의 교육과정이나 경력들을 통해 습득한 전공 지식 및 기술 경험들이 KOGAS 지원 분야내의 업무들과 어떠한 관련성을 맺고 있다고 생각합니까? 또 그러한 지식과 경험이 실제 업무 수행에 어떠한 방식으로 도움을 줄 수 있는지 구체적으로 기술하여 주십시오. (1000 Bytes 이내)
- 학업 과제수행이나 업무 수행 중에 예상치 못한 문제를 해결해 본 경험이 있습니까? 그 문제를 해결하기 위해 어떠한 과정(문제원인 도출, 해결방안 탐색, 해결방안 적응 등)을 거쳤으며 어떠한 점에서 그 해결책이 효과적이었는지를 기술하여 주십시오. (1000 Bytes 이내)
- KOGAS에서 중요하게 생각하는 인재상은 다음과 같습니다.
  - 미래에 도전하고 변화를 선도하는 사람
  - 믿고 협력하여 공동의 성공을 실현하는 사람
  - 자기분야의 최고를 추구하는 사람

세 가지 인재상 중 자신과 가장 부합된다고 생각하는 인재상을 하나 선택하여, 구체적인 사례를 포함하여 그렇게 생각하는 이유를 기술하여 주십시오. (1000 Bytes 이내)

14장

NCS 기반 필기시험

NCS 기반 필기전형은 채용공고 단계의 '직무 설명자료'에서 제시되는 직무능력을 측정하기 위한 지필 시험이다. 평가는 선다형·진위형·단답형·연결형·논술형 등의 다양한 형태로 이루어질 수 있고, 기관은 직무관련성을 기본 전제로 직업기초능력평가, 전공필기, 논술, 직무수행능력평가 등 다양한 유형 중 선택적으로 필기전형을 진행하고 있다.

1 직업기초능력평가

직업기초능력은 총 10개 영역의 34개 하위영역으로 구성되어 있으며, 해당 공공기관의 인재상과 해당직무의 특성을 반영하여 중요도에 따라 채용에 필요한 핵심 영역만 도출하여 평가를 실시한다.

1) 의사소통능력 평가

의사소통능력은 상호간의 말하기, 쓰기, 듣기 능력을 통해서 의도한 바를 파악하고 전달하는 능력을 말하며, 직업인으로서 필요한 문서를 작성하고 파악하는 능력, 상호 간 의사소통을 필요로 하는 능력, 기초 외국어 능력 등 교양 및 기초 교육과정을 통해 의사소통능력을 습득할 수 있다.

①	문서이해능력	다른 사람이 작성한 글을 읽고 그 내용을 이해하는 능력
②	문서작성능력	자기가 뜻한 바를 글로 나타내는 능력
③	경청능력	다른 사람의 말을 듣고 그 내용을 이해하는능력
④	의사표현능력	자기가 뜻한 바를 말로 나타내는 능력
⑤	기초 외국어능력	외국어로 의사소통 할 수 있는 능력

예시 | 의사소통능력문항

귀하는 모 전자 회사의 인사 지원 부서에 근무한다. 최근 전사적으로 팀장 리더십에 대한 360° 진단이 있었는데, 아무래도 귀하의 팀장은 그다지 좋은 평가를 받지 못한 것 같다. 팀장이 앞으로 팀 운영에서 기본을 중시하겠다며, 아래와 같이 강조한다. 다음 중 팀장이 얘기하는 취지에 가장 부합하는 것은 무엇인가?
(※ 360° 진단은 대상자의 상사, 동료, 부하 직원이 그 사람의 평소 모습을 근거로 진단 항목에 응답하는 방식)

자료 "말하지 않아도 통하는 것이 '최고의 관계'이지만, 비즈니스 현장에서 필요한 것은 마음으로 아는 눈치의 미덕보다는 정확한 업무 처리임을 명심해야 합니다."

① 비즈니스 현장에서는 눈치를 봐서라도 정확한 업무처리를 해야 한다.
② 말하지 않아도 통하는 관계는 비즈니스 현장에서 최고의 관계이다.
③ 비즈니스 현장에서는 눈치 없다는 지적을 받더라도 정확히 물어야 한다.
④ 비즈니스 현장에서 정말 중요한 것은 마음으로 아는 눈치의 미덕이다.

【2015. 한국전력공사】 다음은 스마트그리드에 대해 토의한 내용이다. 사회자의 모두 발언에 이은 참석자의 이야기를 읽고 유추할 수 있는 내용으로 틀린 것을 고르면?

- **사회자**: 우리나라의 1인당 전력 소비량은 약 8,000kWh 내외로 미국, 캐나다를 제외하면 프랑스, 독일, 영국 등 선진국 대부분의 전력소비량을 이미 상회한 수준 입니다. 이 대량의 전력은 전국의 발전소에서 생산되어 각처의 소비자에게 수송 됩니다. 발전소, 변전소, 전력소비자들은 거미줄처럼 연결된 복잡한 송배전선로 망(grid)에 연결되어 있는데 우리나라는 좁은 국토임에도 송배전선로의 길이를 합치면 약 45만km에 이르러 지구를 10바퀴 돌고도 남을 정도라고 합니다. 이 전력은 대규모로 저장할 수 없어 공급과 소비가 정확히 일치해야 하고, 전력망 운영자들은 모든 소비자가 안정적인 전력 공급을 받을 수 있도록 수송 경로와 발전소의 출력을 계속 조정해야 합니다. 스마트그리드 기술은 이처럼 거대한 전력망을 정보통신 기술과 컴퓨터 기술을 활용하여 보다 안정적이며 친환경적인 스마트망으로 바꾸기 위한 기술인데요. 오늘은 스마트그리드 기술의 장단점에 대해 이야기해볼까 합니다.

- **김△△**: 스마트그리드의 장점은 우선 중복성에 있다고 봅니다. 발전소와 변전소 또는 송전선 등에 문제가 발생할 경우, 그물망처럼 경로를 망상화해서 다른 시설의 도움을 받을 수 있다는 것이지요. 이렇게 되면 소비자도 사용 전력량을 실시간으로 파악할 수 있고, 정전이 일어나도 비상 전원을 사용하는 게 수월해집니다.

- **송ㅁㅁ**: 네, 앞으로 소비자도 전력 사용량을 관리할 수 있다는 것이 큰 장점이지요. 만일 홈에너지 관리시스템인 HEMS(Home Energy Management System)이 도입된다면, 실제 전력 소비량 파악이 용이해지고 절전 효율도 높일 수 있을 것입니다.

- **박○○**: 전기사용의 효율과 절약은 피크 시프트가 있어 가능한 일입니다. 피크 시프트는 전력수요가 피크에 도달한 날 중 전력 소비의 일부를 수요가 적은 야간 전력으로 전환시키는 방식입니다. 또한 기존의 전력 미터는 검침원이 전력 사용량을 확인해야 했지만, 네트워크를 통해 전송할 수 있으므로 검침원이 필요 없어져 인건비를 절감할 수 있습니다.

- **윤△△**: 그러나 산간지역과 섬이 많은 우리나라 지형을 고려하면 전국적인 구축망을 갖추는 데 드는 시간과 비용이 막대할 것이라고 봅니다. 이는 광대한 영토를 가진 미국이나 이웃 국가와 전기를 융통하기 쉬운 유럽과는 지리적 여건이 다르기 때문에 문제점이 될 수 있습니다.

- **최ㅁㅁ**: 네, 맞습니다. 비용 측면을 더 깊이 들여다볼 때, 기존의 전력 체계 대신에 스마트 미터라는 장비를 설치해야 하는데 무수한 기업과 일반 가정까지 공급 하려면 어마어마한 비용이 소요될 것입니다. 또한 네트워크 회선에서 전력소비를 보내는 게 실질적으로 어려울 거라 봅니다. 누가 언제 어디서 얼마나 전기를 쓰는 지에 대한 데이터베이스가 계속 축적되고, 이는 전력회사에 개인정보를 제공하는 것과 다르지 않을까요?

① 피크 시프트가 가능해지고 정전이 발생해도 비상 전원을 사용할 수 있다.

② 에너지 설비를 소비자가 직접 다룰 수 있는지 여부는 비용과 시간 측면으로 볼 때 아직 불투명하다.

③ 네트워크에 문제가 발생하면 사이버 테러의 표적이 되는 등 시민이 직접적인 피해를 입을 수도 있다.

④ 전력 검침원이 필요 없게 되므로 인건비를 절약할 수 있고, 스마트그리드 기술을 해외에 공급하면 외화가 증가하여 국가 경제에 긍정적으로 작용할 것이다.

⑤ 전력 공급과 소비의 일치, 안정적인 가동망 구축을 위해서는 전력망의 안정적인 운영이 가장 시급한 과제일 수 있다.

2) 수리능력 평가

기업분석, 과학기술, 전략 및 의사결정 등 직장 내 다양한 분야에서 사용되는 사칙연산, 통계, 확률 등 업무에 필요한 기초적인 수리능력을 말하며, 수치적 특징이나 규칙을 갖는 표, 그래프 등 자료를 기반으로 자료의 이해, 적용, 분석, 종합적인 평가 등 자료를 해석할 수 있는 능력을 기초 학문을 통해 습득할 수 있다.

①	기초연산능력	기초적인 사칙연산과 계산을 하는 능력
②	기초통계능력	필요한 기초 수준의 백분율, 평균, 확률과 같은 통계 능력
③	도표분석능력	도표(그림, 표, 그래프 등)가 갖는 의미를 해석하는 능력
④	도표작성능력	필요한 도표(그림, 표, 그래프 등)를 작성하는 능력

예시 | 수리능력문항

○○유치원교사 K씨는 아래의 유치원 바닥에 다음과 같이 놀이매트를 설치하기 위해 인터넷 판매 사이트에서 놀이매트를 살펴보고 있다. K씨가 가장 저렴한 비용으로 매트세트를 구매하고자 한다면 어느 것을 선택하는 것이 가장 적절한가? (아래의 A, B매트 중 하나를 클릭하시오.)

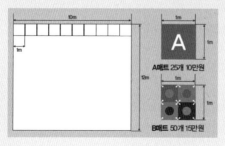

【2016. 건강보험심사평가원】 다음은 연도별 노인돌봄종합서비스 이용 및 매출 현황을 나타낸 자료
이다. 이에 대한 설명으로 옳지 않은 것은?

표 1 연도별 전국 노인돌봄종합서비스 이용 현황

구분	2008	2009	2010	2011
이용횟수(건)	104,712	88,794	229,100	253,211
이용자수(명)	11,159	8,421	25,482	28,108
이용시간(시간)	313,989	272,423	775,986	777,718

연도별 전국 노인돌봄종합서비스 매출 현황

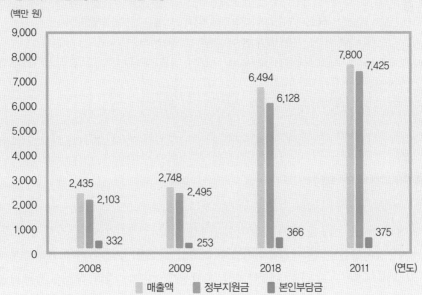

※ 매출액=정부지원금+본인부담금

표 2 연도별 7대 도시 노인돌봄종합서비스 이용자 수

(단위: 명)

연도	2008	2009	2010	2011
서울	1,570	2,071	2,626	2,488
부산	1,010	1,295	2,312	2,305
대구	513	960	1,191	1,276
인천	269	624	873	1,017
대전	290	389	777	813
광주	577	530	796	785
울산	150	162	327	415
계	4,379	6,031	8,902	9,099

① 전국 노인돌봄종합서비스의 이용자수 대비 이용횟수 가장 높은 연도는 2009년이다.
② 전국 노인돌봄종합서비스 매출액에서 본인부담금이 차지하는 비중은 매년 감소하였다.
③ 2008년 서울과 부산의 노인돌봄종합서비스 이용자수 합은 2008년 7대 도시 전국 노인돌봄종합서비스 이용자수 합의 절반 이상이다.
④ 전국 노인돌봄종합서비스의 이용시간당 매출액은 매년 증가하였다.

3) 문제해결능력 평가

문제해결능력은 직무를 수행하면서 실제적인 상황, 구체적인 이슈, 기업 전략 등 문제 상황이 발생하였을 경우, 창조적이고 논리적인 사고를 통하여 이를 올바르게 인식하고 적절히 해결하는 능력으로 교양지식, 시사상식, 다양한 경험 습득을 통해서 얻을 수 있다.

①	사고력	업무와 관련된 문제를 인식하고 해결함에 있어 창조적, 논리적, 비판적으로 생각하는 능력
②	문제처리능력	업무와 관련된 문제의 특성을 파악하고 대안을 제시, 적용하고 그 결과를 평가하여 피드백 하는 능력

J씨는 OO 출판사의 편집팀 인턴사원으로 입사하였다. J씨는 선임 직원으로부터 다음과 같은 사내 연락망을 전달받았다.

사내 연락망

연구개발팀(대표 번호: 5420)		편집팀(대표 번호: 6420)	
이름	직통	이름	직통
홍길동 팀장	5400	하운찬 팀장	6400
고안철	5421	이하늘 대리	6410
최운석	5420	고덕수	6421
회계팀(대표 번호: 7420)		J씨	6420
이름	직통		
한가월 팀장	7400		
강나래	7421		
김도선	7420		

OO출판사(Tel: 070-1234-직통번호)

- 당겨받기: 수화기들고+#+당겨받기버튼
- 시내통화: 내선번호
- 돌려주기: 돌려주기버튼+내선번호#+연결확인 후 끊기
- 전화 닫았을 때: '안녕하십니까? 아동들의 창의적인 성장을 돕는 OO출판사 OO팀 OOO입니다.

J씨는 사내 연락망을 살펴보는 과정에서 직통 번호에 일정 규칙이 있다는 것을 발견하였다. J씨가 이 규칙을 메모해 두고 좀 더 쉽게 번호를 암기하기로 하였다고 할 때, 다음 중 메모한 내용으로 적절한 것은?

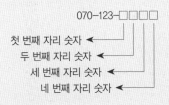

	직통번호의 숫자	규칙
①	첫 번째 자리 숫자	부서 코드
②	두 번째 자리 숫자	근속년도 코드
③	세 번째 자리 숫자	회사 코드
④	네 번째 자리 숫자	직위 코드

* 능력중심 채용사이트에서 더 많은 샘플 문항을 확인 할 수 있다.

【2015. 신용보증기금】 다음은 ◇◇공사의 여비규정과 K의 출장 일정이다. K가 받을 총 여비는 얼마인가?

여비규정

제00조(일반출장) ① 일반출장여비는 운임, 일비, 숙박비, 식비로 한다.
　　　　　　　　② 출발일과 도착일은 여행일수에 포함한다.
제00조(운임의 구분과 적용) ① 운임은 철도임, 버스임으로 구분한다.
　　　　　　　　　　② 철도임은 철도여행에, 버스임은 철도 외의 육로여행에 각각 적용한다.
제00조(일비) ① 일비는 '별표 제1호'에 따라 지급한다.
　　　　　　② 일비는 여행일수에 따라 지급한다.
제00조(숙박비) 숙박비는 '별표 제1호'의 상한액 내에서 실비를 지급한다.
제00조(식비) 식비는 1일 2식비를 기준으로 '별표 제1호'에 따라 지급하되, 숙박의 경우 1식비를 추가로 지급한다.

별표 제1호

(단위: 원)

구분	운임		일비(1일당)	숙박비(1일당 상한액)	식비(1일당)
	철도임	버스임			
직원	실비	실비	16,000	70,000	18,000

직원 K의 출장 일정

날짜	일정	시각	비고
1일차	출발	10 : 00	철도 이용 23,500원
	식사	13 : 00	식사 비용 8,000원
	숙박	–	숙박비 75,000원
2일차	회의	09 : 00	–
	만찬	17 : 00	–
3 일차	숙박	–	숙박비 60,000원
	복귀	11 : 00	철도 이용 26,500원

① 280,000원　　　　　　② 300,000원　　　　　　③ 320,000원

④ 340,000원　　　　　　⑤ 360,000원

4) 자기개발능력 평가

자기개발능력은 업무를 추진하는데 스스로를 관리하고 개발하는 능력이다. 직업인으로서 기초 지식을 습득하여 폭넓은 업무 이해 능력 갖추는 것으로 지원자가 지원하고자 하는 업무에 대하여 학교 기본교육을 통해 자기능력을 개발할 수 있다.

①	자아인식능력	자신의 흥미, 적성, 특성 등을 이해하고 이를 바탕으로 자신에게 필요한 것을 이해하는 능력
②	자기관리능력	업무에 필요한 자질을 지닐 수 있도록 스스로를 관리하는 능력
③	경력개발능력	끊임없는 자기개발을 위해서 동기를 갖고 학습하는 능력

예시 | 자기개발능력문항

전략기획팀 소속 팀원들은 얼마 전 전체회의에서 경력개발에 대하여 토의하였다. 2단계에서 이루어질 만한 내용을 이야기한 것 중 적절하지 않은 것은?

경력개발계획 수립과 실행 5단계

1단계: 직무 정보 탐색
2단계: 자신과 환경 이해
3단계: 경력 목표설정
4단계: 경력개발 전략 수립
5단계: 실행 및 평가

① 우리 회사의 매출이나 재무상태가 어떤지 연간 보고서 등의 자료를 보고 싶습니다.
② 우리 팀의 업무가 제 적성과 가치관에 제대로 부합하는지 숙고해 보아야겠습니다.
③ 경력 개발 프로그램을 찾아 이수하여 역량을 강화시켜야겠습니다.
④ 자기인식과 경력개발에 방향을 제시할 수 있는 전문 기관을 찾아보고 싶습니다.

* 능력중심 채용사이트에서 더 많은 샘플 문항을 확인 할 수 있다.

【2015. 한국산업인력공단】 대외협력센터에 근무하는 P 씨는 외국 사람들과 메일을 자주 주고받아야 하고, 직접 응대해야 할 일도 많아져 외국어 실력을 향상시키고자 학원에 등록하였다. 출근 전 아침 첫 타임에 시작하는 외국어 강좌를 신청했는데, 막상 개강 일주일이 지나자 아침에 일찍 일어나는 것이 힘들어 하루 이틀 결석하는 날이 잦아졌다. P 씨의 자기개발을 방해하는 요인과 비슷한 것을 고르면?

① 이대리는 같은 해 입사한 동기보다 승진도 느리고 평가도 좋지 않은 것 같아 변화의 필요성을 인지하고는 있지만, 막상 자신에게 부족한 점이 무엇인지 정확히 파악하지 못하고 있다.
② 김과장은 관리자 역량을 키우기 위해 온라인 강의를 등록했는데, 인터넷에 접속하면 자꾸 쇼핑을 하거나 다른 웹서핑을 하게 되어 강의를 제대로 듣지 못하고 있다.
③ 이제 막 입사한 신입사원 윤ㅁㅁ는 회사업무와 관련이 있지 않더라도 자기개발에 소홀하지 말라는 상사의 조언을 받았다. 그런데 어떤 것부터 해야 할지 판단이 서지 않아 결정을 하지 못하고 있다.
④ 김△△는 다니던 직장을 퇴사하고 원하던 다른 곳으로 어렵게 이직을 했지만, 생각했던 것보다 직장 분위기가 냉랭하고 낯설어 오래도록 적응을 하지 못하고 있다.

5) 자원관리능력 평가

자원관리능력은 시간, 자본, 재료 및 시설, 인적자원 등의 자원 가운데 무엇이 얼마나 필요한지를 확인하고, 이용 가능한 자원을 최대한 수집하여 실제 업무에 어떻게 활용할 것인지를 계획하고, 계획대로 업무 수행에 이를 할당하는 능력으로 업무상 필수적인 자료의 분석 및 관리 기술 등의 기초 지식을 평가한다.

①	시간자원관리능력	시간자원이 얼마나 필요한지를 확인 하고 이용 가능한 시간자원을 최대한 수집하여 실제 업무에 어떻게 활용할 것인지를 계획하고 할당하는 능력
②	예산자원관리능력	자본자원이 얼마나 필요한지를 확인하고 이용 가능한 자본자원을 최대한 수집하여 실제 업무에 어떻게 활용할 것인지를 계획하고 할당하는 능력
③	물적자원관리능력	재료 및 시설자원이 얼마나 필요한지를 확인하고 이용 가능한 재료 및 시설 자원을 최대한 수집하여 실제 업무에 어떻게 활용할 것인지를 계획하고 할당하는 능력
④	인적자원관리능력	인적자원이 얼마나 필요한지를 확인하고 이용 가능한 인적자원을 최대한 수집하여 실제 업무에 어떻게 활용할 것인지를 계획하고 할당하는 능력

귀하는 중소기업의 교육훈련 담당자이다. 팀장은 "조직의 효율성을 높이기 위해 전사적으로 시간관리에 대한 교육을 철저히 실시하라"고 하시지만, 현실적으로 직원들을 집합교육에 동원할 수 있는 시간은 제한적이다. 시간관리 중에서도 뭔가에 중점을 둬 교육을 실시하고자 하는데, 다음 중 귀하가 최우선의 교육 대상으로 삼아야 하는 것은 어느 부분인가?

자료

시간관리 매트릭스

	긴급한 일	긴급하지 않은 일
중요한 일	제1사분면	제2사분면
중요하지 않은 일	제3사분면	제4사분면

① 제1사분면은 중요하고 긴급한 업무를 처리하는 것을 의미하는 것으로, 다급한 문제, 마감에 쫓기는 프로젝트, 회의준비 등을 포함한다.
② 제2사분면은 긴급하지 않지만 중요한 업무를 처리하는 것을 의미하며, 계획, 인간관계구축, 장기계획수립, 예방적 정비 등을 포함한다.
③ 제3사분면은 중요하지 않지만 긴급한 업무를 처리하는 것에 해당하며, 고객이나 지인의 불시 방문이나 전화, 당장 처리해야 할 잡일 등을 포함한다.
④ 제4사분면은 중요하지 않고 긴급하지 않은 업무를 처리하는 것을 의미하여, 하찮은 일, 시간낭비거리, 지나친 TV시청 등을 포함한다.

* 능력중심채용 사이트에서 더 많은 샘플 문항을 확인할 수 있다.

【2015. 국민건강보험공단】 다음은 P 공단 김소영 대리와 박수완 사원의 통화 내용이다. 둘의 대화를 보고 다음 주에 있을 수요공급망 회의에 가장 적합한 회의실을 보기에서 고르면?

김: 감사합니다. 서비스팀 김소영입니다.
박: 안녕하세요. 김 대리님. 영업1팀 박수완입니다. 다음 주에 있을 수요공급망 회의 때문에 연락드렸습니다. 서비스팀 참석 인원은 총 몇 명인가요?

김: 그런데 생산관리팀은 직접 오진 못하고 화상으로 참석한다고 하지 않았나요?

박: 아, 맞아요. 그럼 화상회의 시설을 갖춘 회의실로 알아봐야겠네요.

김: 회의 일정은 어떻게 되죠?

박: 오전 10시에 시작해서 11시 30분까지 회의를 한 후 나가서 식사할 예정입니다. 그리고 다시 돌아와서 2시부터 6시까지 회의가 이어질 예정입니다.

김: 점심 식사 시간이 꽤 기네요?

박: 네, 예약한 식당이 회의실에서 좀 멀어서요. 차로 이동해야 하거든요.

김: 그럼 교통비도 생각해야겠네요. 회사에서 이번 회의 관련해서 총 50만 원까지 지원해 준다고 하던데, 회의실 대관 비용은 어느 정도 생각하고 있나요?

박: 식사비 30만 원, 교통비 8만 5천 원으로 잡고 있습니다. 그리고 아마 다과도 조금 준비해야 할 테니 그 비용을 6만 원 정도로 생각하면 회의실 대관료는 그 나머지 안에서 해결해야겠지요.

김: 다과를 제공하는 회의실도 있는 걸로 알고 있어요. 잘 찾아보세요.

박: 아, 한 번 알아봐야겠네요. 수요공급망 회의는 발표 없이 토론식으로 진행되는 게 맞나요?

김: 네, 지난 상반기에도 그랬으니 아마 이번에도 같은 형식일 거예요.

박: 네, 감사합니다.

김: 혹시 뭐 궁금한 사항이 있으면 언제든지 물어 보세요.

박: 감사합니다, 대리님.

회의실 대관 정보

(단위: 명, 원)

회의실	수용인원		대관요금		특징
	강의식	토론식	종일	반일	
401호	30	20	45,000	35,000	화상회의 시설 있음. (사용 시 추가요금 5,000원) 다과 제공
402호	35	25	80,000	65,000	화상회의 시설 있음. 다과 제공
403호	40	30	70,000	50,000	화상회의 시설 있음.
404호	40	30	55,000	50,000	화상회의 시설 있음. (사용 시 추가요금 5,000원)

① 401호　　　　② 402호　　　　③ 403호　　　　④ 404호

6) 대인관계능력 평가

대인관계능력은 업무를 수행함에 있어 접촉하게 되는 사람들과 문제를 일으키지 않고 원만하게 지내는 능력으로 학교 내 기초교육 과제 및 팀 프로젝트 등을 통해서 습득할 수 있다.

①	팀워크능력	다양한 배경을 가진 사람들과 함께 업무를 수행하는 능력
②	리더십능력	업무를 수행함에 있어 다른 사람을 이끄는 능력
③	갈등관리능력	사람들 사이에 갈등이 발생하였을 경우 이를 원만히 조절하는 능력
④	협상능력	업무를 수행함에 있어 다른 사람과 협상하는 능력
⑤	고객 서비스능력	고객의 요구를 만족시키는 자세로 업무를 수행하는 능력

예시 | 대인관계능력문항

귀하는 사업 기획에 반영시키라는 지시와 함께 팀장으로부터 아래와 같은 3C 분석 결과를 전달받았다. 다음 중 귀하가 향후 해결해야 할 회사의 전략 과제로 선택하기에 적절하지 않은 것은 무엇인가?

자료

3C	상황 분석
고객/시장 (Customer)	• 아시아를 중심으로 연 8% 성장 시장 • IT 관련 사업 연 20% 성장 • 고객 니즈에 맞는 맞춤형 프로젝트의 증가 • 시스템화 지향
경쟁회사 (Competitor)	• 1위 (미국A기업), 2위 (유럽 E기업) • 압도적인 시스템화 능력 보유 • 전문 메이커와 치열한 가격 경쟁
자사(Company)	• 국내 시장 점유율 1위, 세계 3위 • 강력한 국내 판매 대리점 망 보유 • 높은 기술개발력 • 해외 판매망 취약 • 높은 생산 원가(특히 간접비) 구조

① 시스템화 능력의 강화.　② 높은 제품 기술력을 바탕으로 한 제품 구색의 강화.
③ 해외 시장의 판매망 구축.　④ 간접비 삭감을 바탕으로 가격 경쟁력 강화.

* 능력중심채용 사이트에서 더 많은 샘플 문항을 확인할 수 있다.

【2015. IBK 기업은행】 Q 은행 P 지점은 작년 대비 신규 고객이 크게 감소하였다. 원인을 분석한 결과 직원들의 고객서비스능력이 타 은행에 비하여 다소 떨어지는 점이 지적되었다. P 지점장은 지점 내 전 직원을 대상으로 앞으로 변화해야 할 점들을 제시해보라고 하였다. 다음 중 가장 적절한 변화상을 제시한 사람은 누구인가?

김이나: 타인과 대화할 때 생각과 가치관을 배려하고, 의견 차이가 있을 때 원인을 먼저 파악해 보아야겠습니다.

윤상호: 대인관계능력의 의미를 숙지하면서 대인관계능력을 향상시킬 수 있는 방안을 생각해 보겠습니다.

박아영: 고객의 유형에 따라 달리 대응하고 고객의 요구를 수시로 파악하도록 노력하겠습니다.

신현수: 조직성과를 향상시키기 위한 전략을 제시하고 바람직한 변화를 선도하는 직원이 되겠습니다.

① 김이나   ② 윤상호   ③ 박아영   ④ 신현수

7) 정보능력 평가

정보능력은 업무와 관련된 정보를 수집하고, 이를 분석하여 의미 있는 정보를 찾아내며, 의미 있는 정보를 업무 수행에 적절하도록 조직하고, 조직된 정보를 관리하며, 업무 수행 시 필요한 정보를 활용하여 컴퓨터를 사용하여 활용하는 능력이다.

①	컴퓨터활용능력	정보를 수집, 분석, 조직, 관리, 활용하는데 있어 컴퓨터를 사용하는 능력
②	정보처리능력	정보를 수집하고 이를 분석하여 의미 있는 정보를 찾아내며, 의미 있는 정보를 업무 수행에 적절하도록 조직하고 조직된 정보를 관리하며, 업무 수행에 이러한 정보를 활용하는 능력

귀하는 인사팀에 근무한다. 회사가 성장함에 따라 직원 수가 급증하기 시작하면서 직원들의 정보관리 방법을 모색할 상황이다. 아래 [자료]는 글로벌 코리아에서 하고 있는 직원들의 정보관리 방법이다. 귀하는 글로벌 코리아가 하고 있는 이 방법을 도입하고자 한다. 어떤 방법일까?

> 글로벌 코리아의 인사부서에서 근무하는 A씨는 직원들의 개인정보를 관리하는 업무를 담당하고 있다. 글로벌 코리아에 근무하는 직원은 수천 명에 달하기 때문에 A씨는 주요 키워드나 주제어를 가지고 직원들을 구분하여 활용함으로써 정보를 관리하고 있다. 직원은 수천 명이지만 검색어에 따라 직원들의 정보를 구분하여 관리하다 보니 찾을 때도 쉽고 내용을 수정할 때도 보다 간편하게 되었다.

① 목록을 활용한 정보관리　　　　② 색인을 활용한 정보관리
③ 분류를 활용한 정보관리　　　　④ 1:1 매칭을 활용한 정보관리

* 능력중심채용 사이트에서 더 많은 샘플 문항을 확인할 수 있다.

【2015. 한국산업인력공단】 얼마 전 입사한 신입사원 A는 사내 직원 전화번호를 휴대전화에 저장하였다. 전화번호부에서 사람을 찾으려 검색하였을 때의 설명으로 틀린 것을 고르면? (예를 들어, ㅅ을 누르면 신지연, 송수철 등이 나오고, 6을 누르면 612, 2761 등이 나온다)

부서명	성명	전화번호
기획1팀	박아름	02-651-7657
기획2팀	윤사현	02-632-8965
마케팅1팀	박가윤	010-3282-7954
마케팅2팀	정병희	010-4889-9125
구매팀	윤석원	010-9146-6002
영업팀	신지연	02-671-4368
서비스팀	차지훈	02-653-5021
대외협력팀	김수연	010-5789-0616
총무팀	최홍은	010-3378-7440
법무팀	송수철	02-693-5882

① 88을 누르면 2명이 나온다.　　② ㅅ을 누르면 5명이 나온다.
③ 44를 누르면 2명이 나온다.　　④ ㅊ을 누르면 3명이 나온다.

8) 기술능력 평가

기술능력은 업무를 수행함에 있어 도구, 장치 등을 포함하여 필요한 기술에는 어떠한 것들이 있는지 이해하고, 실제로 업무를 수행함에 있어 적절한 기술을 선택하여 적용하는 능력을 말한다.

①	기술이해능력	기술적 원리를 올바르게 이해하는 능력
②	기술선택능력	도구, 장치를 포함하여 업무 수행에 필요한 기술을 선택하는 능력
③	기술적용능력	기술을 업무 수행에 실제로 적용하는 능력

예시 | 기술능력문항

엘론 머스크는 현재 가장 혁신적인 회사 중 하나인 스페이스X를 운영하고 있다. 다음의 글은 인재채용 담당자가 전한 내용이다. 다음의 글로 보았을 때 기술 경영자의 어떤 부분을 이야기하고 있는가?

> 그 일을 완료하는데 1년 정도의 시간이 필요할 것처럼 보이는 일이 있다면, 엘론은 그것을 일주일 안으로 끝내길 원한다. 엘론에게 강한 밀어붙임을 경험한 사람들은 엘론에 대해 비판적인 입장을 취하곤 한다. 직원 중 일부는 그 무게를 이겨내지 못하고, 그 외 다른 직원들은 그것을 스스로 더욱 더 열심히 일할 수 있는 연료로 사용한다고 말했다.

① 기술 전문 인력을 운용할 수 있는 능력
② 기술을 효과적으로 평가할 수 있는 능력
③ 기술을 기업의 전반적인 전략 목표에 통합시키는 능력
④ 조직 내의 기술 이용을 수행할 수 있는 능력
⑤ 크고 복잡하고 서로 다른 분야에 걸쳐 있는 프로젝트를 수행할 수 있는 능력

* 능력중심채용 사이트에서 더 많은 샘플 문항을 확인할 수 있다.

【2015. 인천항만공사】 다음 중 산업재해에 대한 설명으로 옳은 것을 모두 고르면?

가. 산업재해는 산업 활동 중 사고로 인해 사망하거나 부상을 당하는 것을 말한다.

나. 유해물질에 의한 중독 등으로 입은 신체적 장애나 직업성 질환도 포함된다.

다. 근로기준법에서는 근로자가 업무에 관계되는 건설물·설비·원재료·가스·증기·분진 등에 의하거나, 직업과 관련된 기타 업무에 의하여 사망 또는 부상하거나 질병에 걸리게 되는 것을 산업재해로 정의하고 있다.

라. 근로자가 휴가 중 교통사고로 인한 부상으로 수술하게 된 경우도 산업재해에 포함된다.

마. 산업재해는 재해를 입은 본인과 가족에게 심신의 고통과 노동력 상실뿐 아니라 생계에 막대한 손실을 가져올 수 있다.

① 가, 나, 다   ② 나, 다, 라   ③ 가, 나, 마   ④ 다, 라, 마

9) 조직이해능력 평가

조직이해능력은 국제적인 추세를 포함하여 조직의 체제와 경영에 대해 이해하는 능력으로, 시사 교양 및 경영전반에 걸쳐 조직 간의 관계를 이해하는 능력을 기초 교육을 통해 습득할 수 있다.

①	국제감각 능력	국제적인 추세를 이해하는 능력
②	조직체제 이해 능력	조직의 체제를 올바르게 이해하는능력
③	경영 이해 능력	사업이나 조직의 경영에 대해 이해하는 능력
④	업무 이해 능력	조직의 업무를 이해하는 능력

갑, 을, 병, 정 중에서 아래 조직도를 올바르게 이해한 사람을 모두 고르면?

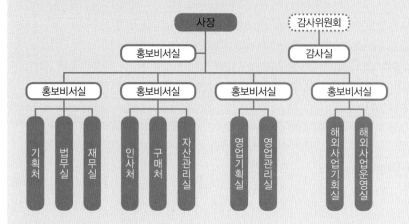

갑 : 조직도를 보면 4개 본부, 3개 처, 감사실을 포함해 총 7개 실로 구성돼 있네.

을 : 그런데 감사실은 사장 직속이 아니라 감사위원회 산하에 별도로 소속돼 있어.

병 : 사장 직속으로는 4개의 본부가 있는데 그 중 한 본부는 해외사업을 맡고 있군.

정 : 자산관리실과 영업관리실 모두 관리 기능을 하니까 둘 다 관리본부 소속인 것은 당연하지.

① 갑, 을   ② 갑, 병   ③ 을, 병   ④ 을, 정   ⑤ 병, 정

* 능력중심채용 사이트에서 더 많은 샘플 문항을 확인할 수 있다.

[2015. 한국산업인력공단] 다음 설명을 읽고 SWOT 분석 결과에 대응하는 전략으로 적절한 것을 고르면?

경영전략 중 SWOT 분석이란 기업의 내부 요인인 강점(Srength)과 약점(Weakness), 외부 요인인 기회(Opportunity)와 위험(Treat)이라는 4가지 항목으로 기업 환경을 분석하는 기법이다. 기업에서는 이 분석 결과를 통해 각각에 대응하는 경영 전략을 도출하게 된다.

우선, SO 전략은 강점을 더욱 강화하여 기회를 최대한 활용하는 전략으로, 가장 공격적인 전략이며, WO 전략은 약점을 보완하여 기회를 활용하는 전략이다. 또한 ST 전략은 강점을 활용하여 외부 환경의 위험 요소를 최소화하거나 회피하는 전략이며, WT 전략은 약점을 보완하여 위험을 회피하는 전략으로 방어적 성격을 가진다.

요인	강점(Strength)	약점(Weakness)
기회(Opportunity)	① SO 전략(강점-기회 전략)	② WO 전략(약점-기회 전략)
위협(Treat)	③ ST 전략(강점-위협 전략)	④ WT 전략(약점-위협 전략)

강점(Strength)	• 오랜 연구로 핵심 기술 및 생산 노하우 확보 • 탄탄한 인프라 구축
약점(Weakness)	• 불충분한 생산 비용 • 인력 부족으로 생산 속도 저하
기회(Opportunity)	• 경쟁업체가 소수이므로 빠른 발전 가능성 • 온실가스 감축에 대한 국가적 차원의 관심
위협(Treat)	• 전기차에 대한 개인적 관심 미비 • 업계 전망에 대한 의문

요인	강점(Strength)	약점(Weakness)
기회(Opportunity)	① 지속적으로 업계 동향 파악하며 관망	② 대기업과 제휴하여 생산의 안정성 확보
위협(Treat)	③ 핵심 기술을 이용하여 전기차 시장 선점	④ 전기차와 자사 기술에 대한 홍보 강화

10) 직업윤리

직업윤리는 원만한 직업생활을 위해 필요한 태도, 매너, 올바른 직업관으로 각자 자기가 맡은 일에 투철한 사명감과 책임감을 가지고 일을 충실히 수행하는 능력이다.

①	근로윤리	업무에 대한 존중을 바탕으로 근면하고 성실하고 정직하게 업무에 임하는 자세
②	공동체윤리	인간존중을 바탕으로 봉사하며, 책임 있고 규칙을 준수하며 예의바른 태도로 업무에 임하는 자세

예시 │ 직업윤리문항

아래 5개 행동은 위 상황에서 귀하가 취할 수 있는 행동들이다. 귀하가 가장 하지 않을 것 같은 행동에 체크하시오.

귀하는 100억대 규모 프로젝트의 팀원으로 업무를 수행하고 있던 중 우연한 기회에 본 프로젝트 책임자인 상사가 하청업체로부터 억대의 뇌물을 받는 등 회사 윤리규정에 반하는 일을 하고 있다는 정보를 입수하게 되었다. 상사는 평소 직원들로부터 신뢰와 존경을 받아왔으며 귀하는 그 상사와 입사 때부터 각별한 친분을 쌓아왔고 멘토로 생각해왔던 터라 도저히 믿어지지 않았고 충격도 크다.

	귀하가 취할 수 있는 행동들	가장 하지 않을 것 같은 행동
①	인간은 누구나 실수를 할 수 있고 또 처음 있는 일이니 그동안 쌓인 정을 봐서 이번 한번은 모른 체 넘어간다.	
②	상사가 잘못을 인정하면서 한번만 봐달라고 사정하면, "다시는 그러지 말라"고 하고 덮어둔다.	
③	상사에게 귀하가 상사의 부정 사실을 알고 있다고 말하고 돈을 하청업체에 돌려주라고 말한다.	
④	회사에 알린다.	
⑤	평소 신뢰하고 존경하던 분인데 절대 그럴 리가 없다. 그 정보가 아마 잘못된 정보일 것이므로 그냥 지나간다.	

* 능력중심채용 사이트에서 더 많은 샘플 문항을 확인할 수 있다.

【2015. 철도시설공단】 다음 중 직장 내 성희롱에 포함되는 것을 모두 고르면?

(가) 상대가 원하지 않는 신체 부위를 접촉하거나 가슴, 엉덩이 등의 특정 부분을 만지는 행위
(나) 업무 중 메신저로 음란한 농담을 건네거나 음란한 사진·그림·영상 등을 보여주는 행위
(다) 외모에 대해 성적으로 비유하여 말하고 스마트폰으로 음란 동영상을 전송하는 행위
(라) 자신의 특정 신체부위를 고의적으로 노출하여 수치심을 느끼게 하는 행위
(마) 회식에서 술을 따르도록 강요하거나 성적 사실관계를 물어 보는 행위

① (가), (나), (라)   ② (나), (다), (마)

③ (가), (나), (다), (라)   ④ (가), (나), (다), (라), (마)

2 직무수행능력평가

1) 직무수행능력평가의 의의

직무수행능력평가는 해당 직무를 수행하는 데 필요한 지식·기술 등을 측정하는 평가방법이다. 실제 현업에 종사하는 직무전문가가 참여하여 평가 문항을 개발한다. 직무수행능력평가는 직업기초능력평가와 함께 NCS 기반 필기시험의 기본 틀을 이루고 있는 영역이다. 직무수행능력이란 일을 하는 데 있어 필요한 능력을 의미하고, 직무수행에 필요한 지식·기술·태도가 포함된 능력이다. 즉, 직무수행능력평가란 이러한 직무수행을 위해 필요한 능력을 NCS 기반 필기평가를 통하여 선발하는 방식을 의미한다.

2) 직무수행능력평가의 출제방향 및 출제방법

직무수행능력평가는 일반적인 지식 측정 위주의 평가가 아닌, 해당 기업·공공기관

의 직무수행을 위해 필수적으로 갖추어야 할 직무수행능력을 실제 직무환경에서 어떻게 발현할 수 있는지를 창의적으로 평가한다.

출제 방법으로는 해당 기업·공공기관의 특성을 반영한 직무수행능력 평가문항 출제를 위해 [공공기관 실무자 – NCS 전문가 – 채용문항 개발전문가] 간의 협업을 통한 문항 출제로 문항의 객관성 및 신뢰도를 제고하고 있다.

3) 기존 전공시험과 직무수행능력평가 비교

기존 전공시험

다음 중 전자기장에 관한 법칙에 대한 설명으로 옳지 않은 것은?

① 쿨롱 법칙: 각각 다른 두 전하 사이에 작용하는 전기력의 크기는 두 전하의 전하량의 곱에 비례한다.
② 렌즈 법칙: 전자기 유도 현상이 일어날 때 유도 전류는 자기선 속에서 변화하는 방향으로 자기장이 형성된다.
③ 페러데이의 법칙: 렌즈 법칙을 포함하는 개념으로 유도기전력의 크기는 코일 내부를 지니는 자기선 속의 변화가 빠를수록 커지며 금속 탐지기와 마이크에 주로 이용된다.
④ 잉페르의 법칙: 오른나사의 법칙이라고도 하며 직서 도선에 오른손을 감싸쥐고 직선 전류가 흐르는 방향으로 엄지를 향하게 하면 나머지 네 손가락이 도선을 감아쥐는 방향이 자기장의 방향이다.

【평가요소】 이공계 직군 전체 응시자에 포괄적인 정공 지식을 평가

직무수행능력평가

아음 업무 상황에서 사원 Y씨가 준비해야 할 것은?

자동차 부품 회사 해외영업팀 사원 Y는 아래 기사와 관련된 회의자료를 준비해야 한다. 해외영업팀 팀장은 사원 Y에게 미국에 자동차 부품 수출을 확대하기 위해 확인이 필요한 국가표준에 대한 자료를 요청하겠다.

○○일보 제 0333호 | 20l6년 00월 00일 회요일   연락처: 02-000-0X0 | http://www.ORP.com

한·미 FTA, 4년차 효과?

한국산 자동차 부품, 미국 수출 대폭 확대

한미 FTA 4년 차를 맞아 한국의 자동차 부품 업체가 공률하다고 있다. 관련 업체 관계자에 따르면 금번 자동차 부품 관련 항목의 미국 수출 규모는 작년에 바게 최고 5~6배 해당 할 것으로 예측됐다고 하였다. 미국으로 수출 확대 기능성을 열두하여 발빠른 투자를 검토하고 있는 미국 기업도 있다. 이 회사는 한국 자동차 부품 업체 중 OEM 납품 경쟁이 있는 한국 기업을 물색 중인 것으로 밝혀졌다.   아○○기자 LEGS-32X@ORP.com

① BS ② GB ③ JS ④ ANG

【평가요소】 실제 업무상황에서 필요한 지식 또는 기술을 평가

4) NCS 직무수행능력평가 예제

예시 | 서술형 문항 / 선택형 문항

서술형 문항

직군(직무)	경영기획	총 문항수	30문항	총 시간	1시간				
관련 능력단위	예산편성 지침수립	관련 능력 단위 요소	과거실적 분석하기	방법	서술형	배점	5점	시간	2분
문항	• 세부공정표 작성 방법을 서술하시오.								
평가 시 유의사항	• 정답의 키워드가 답안에 제시되어 있는지 여부를 평가한다. • 키워드가 3가지 이상 제시되어 있으면 3점, 2가지가 제시되어 있으면 2점, 1개가 제시되어 있으면 1점을 부여하고, 키워드의 내용이 존재하지 않을 경우에는 0점 처리한다.								
모범 답안	1. 분석된 자료를 가지고 단위공정/단위기간 산정 2. 세부공정계획을 작업별로 세분화시켜 각 요소별 공사를 최적화하여 작성 3. 세부공정별 Work-Flow 작성 4. 주요자재의 발주계획 수립 5. 각 단위공정에 대한 소요일수 및 작업불능일수 계산								

선택형 문항

직군(직무)	경영기획	총 문항수	30문항	총 시간	1시간				
관련 능력단위	연간종합 예산 수립	관련 능력 단위 요소	사업단위별 예산수립 지원하기	방법	선택형	배점	3점	시간	2분
문항	• 작업 시간에 비용을 결부시켜 MCX 공사의 비용 곡선을 구하여 공사비를 절감하고, 반복적이며 경험이 있는 사업에서 주로 사용되는 공정표는 무엇인가? ① PERT 기법 　　② PDM 기법 ③ CPM 기법 　　④ LOB 기법								
평가 시 유의사항	• 공정표 작성 프로그램을 사전에 선택하기 위해서는 진행 예정사업의 특징과 규모 및 평가 시 목적을 정확히 파악하고 이에 따른 공정표 작성 프로그램을 선택할 수 있는지 여부를 유의사항 파악하기 위해 출제한다. • 평가는 모범 답안에 따른다.								
모범 답안	• 정답 ③ CPM 기법 ③ CPM 기법 : 반복적이고 경험이 많은 사업, MCX를 주로 사용하며, 공사비 절감을 위한 사업에 사용 ① PERT 기법 : 신규 사업, 비 반복적인 사업, 경험이 없는 사업에 활용 ② PDM 기법 : 반복적이고 많은 작업이 동시에 일어날 때 활용 ④ LOB 기법 : 반복 작업이 많은 사업에서 기울기로 표시하여 도식화한 작업								

다음 자료는 회계팀 사원 A가 검토 중인 상품매입계약서의 일부이다. 이를 근거로 계약일에 A가 분개를 해야 하는 지 여부를 O/X로 답하시오? (   )

상품매입계약서

계약일	20XX. 7. 20	거래처담당	안중근
납품일	20XX. 7. 27	계약금액	₩0
결제일	20XX. 8. 8	금액	₩65,000,000

위 사항으로 다음 물품의 매입을 계약합니다.

번호	품목	단가	수량	금액	비고
1	A45-AMT	₩65,000,000	1	₩65,000,000	법인차량

XX그룹 본부 재무팀에 근무 중인 당신은 최근 회사의 재정 상황을 보고하라는 팀장의 지시를 받았다. 이에 따라 당신은 보고서에 첨부하기 위한 다음의 투자 현황표를 작성했다.

XX그룹 1분기 누적 투자현황

구분	2016년 1분기			전년 동기 대비 증감률		
	연구개발비	유형자산	합계	연구개발비	유형자산	합계
XX건설	89,497	227,002	62,199	-9.5%	-6.4%	-7.7%
XX로봇	2,912	50,180	58,042	-40.5%	-21.5%	-22.8%
XX조선	16,416	10,467	26,858	-10.6%	-77.8%	-68.8%

투자현황표를 토대로 현재 그룹이 처한 문제를 분석해밴 당신은 그 해결 방안을 포함하여 보고서를 작성중이다.

	기업어음 발행	회사채 발행
장점	단기자금의 조달에 유리 (중략)	장기 자금의 조달에 유리 (중략)
단점	①	②

【문제】 객관적인 보고서 작성을 위해 당신이 분석해낸 문제점을 약술하고 해결 방안 부분 의 내용을 완성하라.

* 해당 문제는회계(소분류) 분야 문제입니다.

15장

NCS 기반 면접 대비

기존 면접전형에서는 일상적이고 단편적인 대화나 입사지원자의 첫인상, 면접관의 주관적인 판단에 의해서 입사 결정 여부를 판단하는 경우가 많았다. 이로 인해, 면접내용의 일관성이 결여되거나 직무관련 타당성이 부족하여 면접에 대한 신뢰도가 저하되었다.

NCS 기반 면접전형은 채용공고 단계의 '직무 설명자료'에서 제시되는 직무능력을 지원자가 갖추었는지를 다양한 면접기법으로 평가한다. 주요 유형으로는 경험면접·상황면접·PT면접·토론면접 등이 있다.

■ NCS 기반 면접의 분류

기존 면접전형에서는 일상적이고 단편적인 대화나 입사지원자의 첫인상, 면접관의 주관적인 판단에 의해서 입사 결정 여부를 판단하는 경우가 많았다. 이로 인해, 면접내용의 일관성이 결여되거나 직무관련 타당성이 부족하여 면접에 대한 신뢰도가 저하되

기존 면접	NCS 기반 면접
VS	
전통적 면접	구조화 면접

기존 면접 (전통적 면접)
- 일상적이고 단편적인 대화
- 인상, 외모 등 다른 외부 요소의 영향
- 주관적인 판단에 의존한 총점 부여

↓

- 면접 내용의 일관성 결여
- 직무 관련 타당성 부족
- 주관적인 채점으로 신뢰도 저하

"인재를 선발해야 하는 면접관으로서 면접을 진행하는 과정이 어려울 때가 있다"-94.1%

(JOB KOREA: 면접관 경험 직장인 25명 대상)

NCS 기반 면접 (구조화 면접)

일관성
- 직무관련 역량에 초점을 둔 구체적인 질문 목록
- 지원자별 통일 질문 적용

구조화
- 면접 진행 및 평가 절차를 일정한 체계에 의해 구성

표준화
- 평가 타당도 제고를 위한 Matrix 비교

신뢰성
- 면접 진행 매뉴얼에 따라 면접위원 교육 및 실습
- 면접위원 간 신뢰도 확보

그림 15-1

었다. 그러나 NCS 기반 면접전형은 채용공고 단계의 '직무 설명자료'에서 제시되는 직업기초능력과 직무수행능력을 지원자가 갖추었는지를 다양한 면접기법으로 평가한다.

NCS 기반 면접은 구조화 면접에 기초를 두고 있다. 구조화 면접이란 면접관이 지원자에 따라 임의로 질문하는 단점을 보완하기 위해 질문 내용과 방법, 지원자의 답변 유형에 따른 후속 질문과 평가 점수가 시나리오로 정해져 있는 면접 방법이다. 지원자의 학력이나 자격증만으로 알기 어려운 지원자의 인성과 잠재된 역량, 돌발 행동 등 방대한 부분을 파악하는 데 매우 용이하다. 어떤 면접관이 들어가더라도 같은 질문을 하고 동일한 기준에 따라 평가가 이루어져 면접관의 주관을 배제한 표준화된 면접이다. 또한 지원자의 답변내용에 따라 추가질문이나 구제질문 등 미리 준비된 후속 질문이 나가게 된다. 이와 같이 구조화 면접은 질문 매뉴얼이 만들어져 있는 체계적인 질문이다.

NCS 기반 면접은 필기시험과 마찬가지로 직업기초능력평가 면접과 직무수행능력평가 면접으로 분류된다.

2 NCS 기반 직업기초능력 면접

1) 직업기초능력평가 면접 유형

직업기초능력평가 면접의 유형으로는 경험면접, 상황면접, 발표면접, 토론면접 등으로 구분될 수 있다. 기업·기관의 특성에 따라 면접의 유형을 선택하고 있다.

(1) 경험면접

경험면접을 하는 목적은 '지원자의 특정 경험을 확인하여 직무역량을 예측'하는 데 있다. 예를 들어 직업기초능력 중 의사소통능력의 경우 지원자에게 성공적으로 의사소통했던 경험과 실패한 경험을 답변하게 하고, 그 경험에 대해 언제 누구와 어떻게 행동을 전개했는지 후속 질문하는 방법을 취한다.

(2) 상황면접

상황면접은 역할수행면접(Role play interview)이라고도 하며 지원자가 입사 후에 수행하게 될 직무상황을 바탕으로 모의상황을 구성하여 지원자가 상황을 어떻게 대처할 것인가를 평가하는 면접이다. 예를 들어 '시간이 촉박한 상황에서 업무를 완료해야 한다면 어떻게 하시겠습니까?'와 같은 질문을 하여 지원자가 수행하게 될 직무에 고도의 스트레스가 따른다고 가정하여 모의상황을 제시해 어떻게 대처하는지 관찰하기도 한다.

(3) 발표면접(PT면접)

발표면접은 기초자료를 제공하고 발표용 자료를 만들도록 하여 기획력, 정보수집능력 등을 평가하는 방식으로 문서작성능력, 문제해결능력, 자원관리능력 등을 평가할 수 있다. 발표면접은 특정 주제와 관련된 지원자의 발표와 질의·응답을 통해 지원자의 직업기초능력과 인지적 능력을 평가한다.

(4) 토론면접

토론면접은 제한된 시간 동안 4~6명의 지원자가 문제해결 또는 의사결정을 위한 토론을 하는 방식이다. 토론면접은 제시한 토의과제에 대한 의견수렴 과정에서 지원자의 역량은 물론 상호 작용 능력을 평가하는 것이 목적이다.

2) 주요 면접도구별 예시

(1) 경험면접

① 시작질문

| Q1 | 남들이 신경 쓰지 않는 부분까지 고려하여 절차대로 업무(연구)를 수행하여 성과를 내신 경험에 대해 구체적으로 말씀해 주십시오. |

| Q2 | 조직의 원칙과 절차를 철저히 준수하여 업무(연구)를 수행하여 성과를 향상시킨 경험에 대해 구체적으로 말씀해 주십시오. |

Q3 | 세부적인 절차와 규칙에 주의를 기울여 실수 없이 업무(연구)를 마무리한 경험에 대해 구체적으로 말씀해 주십시오.

Q4 | 조직의 규칙이나 원칙을 신경 쓰면서 성실하게 일하셨던 경험에 대해 구체적으로 말씀해 주십시오.

Q5 | 다른 사람의 실수를 바로잡고 원칙과 절차대로 집행하여 성공적으로 업무를 마무리 하신 경험에 대해 구체적으로 말씀해 주십시오.

② 후속질문

1. 상황 (Situation)	상황	구체적으로 언제, 어디서 경험한 일입니까?
		어떤 상황이었습니까?
	조직	어떤 조직에 속해있을 때 경험이었습니까?
		그 조직의 특성은 무엇이었습니까?
		몇 명으로 구성된 조직이었습니까?
	기간	해당 조직에는 얼마나 일하셨습니까?
		해당 업무는 몇 개월 동안 지속되었습니까?
	조직규칙	조직의 원칙이나 규칙은 무엇이었습니까?
2. 임무 (Task)	과제	과제의 목표는 무엇이었습니까?
		(핵심질문) 과제에 적용되는 조직의 원칙은 무엇이었습니까?
		(구제질문) 그 규칙을 지켜야 하는 이유는 무엇입니까?
	역할	(핵심질문) 당신이 조직에서 맡은 역할은 무엇입니까?
		(구제질문) 과제에서 맡은 역할은 무엇입니까?
	문제의식	규칙을 지키지 않을 경우 생기는 문제점/불편함은 무엇입니까?
		(핵심질문) 해당 규칙은 왜 중요하다고 생각하셨습니까?
		해당 규칙으로 인한 불편함이 있었습니까?
		└ 팀원들은 어떻게 생각하고 있었습니까?
		└ 해당 규칙이 어떤 영향을 주고 있습니까?
3. 역할 및 노력 (Action)	행동	(핵심질문) 업무과정의 어떤 장면에서 규칙을 철저히 준수하셨습니까?
		(핵심질문) 어떻게 규정을 적용시켜 업무를 수행하셨습니까?
		(구제질문) 규정을 준수하는데 어려움은 없으셨습니까?
	노력	(핵심질문) 그 규칙을 지키기 위해 스스로 어떤 노력을 기울였습니까?
		(구제질문) 본인의 생각이나 태도에 어떤 변화가 있었습니까?
		(구제질문) 다른 사람들은 어떤 노력을 기울였습니까?
	동료관계	동료들은 규칙을 철저히 준수하고 있었습니까?
		(핵심질문) 팀원들은 해당 규칙에 대해 어떻게 반응하셨습니까?
		(구제질문) 팀원들의 규칙에 대한 태도를 개선하기 위해 어떤 노력을 하셨습니까?
		(구제질문) 팀원들의 태도는 당신에게 어떤 자극을 주었습니까?
	업무추진	자신에게 주어진 업무를 추진하는데 규칙이 방해되진 않았습니까?
		(구제질문) 그럼에도 규칙을 준수한 이유는 무엇입니까?
		업무수행 과정에서 규정을 어떻게 적용하셨습니까?
		(핵심질문) 업무과정에서 규정을 준수해야 한다고 생각한 이유는 무엇입니까?

4.결과 **(Result)**	평가	규칙을 어느 정도나 준수하셨다고 생각합니까?	
		(구제질문) 그렇게 준수하실 수 있었던 이유는 무엇입니까?	
		(핵심질문) 업무의 성과는 어느 정도였습니까?	
		(구제질문) 성과에 만족하셨습니까?	
		(압박질문) 비슷한 상황이 온다면 어떻게 하시겠습니까?	
	피드백	(핵심질문) 주변사람들로부터 어떤 평가를 받으셨습니까?	
		(구제질문) 그러한 평에 대해 만족하십니까?	
		(구제질문) 다른 사람에게 본인의 행동이 영향을 주었다고 생각하십니까?	
	배운점	(핵심질문) 업무수행 과정에서 중요한 점은 무엇이라고 생각하십니까?	
		(핵심질문) 이 경험을 통해 배우신 것이 있습니까?	

(2) 상황면접

상황제시	인천공항여객터미널 내에는 다양한 용도의 시설(사무실, 통신실, 식당, 전산실, 창고, 면세점 등)이 설치되어 있습니다.	실제 업무상황에 기반함
	금년도에는 소방배관의 누수가 잦아 메인배관을 교체하는 공사를 추진하고 있으며 당신은 이번 공사의 담당자입니다.	배경정보
	주간에는 공항운영이 이루어지는 관계로 주로 야간에만 배관 교체 공사를 수행하던 중, 시공하는 기능공의 실수로 배관 연결 부위를 잘못 건드려 고압배관의 소화수가 누출 되는 사고가 발생했으며, 이로 인해 인근 시설물에는 누수에 의한 피해가 발생하였습니다.	구체적인 문제상황
문제제시	1. 일반적인소방배관의 배관연결(이음)방식과 배관의 이탈(누수)이 발생하는 원인에 대해 설명하시오	문제 상황 해결을 위한 기본 지식 문항
	2. 담당자로서 본 사고를 현장에서 긴급히 처리하는 프로세스를 제시하고, 보수완료 후 사후적 조치가 필요한 부분 및 재발방지 방안에 대하여 설명하시오.	문제 상황 해결을 위한 추가 대응 문항

(3) 발표면접

의료기기 제조회사로 연매출은 약 600억 원이다. 제조 규모를 확대시키기 위해 작년 500여명의 신규 직원을 채용하였다. 하지만 영업순이익은 인원을 채용한 이래 계속해서 떨어지고 있다. 또한 제품이 생산되는 시간은 늘어났다. 이 문제를 해결하기 위한 방법을 제시하시오.

＊ 파워포인트를 활용하여 지원 분야에 해당하는 관련 지식이나 경험을 바탕으로 자료를 만들어 발표하시오

(4) 토론면접

▶ 운영시간 ① 자료 검토 및 준비: 20분, ② 토론: 40분(지원자 5인)
▶ 토론참가자는 정해진 주제 "가족친화경영을 행복한 일터를 만들기 위한 방안"에 대하여 주어진 자료를 가지고 토론 하여야함.
▶ 토론참가자는 자신의 의견을 반영하기 위한 것은 물론 토론 조의 결론 도출을 위한 효과적 토론이 될 수 있도록 해야 함.
▶ 제공된 자료는 원활한 토론을 위해 수치나 내용을 수정할 수 있음.

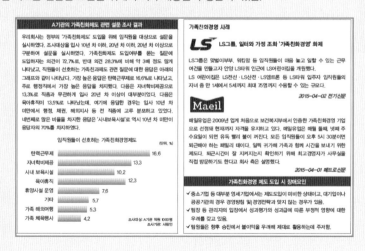

3 NCS 기반 직무수행능력평가 면접

NCS 기반 직무수행능력 면접은 일을 하는데 있어 필요한 능력 즉, 직무수행에 필요한 지식, 기술, 태도를 면접을 통해 평가하는 것을 말한다. 직무수행능력 면접 역시 직업기초능력 면접과 마찬가지로 상황면접, 경험면접, PT 면접 등 다양한 방식으로 이루어질 수 있으며, 기업 및 기관의 상황에 따라 다양하게 활용할 수 있다.

(1) 면접 유형

면접 유형은 상황 면접, 경험 면접, PT 면접 등 다양한 방식으로 구성되며, 개별기업(기관)의 채용사정(채용 전형시간, 면접 대상자 수 등)에 따라 다양하게 활용될 수 있다.

(2) 면접 시간

채용 직군, 면접 대상자 수에 따라 기업·기관별로 상이할 수 있으나, 지원자의 직무수행능력을 심층적으로 파악하기 위해서 1인당 15~20분 정도의 시간이 주어질 수 있다(기업·기관별채용 상황에 따라 다르게 설정될 수 있다.).

(3) 면접 구성

직무수행능력 기반 면접평가는 구체적인 직무별로 요구되는 지식, 기술, 태도를 파악하고, 이를 심층적인 수준까지 검증하기 위한 면접문항으로 구성된다.

(4) 예시

아래의 예시는 직무수행능력을 평가하기 위해 인천공항공사에서 신입사원 채용 때 실제 현업에서 발생할 수 있는 상황을 기반으로 출제된 문항이다.

① 상황 제시

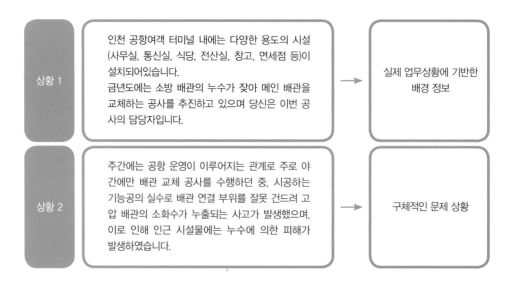

상황 1	인천 공항여객 터미널 내에는 다양한 용도의 시설 (사무실, 통신실, 식당, 전산실, 창고, 면세점 등)이 설치되어있습니다. 금년도에는 소방 배관의 누수가 잦아 메인 배관을 교체하는 공사를 추진하고 있으며 당신은 이번 공사의 담당자입니다.	→	실제 업무상황에 기반한 배경 정보
상황 2	주간에는 공항 운영이 이루어지는 관계로 주로 야간에만 배관 교체 공사를 수행하던 중, 시공하는 기능공의 실수로 배관 연결 부위를 잘못 건드려 고압 배관의 소화수가 누출되는 사고가 발생했으며, 이로 인해 인근 시설물에는 누수에 의한 피해가 발생하였습니다.	→	구체적인 문제 상황

② 면접평가질문

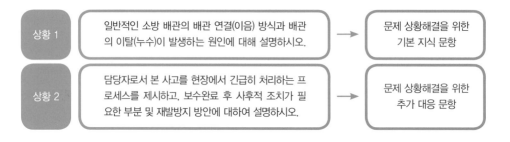

상황 1	일반적인 소방 배관의 배관 연결(이음) 방식과 배관의 이탈(누수)이 발생하는 원인에 대해 설명하시오.	→	문제 상황해결을 위한 기본 지식 문항
상황 2	담당자로서 본 사고를 현장에서 긴급히 처리하는 프로세스를 제시하고, 보수완료 후 사후적 조치가 필요한 부분 및 재발방지 방안에 대하여 설명하시오.	→	문제 상황해결을 위한 추가 대응 문항

(5) 면접 실습의 예시

다음은 저자가 학생들을 대상으로 면접교육을 했을 때 학생들이 답변한 면접 내용의 일부이다. 여러분도 면접 시 예상되는 질문을 10개 정도 만들고 각각의 질문에 해당하는 답변을 적어서 연습해 보자.

안녕하십니까. 눈 2개, 귀 2개, 그리고 입 하나를 가진 인사직무 지원자 ○○○입니다. 사람에게 입보다 눈과 귀가 하나씩 더 있는 이유는 더 많이 보고 듣고 말은 적게 해야 하기 때문이라는 이야기가 있습니다. 회사의 전략적 목표 달성을 위해 멀리 보는 통찰력과, 구성원들의 고충을 듣고 살피는 인사담당자가 되겠습니다. 대학에서 행정과 경영을 전공하면서 인사행정, 인적자원관리를 공부하여 인재 경영에 대한 전반적인 지식과 합리적인 사고능력을 키웠으며 다년간의 서비스업종의 아르바이트 경력으로 많은 사람들을 만나고, 조직 문화를 익혔습니다. 아직 인사 실무에 대한 경험이 부족하지만, 입사 후 현장에서부터 사람과 조직을 이해하여 회사의 궁극적인 목표 달성을 지원하는 전략적인 인사 전문가가 되겠습니다.

네, 우선 면접의 기회를 주셔서 진심으로 감사합니다. 저는 경험주의자입니다. 학생회장, 기업탐방, 프레젠테이션대회, 토크쇼 등 다양한 경험과 도전으로 하루하루 발전하고 있는 모습에 성취감을 느끼면서 노력하면 무엇이든 이룰 수 있다는 자신감이 있습니다. 낯선 환경에서도 적응이 빠르며, 해야 할 일을 계획적으로 처리할 수 있습니다. 또한, 저는 이미 이 회사를 위해 준비된 관리자입니다. 롯데리아와 총무부원 활동을 통한 깔끔한 돈에 대한 개념과 장부관리, 더불어 학생회장으로써 학부를 관리하면서 얻어낸 신뢰와 칭찬은 제가 이 회사에 시너지 효과를 낼 수 있는 관리자로써의 역할을 톡톡히 해낼 수 있을 것입니다. 경험과 도전정신으로 탄탄한 기본공사를 마쳤고, 이제는 (회사이름)인으로써 회사와 저의 발전에 충분히 기여할 준비가 되어 있습니다.

어렸을 때부터 사람들과 어울리는 것을 좋아하며 긍정적인 사고로 주변인들의 고민 상담이나 대화하는 것을 좋아합니다. 함께 있으면 항상 웃음을 잃지 않게 해주려 노력하며, 제 인맥 관계는 저의 사회생활의 기초라고 생각합니다. 성격은 모든 일을 긍정적으로 생각하려 하고, 한 번 사귄 사람과 좋은 관계를 유지하려고 합니다. 또한 제가 조심성이 부족하다는 것을 알고 있기 때문에 업무나 행동에 앞서 한 번 더 생각하는 사람이 되기 위해 항시 생각하며 주변 사람들 조언도 새겨듣고 있습니다.

행정과 경영이라는 전공은 회사의 전반적인 업무에 기본이 된다고 생각합니다. 특히, 인사업무와 관련하여 선행 학습했던 인사행정과 인적자원관리는 업무에 대한 지식을 쌓는데 도움이 되었고 실무와 관련한 교육을 이해하는데 도움이 될 것입니다.

자기소개 때 간략하게 말했듯이 서비스업종에서 다양한 사람들을 겪었기 때문에 사람에 대한 편견 없이 공정하고 합리적인 업무가 가능하다고 생각합니다. 또한 최근 CJ올리브영 근무 당시 저희 매장에 적합한 인재를 면접보고 채용하는 과정에 참여했던 경험은 인사업무에 대한 작은 경험이 되었습니다.

네, HRM은 Human Resource Management의 약자로 인적자원관리를 뜻하는데 보통 HRM 내부에 HRD, HRP, HRU 등을 포괄하는 의미가 강하고 HRD는 Human Resource Development 의 약자로 인재들의 능률 향상을 위해 교육을 담당하는 활동을 말합니다.

스포츠 관람을 좋아합니다. 축구는 원래 좋아했었고 최근에 인천아시안게임 봉사활동을 하면서 담당했던 농구를 좋아하게 되었습니다. 농구는 축구보다 경기 시간이 4쿼터로 나눠져 있고 경기 진행 속도가 빨라 박진감이 넘쳐서 좋아하게 되었습니다.

귀사에 입사하고 싶은 것이 저의 희망입니다. 그래서 다른 회사에 지망하는 것은 귀사에 불합격 했을 시에야 고려해 볼 수 있는 것입니다. 그래서 아직까지는 다른 회사에 지원 해본 적이 없습니다.

순발력 2 | 지금까지 지원한 회사에서 당신을 선택하지 않은 이유는 무엇이라 생각하십니까?

지금까지 지원했던 회사에서는 저의 장점을 발견하지 못해서 선택하지 않은 것 같습니다. 귀사에서는 저의 장점을 발견하여 꼭 선택하여 주셨으면 좋겠습니다.

순발력 3 | 원하는 급여는?

급여보다도 제가 원하는 일을 하는 것이 더 중요하기 때문에 회사의 내부 규정에 따르겠습니다.

순발력 4 | 연봉이 생각한 것 보다 적게 책정이 된다면 어떻게 하시겠습니까?

제가 생각한 대로 다 주는 것이 아니라 회사 내부 규정에 따르는 것이기 때문에 크게 문제 되지 않을 것입니다.

순발력 5 | 합격하지 못한다면 어떻게 하겠나?

우선, 합격하지 못한다는 말씀만으로도 하늘이 무너질 것 같습니다. 하지만 정말 저를 선택하신 데에 있어서 후회 없으시도록 정말 열심히 다니겠습니다. 또한 오늘 반드시 합격하는 모습을 꼭 보여 드리겠습니다.

순발력 6 | 우리 회사에 채용이 안 되면 어떻게 하실 겁니까?

채용이 안 될 것이라고 생각해보지 않았습니다. 만약에 귀사와 같은 훌륭한 회사에서 일할 수 없게 된다면 섭섭하겠지만 용기는 잃지 않겠습니다.

등산을 좋아하시는 아버지께서는 전국 방방곡곡 등반하지 않은 산이 없으십니다. 어느 날 중학교 1학년 때 난생 처음으로 아버지와 함께 지리산을 등반하였습니다. 태어나 난생 처음으로 해 본 등산은 가장 힘들었던 순간으로 꼽고 싶습니다. 그러나 정상에 오른 순간 일상생활의 답답함을 말끔하게 씻어낼 수 있었고, 이에 등산은 저의 취미 생활이 되었으며 어느 덧 생활의 활력소가 되어 있었습니다. 이로서 저의 가장 힘든 순간이 가장 행복한 순간으로 전화위복된 등산으로 현재까지 체력과 정신력을 다지고 있습니다.

"추위에 떤 사람일수록 햇볕의 따뜻함을 느끼며, 인생의 고뇌를 맛본 사람일수록 생명의 존귀함을 느낀다." 라는 시의 구절을 아십니까? 이는 저의 생활신조로 고난과 역경을 잘 이겨낸 사람만이 지금 자신이 느끼고 있는 행복에 감사할 수 있는 마음을 갖게 된다고 생각합니다. 그래서 저는 항상 힘든 일이 생길 때 마다 이 일을 잘 견뎌냈을 때의 행복을 생각하며 힘든 일이 생겨도 불평하지 않고 버티려고 노력합니다.

매사에 적극적인 자세로 열정을 품고 모든 일에 임하는 스타일로 한 번 시작하면 철저한 원인분석과 실천력을 통해 끝까지 임무를 완수하는 무한책임을 다하는 추진력을 가지고 있습니다. 그리고 언제나 웃는 얼굴은 저의 가장 큰 장점으로서 보는 이로 하여금 기분을 좋게 하여 친근함과 편안함을 주고 있습니다. 또한 사람들과의 만남을 소중하게 생각하고 사람이 최고의 재산이라 여기는 사고방식으로 원만한 유대관계를 유지하고 있습니다.

성격 2 | 자신의 단점은 무엇입니까?

무슨 일이든 빨리 해결하려는 욕심에 작은 부분을 놓치곤 합니다. 그래서 성격이 급하다는 얘기를 듣기도 합니다. 하지만 한 번 실수한 부분에 대해 두 번은 실수하지 않겠다는 생각을 한 뒤에는 메모하는 습관을 들이려고 노력했습니다. 실수를 통해 배운 점이 있으면 포스트잇에 메모해 방 한쪽 잘 보이는 곳에 붙여놓고 틈날 때마다 되새깁니다. 혹시 업무를 하다가 저도 모르는 실수가 생긴다고 해도 같은 실수를 두 번 반복하지는 않을 것을 약속드릴 수 있습니다.

성격 3 | 본인의 성격의 장단점은 무엇인가?

저는 웃음이 많으며, 항상 웃는 상입니다. 매사에 긍정적으로 생각하며 밝게 행동하는 것이 저의 장점이라고 생각합니다. 그러나 저는 인정받고 싶은 욕구가 남들보다 강해서 어떤 일을 할 때 스스로 스트레스를 많이 받는다는 단점이 있습니다. 이점을 긍정적으로 승화시켜서 매사에 성실히 임하여 인정받기 위해 노력했습니다.

직장내 갈등 1 | 상사로부터 부당한 업무를 지시 받을 때 어떻게 하시겠습니까?

부당한 업무가 구체적으로 어떤 것이냐에 따라 달리 행동할 것 같습니다. 불법적이지 않고 개인적으로 간단한 심부름, 예를 들면 커피 심부름은 바리스타 자격증을 갖고 있기 때문에 믹스커피지만 황금비율로 타드릴 수 있습니다. 하지만 불법적인 업무를 지시할 경우에는 설득을 해봐야 할 것 같습니다.

직장내 갈등 2 | 직장상사의 부당한 지시를 받았을 경우 자신의 대처방법에 대해 말하시오.

상사의 부당한 지시가 저의 신념과 대립될 경우 많은 갈등을 할 것입니다. 처음에는 상사의 감정이 상하지 않게 하기 위한 방법을 연구할 것입니다. 하지만 상사의 요구가 강할 경우 저는 저의 신념에 대해 말할 것입니다. 하지만 말하는 것과 행동하는 것은 차이가 있다고 생각합니다. 그래서 저는 상상해 본다면 저는 결국에는 상사의 지시를 따를 것 같습니다.

이런 부분은 평소에 카네기의 저서 「인간관계론」을 통해 어느 정도 해결방법을 알고 있습니다. 그 방법은 우선 상사가 요구하는 대로 따라야 합니다. 그 뒤 상사가 스스로 잘못을 깨달았다면 그 문제는 자연히 해결되는 것입니다. 상사가 틀리다는 것을 인정하지 않는다 해도 직접적으로는 표현해서는 안 됩니다. 비유적으로 때로는 우회해서 잘못된 점을 알게 하도록 노력해야 한다고 생각합니다. 이 방법이 모두 통하지 않을 때는 개인적으로 술자리를 만들어 해결하겠습니다.

대학 전공수업 중 팀별 프로젝트로 진행되어 팀원들과 함께한 경험이 있습니다. 팀원은 5명으로 구성되었으며 각자의 소임이 정해져 과계를 수행하기 시작하였습니다. 그러나 프로젝트 진행에 있어서 몇 명의 팀원 개인의 독자적인 행동과 사고 등으로 인해 진행이 원활하지 못한 경우가 있었습니다. 하지만 이러한 문제는 단순히 개인적인 사안이 아닌 팀원 모두의 문제라 여기며 서로의 관심사와 애로사항을 나눌 수 있는 자리를 주선하였습니다. 그 이후 저희 팀원들은 서로에 대한 배려와 함께 공과 사의 명확한 구별을 통해 개인보다는 공동체를 위해 먼저 행동하는 모습을 보이며 모두가 적극적으로 참여하는 프로젝트를 진행할 수 있었습니다.

저는 일이 우선시 되어야 한다고 생각합니다. 저는 약속을 잘 지킵니다. 그렇기 때문에 업무 때문에 약속을 취소하게 되는 경우 저를 아는 사람들이라면 업무의 중요성을 이해 해줄 것이며 이러한 저의 주변사람들이 제 재산입니다.

○○회사가 추구하는 '○○○○○'라는 경영방침은 제가 발전시켜 나가야 할 비전이며, 청렴한 경영공시와 부채 00% 이하의 탄탄한 기반은 저의 꿈을 이룰 수 있다는 확신을 갖게 하였습니다. 무엇보다 채용준비를 하면서 ○○한 분위기와 ○○분야에서 성장하고 있는 모습에 더욱 더 이 회사 공동체의 일원으로서 역할을 다하고 싶습니다.

요즘은 흔히 "변화에 대응하는 시대"라고 합니다. 그 만큼 많은 능력과 다양한 경험을 통해 능력이 평가되기 때문에 저는 언제나 새로움과 변화를 추구하는 ○○회사야 말로 저의 진로를 위해 너무나 필요한 부분이라 생각되며 기회가 주어진다면 적극적으로 업무에 임하고자 합니다. 무엇보다 많은 사람들에게 인정받을 수 있는 사람이고 싶습니다. 재능이나 실력 뿐 만 아니라 대인관계에서도 성공을 거둘 수 있고, 업무적으로도 결코 부족함이 없는 사람으로서 평판을 받고자 합니다.

10년 후 제 모습은 지금 면접관님이 거울을 보시면 압니다. 거울에 비친 모습이 제 10년 뒤 모습이라고 생각합니다. 제가 알기로 면접관님은 그 회사에서 능력을 인정받는 사람이라고 들어왔습니다. 면접관님을 멘토로 삼아 최선을 다할 자신 있습니다. 그리고 10년 후 제 자리는 지금 면접관님의 자리가 되기 위해 노력하겠습니다.

"도전하는 사람만이 더 넓고 높은 곳을 향해 다가갈 수 있다." 모든 일의 기본이자 가장 중요한 것이 바로 끈기라고 알고 있습니다. 한번 시작하면 중도에 포기하지 않고 끝까지 성실한 자세와 끊임없이 노력하고 배우는 자세로 임하여 귀사의 귀중한 인재가 되고 싶습니다. 꿈은 작은 것 보다 큰 것이 좋다고 알고 있습니다. 귀사에 입사를 하여 항상 그 자리에 만족하지 않고 귀사에서 가장 뛰어난 인재로서 인정받는 한사람이 될 것입니다. 저는 "하늘의 끝을 겨냥하다."라는 말을 좋아합니다. 제 첫 번째 목표이자 그 끝인 귀사에 들어가서 그 위치에서의 최고가 되기 위해 노력하여 저의 능력을 보여드리겠습니다.

역량 1 │ 책임감을 발휘해 본 사례는?

○○○○년도에 학교에서 학생회장을 했던 경험을 말씀드리자면, 매년 해 오던 세미나의 순서부터 방식까지 모두 바꾸기 위해 노력했던 생각이 납니다. 학생의 취업을 돕기 위해 진행되는 추계세미나는 매년 그냥 자리만 채워주는 식으로 별 도움을 받지 못했습니다. 하지만 학생회장이 되면서 직접 세미나를 준비하고 계획하면서 잘만하면 우리 학생들에게 큰 도움이 되겠다는 생각에 학생의 관심을 끌 수 있는 최대한의 방법을 생각했습니다. 그 결과 성공한 선배들과의 토론공간제공과 직접MC를 보면서 좋은 성과를 거둘 수 있었습니다.

역량 2 │ 회사에 필요한 자질

우선 저의 인생목표와 저의 직업이 연관성이 있어야 열정을 갖고 최선을 다 할 수 있을 것입니다. 그에 마땅하게 저는 귀하에 회사와 목표가 일치합니다. 그리고 저는 업무의 효율성을 잘 알기 때문에 업무를 수행하는 과정이나 조직운영에서 효율성을 위해 합리 적이고 창의적이며 협조적일 준비가 되어 있습니다. 또한 경청하며 이해할 수 있으며 정확한 의사표현과 설득력을 갖추었습니다. 그러므로 저는 귀하의 회사에 입사할 준비가 되어있는 인재입니다.

역량 3 │ 본인을 꼭 뽑아야 하는 이유가 있다면?

저는 타인과의 공감을 중요시합니다. 고객과의 공감을 토대로 업무를 수행할 자신이 있습니다. 또한 어떠한 프로젝트가 주어지면 저의 재능과 타인과의 협력을 통해 결과를 이루어 낼 자신도 있습니다. 저의 능력을 마음껏 펼칠 수 있는 기회가 간절합니다. 저의 꿈과 귀사의 꿈 모두를 성공적으로 실현시키고 싶습니다. 배움을 통해 얻은 것을 펼치고 싶은 저의 욕심을 믿어주신다면 솔선수범하여 열정적으로 재능을 반드시 보여드리겠습니다. 목표를 위한 최상의 파트너로 나아가고 싶습니다.

재학생 때 조별발표 과제가 있었습니다. 각자의 역할을 분담하여 토의를 하고 파워포인트 작업을 해야 했습니다. 의견을 교환할 때 브레인스토밍을 통해 다양한 생각을 공유하고, 발표를 위한 대본을 작성하고 파워포인트 발표문을 함께 만들어 가면서 협업이 정말 중요하는 것을 깨달았습니다. 발표준비 과정에서 참여율이 낮은 구성원에게 스스로의 역할을 수행하도록 간접적으로 타이르기도 했고 갈등이 발생하지 않게 다른 구성원을 도왔습니다.

직무태도 1 │ 서비스 마인드는 무엇이라고 생각하나?

자신을 포함한 모든 사람들을 대하는 마음이 말과 행동을 통해서 나타나는 것이라고 생각합니다. 제가 고객의 신분으로 슈퍼마켓이나 약국 등을 찾아 갔을 때, 그들은 저에게 최대한의 서비스 마인드를 제공합니다. 만약 그들이 저의 마음을 불편하게 했다면 저는 다음에 그곳을 찾아가지 않을 겁니다. 고객의 편의를 봐주고 열과 성을 다해 그들을 응대하는 것이 참된 서비스 마인드라고 생각합니다.

직무태도 2 │ 화가 난 고객에게 어떻게 응대할 것인가?

우선 고객이 화가 나지 않게 서비스를 제공해야 할 것입니다. 그럼에도 불구하고 고객이 화를 낸다면 고객의 이야기를 끝까지 주의 깊게 듣고 고객의 입장을 공감해 주고 사과할 일이 있다면 정중히 사과하고 정확한 처리를 위해 해결 약속을 하고 그것을 지킬 것입니다. 고객과의 경험은 저의 프로근성을 키울 수 있는 기회라고 생각하기 때문에 이러한 경험도 업무에 분명 도움을 줄 것이라고 생각합니다.

김달진(2014). 『취업? 중소기업!』. 시대애듀.

김모곤·김미호·우종선(2013). 『대학생활설계』. 공동체.

김보경·곽상인(2014). 『성공적인 취업과 자기역량 강화』. 한올.

김인기(2013). 『진로탐색과 경력관리』. 양서원.

김인기·이향정(2013). 『실전성공취업전략』. 양서원.

리상섭·김인숙·박제일·석기용·김창환·김소현·노윤신·최지은(2014). 『직업·진로설계』. 양서원.

박희주·강주성(2016). 『NCS 면접 필살기』. 정훈사 .

신혜련(2014). 『면접의 기술을 잡아라』. 시대고시기획.

유채은·조규판(2014). 『진로와 자기계발』. 학지사.

이형국·권오관(2012). 『대학생을 위한 진로설계와 취업관리』. 한올.

정선영(2014). 『진로탐색과 경력개발』. 공동체.

정하선·양정안·곽민경·정유나(2014). 『성공적인 취업과 진로지도』. 공동체.

조영실(2014). 『내 인생의 내비게이션』. 계명대학교 출판부.

취업포털 커리어·한국비즈니스정보(2014). 『대한민국 취업지도』. 어바웃어북.

한국고시회(2016). 『NCS 기출문제집』. 한국고시회.

한국표준협회 NCS 연구회(2015). 『능력중심채용 합격설명서』. KSA한국표준협회·박문각.

황매향·김연진·이승구·전방연(2014). 『진로탐색과 생애설계』. 학지사.

Jun's 취업연구소(2014). 『취업 면접 비법』. 크라운출판사.

Jun's 취업연구소(2014). 『취업 자기소개서 작성비법』. 크라운출판사.

NCS 채용 시험 연구회(2016). 『직무수행능력+직무중심면접 평가』. 씨마스.

찾아보기

저자 소개

김승렬

동국대학교 도시행정학과 졸업(행정학사)
서울대학교 대학원 졸업(도시계획학석사)
동국대학교 대학원 졸업(행정학박사)
전) 성결대학교 행정학부 조교수

현재 의정부시 정책비전자문관, 한국생활자치연구원 이사

주요 논문 및 저서
행정구역통합의 효과분석(2011)
행정구역통합에 따른 재정효과분석(2015)
지방자치단체 공공기관 경영평가의 제도적 성과분석(2016) 외 다수
부동산 공법(청문각, 2016)

곽진조

서울과학기술대학교 경영학과 졸업(경영학사)
연세대학교 공학대학원 졸업(공학석사)
서울벤처대학원대학교 경영학과 졸업(경영학박사)

현재 성결대학교 정보통신공학부 조교수
　　　청년희망아카데미 멘토
　　　대한민국산업현장 교수

주요 논문 및 저서
u-City서비스품질이 고객만족에 미치는 영향 : 공공서비스관점(2013)
차세대통신망(NGN)사업화전략 방안에 대한 연구(2002)
정보통신융합기술실무(메소코리아, 2012)

송진영

KAIST 일반대학원 정보 및 통신공학과 졸업(공학석사)
경기대학교 사회복지대학원 졸업(사회복지학 석사)
서울기독대학교 일반대학원 사회복지학과 졸업(문학박사)
현재 성결대학교 사회복지학부 조교수
      반석노인재가복지원 센터장, 한국케어매니지먼트학회 편집위원장,
      한국생활자치연구원 이사

주요 논문 및 저서
지역사회복지론(학지사, 2012)
사회복지시설운영론(창지사, 2012)
자원봉사론(창지사, 2013)
사회복지조사론(문예미디어, 2014)
치매케어(문예미디어, 2015)
사회복지법제론(창지사, 2015)
사회복지정책론(창지사, 2016)
노인복지론(문예미디어, 2016)
부동산 공법(청문각, 2016)
장애인의 직업유지와 대인적 지지 필요의 상태변화가 생활만족도에 미치는 영향(2016) 외 다수

NCS 기반
취업실용서

NCS 기반 취업과 진로

2017년 2월 7일 초판 인쇄 │ 2017년 2월 14일 초판 발행

지은이 김승렬·곽진조·송진영 │ **펴낸이** 류제동 │ **펴낸곳 교문사**

편집부장 모은영 │ **책임진행** 김선형 │ **디자인** 김경아 │ **본문편집** 북이데아

제작 김선형 │ **영업** 이진석·정용섭·진경민 │ **출력** 현대미디어 │ **인쇄** 동화인쇄 │ **제본** 한진제본

주소 (10881) 경기도 파주시 문발로 116 │ **전화** 031-955-6111 │ **팩스** 031-955-0955

홈페이지 www.gyomoon.com │ **E-mail** genie@gyomoon.com

등록 1960. 10. 28. 제406-2006-000035호

ISBN 978-89-363-1226-6(93370) │ **값** 17,200원